中国名镇志文化工程
Culture Project of Local Records of China's Famous Towns
中 国 名 镇 志 丛 书

天桥街道志

LOCAL RECORDS OF TIANQIAO SUB-DISTRICT

北京市西城区天桥街道志编纂委员会 编

方志出版社
Publishing House of Local Records

图书在版编目（CIP）数据

天桥街道志 / 北京市西城区天桥街道志编纂委员会编.—北京 : 方志出版社, 2023.8

（中国名镇志丛书）

ISBN 978-7-5144-4997-6

Ⅰ. ①天… Ⅱ. ①北… Ⅲ. ①街道办事处－地方志－西城区 Ⅳ. ①K291.3

中国国家版本馆 CIP 数据核字(2023)第 168735 号

责任编辑：罗滔
责任校对：刘玉霞
责任印制：梅中英
出 版 者：方志出版社
地　　址：北京市朝阳区潘家园东里 9 号（国家方志馆 4 层）
邮　　编：100021
网　　址：http://www.zgfzcb.cn
发　　行：方志出版社图书营销中心（010-67110500）
印　　刷：北京中科印刷有限公司
开　　本：787 毫米×1092 毫米　1/16
印　　张：19.75
字　　数：360 千字
版　　次：2023 年 8 月第 1 版
印　　次：2023 年 8 月第 1 次印刷
定　　价：158.00 元

序一

习近平总书记指出："不忘历史才能开辟未来，善于继承才能善于创新……只有坚持从历史走向未来，从延续民族文化血脉中开拓前进，我们才能做好今天的事业。"中国优秀传统文化是在漫长的历史长河中历经无数次涤荡和沉淀而形成的思想精髓，蕴藏着无穷的宝藏和无尽的力量。发掘和继承优秀传统文化，是延续中华文明"根"与"魂"的必由之路。与时俱进，推动传统文化不断开拓创新，是中华文明常葆勃勃生机的重要保证。

"国有史，邑有志。"编修地方志是中国特有的文化现象，是中华民族的优秀文化传统。数千年来，连绵不断的志书编修为保护中华民族根脉，传承中华文明发挥了不可替代的作用。中国现存古志有8000余种，占现存古籍的十分之一。中华人民共和国成立以来，编修完成数万种省、市、县三级综合性行政区域志、部门志、行业志、专志等，编纂数万种地方综合年鉴、行业年鉴和专门年鉴等，整理出版数千种历代方志及相关研究成果，发表相当数量的方志理论与年鉴理论研究成果。这既是对我国国情、地情持续开展的大规模普遍调查，也是对各地自然与社会发展状况进行的综合研究，其成果构成了一座丰富的文化资源宝藏，为各级领导科学决策提供了重要参考，为推动经济社会发展和文化建设发挥了重要作用。

当前，中国特色社会主义进入新时代，全国地方志事业也进入新时代。如今的地方志事业围绕党和国家利益、经济社会发展，以人民为中心开拓创新，志、鉴、馆、史"四驾马车"并驾齐驱，志、鉴、馆、网、库、用、会、刊、研、史"十业并举"，加快实现在全国范围内全面推进地方志从一项工作向一项事业转型升级。在党中央、国务院的亲切关怀和各级地方志工作者的共同努力下，一批紧密结合社会发展需求、具有独特创造性的工作逐步开展，涵盖中国名镇志、中国名村志、中国名山志、中国名水志、中国名街志等"名志"系列文化工程是其中代表。作为首个"名志"系列文化工程的中国名镇志文化工程，启动于2015年，至今已是第三个年头。中国名镇志丛书在记述主体上，选择中国历史文化名镇、经济强镇、特色镇等在全国具有影响力和代表性的乡镇，旨在全面展示中国名镇的文化精髓；在内容题材选择上，重在突出不同名镇的“名”和“特”，力求集中体现不同名镇最精彩的部分，增强可读性；在志书编纂程序设置方面，志书申报、篇目设计、专家审读、专家组验收等流程环环相扣，紧密结合，力争把每一部志书都打造成精品佳志。

习近平总书记指出：“历史和现实都表明，一个抛弃了或者背叛了自己历史文化的民族，不仅不可能发展起来，而且很可能上演一场历史悲剧。”2018年是改革开放40周年，40年来中华大地发生了翻天覆地的变化，乡镇发生了极为深刻的改变，从粗茶淡饭到有机食品，从粗布衣裙到精美时装，从土屋平房到高楼大厦，人民生活水平大大提高，城乡差距不断缩小。然而，在感受辉煌成就的同时，我们也应该看到，许多精巧的古建、精湛的工艺、亲切的乡音、独特的乡俗也在快节奏的发展中与我们渐行渐远，曾经的家乡正逐渐变为记忆中的故园。

党的十九大报告提出乡村振兴战略，此后党中央、国务院又推出一系列重大举措。实施乡村振兴战略，必须全面加强乡村文化建设，培养乡村文化自信，培植文化之“根”，铸牢文化之“魂”。没有乡村文化的高度自信，没有乡村文化的繁荣发展，就难以实现乡村振兴的伟大使命。振兴乡村文化，既要塑形，更要铸魂，必须遵循乡村发展的客观规律，在发展中把文化的精髓保留下来，把乡土味道、乡村风貌的“魂”传承下去。在保留优秀乡村文化内核的基础上，用现代表现方式，把反映时代精神、先进理念的内容通过群众喜闻乐见的文化产品表达出来，才能够让乡土文化具有更强大的生命力。用创新性的模式书写乡镇志，传承和抢救乡土历史文化，激发爱国爱乡情怀，为探索中国特色新型城镇化发展经验、发展模式、发展道路提供历史智慧和现实借鉴，正是实施中国名镇志文化工程的目的和意义所在。

“月是故乡明”。中国人素有“家国情怀”，家乡的山水是最为美丽的，家乡的风俗是充满温暖的，一声亲切的乡音，一口熟悉的家乡菜，都能拨动游子的心弦，让其魂牵梦萦。中国名镇志丛书是一套全面梳理中国名镇历史人文，挖掘文化特色，突出“名”和“特”的镇志。它能让人民群众深刻感受到本土本乡自然的优美、历史的醇厚、人物的杰出、艺文的风雅等，有助于培养人民群众对家乡文化的自信，激发起人民群众浓烈的爱乡爱国情怀，助力国家新型城镇化建设和乡村振兴战略的实施。

是为序。

中国社会科学院原院长
中国地方志指导小组原组长　谢伏瞻

序二

连绵不断地编修地方志是我国特有的文化传统，为传承中华文明作出了巨大的贡献。在党中央、国务院的高度重视和支持下，这一古老的文化传统焕发勃勃生机，展现新的活力，成为保存、继承、发扬光大中华优秀传统文化的重要依托，培育和践行社会主义核心价值观的重要媒介，社会主义先进文化建设的重要组成部分，发展中国特色社会主义，增强道路自信、制度自信、理论自信的重要载体，在实现“两个一百年”奋斗目标和中华民族伟大复兴中国梦进程中具有不可替代的地位和作用。

事物总是在不断发展中前进。经过改革开放以来30余年的发展，中国特色地方志事业与传统的编修地方志已不可同日而语，形成了志（志书）、鉴（年鉴）、库（地情数据库）、馆（方志馆）、网（地情网站）、刊（期刊）、会（学会）、研（理论研究）、用（开发利用）等多业并举的新格局。截至2015年10月底，全国编纂完成首轮、二轮省、市、县志书8000多种，编修部门志、行业志、专业志、乡镇村志27000多种，编纂地方综合年鉴2300多种，累计整理旧志2500多种，还编纂出版了大量的地情书，字数以百亿计，形成以反映国情、地情为主要内容，全面系统、持续不断、卷帙浩繁的社会科学成果群。另外，还开通了27个省级网站、230个市级网站、816个县级网站；建成国家方志馆1个、省级方志馆16个、市级方志馆86个、县级方志馆近300个。这些成果，成为国家极为重要的文化资源，是国家文化软实力和公共文化服务体系的重要组成部分。

最近几年，地方志工作的触角在不断延伸，部门志、行业志、专业志、特色志、乡镇村志编纂方兴未艾，成为当前地方志事业发展新的增长点和亮点。特别是乡镇志，兴起了编纂热潮，从自发的民间行为逐渐过渡为政府组织的文化行为，有的省份以政府令形式将其纳入地方志编修范畴，像河南省还以省政府办公厅名义要求全省普修乡镇志。乡镇志并不是一个新生事物，据现有资料可考，宋代常棠所撰《澉水志》是现存最早的一部乡镇志。与省、市、县三级志书相比，乡镇志虽属小志，但意义却不小，特别是在当前国家全力推进新型城镇化建设的背景下，乡镇志的作用更显重要。

启动中国名镇志文化工程，是适应当前新型城镇化建设形势发展需要、地方志事业发展形势需要的重要举措，也是充分发挥地方志存史、资政、育人功能的重要手段。作为最基层行政组织的志书，镇志是最接近中国社会发展变迁的国情、地情记录文本，具有重要的历史文献价值。而作为充分反映本区域自然、政治、经济、文化和社会的历史与现状的资料性文献，镇志又能全面展示发展脉络，摸索发展经验，为探索中国乡镇未来发展方向提供借鉴和参考。当然，对于祖祖辈辈生于斯长于斯的中国人来说，故乡就是一个魂牵梦萦的地方，故乡的情怀终生难忘。留得住乡愁，记得住乡思，充分展示名镇文化魅力，激发爱乡、爱国情怀，正是中国名镇志文化工程题中应有之义。

是为序。

中国社会科学院原院长
中国地方志指导小组原组长　王伟光

序三

“国有史，邑有志”，中国自古就有注重编史修志的传统。按照我国目前地方志行政法规，国家各级地方志机构的法定职责是编纂省、市、县三级志书，并不包括县以下的乡镇志和村志。这种规定，一方面可能因为全国有数百万自然村落和数万乡镇，全部实行官修很难实现；另一方面可能因为我国历史上就有“皇权止于县”的说法，县以下的民间社会历来是一个以自治为主的领域。然而，改革开放几十年来，我国社会正在发生巨变，这种巨变在基层社会的乡镇、村落、家庭领域更为深刻。作为“乡之首，城之尾”的镇，逐渐被日益崛起的大都市淹没了光彩，村落在快速的城镇化过程中每天都在大量消失，农村家庭的小型化、空巢化趋势非常突出。在这种情况下，我一直在思考，如何留得住历史文化记忆和乡愁，如何把修志的工作向基层社会延伸?

中国人的“家国情怀”，是从“诚意、正心、修身”开始，到实现“齐家、治国、平天下”。所以从国家一统志，省、市、县三级志，到乡镇志、村志、家谱，也是一个完整的系统。

正是在这种背景下，我们决定启动中国名镇志文化工程。乡镇是无数中国人生命的底色和成长的摇篮。如何在城镇化进程中，留得住乡愁，记得住乡音，忘不了乡思，事关城镇化进程的人文关怀和文化保护，事关文化血脉的传承。同时，科学记录城镇化进程，反映城镇化成就，也为今后探索城镇化发展规律、积累经验提供了基本素材。作为全面系统记述一定行政区域的自然、政治、经济、文化和社会的资料性文献，志书是以上功能最好的载体。

我国目前有 4 万多个乡镇，全部修乡镇志还不具备条件。中国名镇志丛书选择的是传统文化名镇、历史军事重镇、革命历史名镇、民族特色名镇、特色经济名镇、旅游景观名镇等类型的乡镇，应该是最具代表性的，在中国乡镇文化传承和社会发展中具有标杆意义。

编纂中国名镇志丛书是对乡土历史文化的保护。随着城镇化进程加快，有不少乡镇被撤并，有些还是在历史上有重要意义的历史文化名镇、特色镇等。如不及时对其历史进行整理、记录，这些重要的历史资料将散佚殆尽。因此，中国名镇志丛书的编纂是对宝贵历史资料的抢救。

编纂中国名镇志丛书是对乡土意识的传承。什么东西有魅力？故乡的山水，乡音乡情的记忆，乡土的气息和家乡菜的味道，不管走到哪里，总是触动心弦。中国名镇志丛书记录的是家乡的山山水水，家乡的历史文化，家乡的风土人情，留住的是乡愁。这些最能激发远方游子和本地民众的爱乡情怀、爱国情怀。

编纂中国名镇志丛书是一种学术探索。镇志的编纂，实质也是一次深入的社会调查研究。“麻雀虽小五脏俱全”，相比省、市、县，乡镇第一手资料的获得需要付出更大的努力。我们也希望在志书编纂上有所创新，使中国名镇志丛书成为一套图文并茂、雅俗共赏的新型志书。

中国社会科学院原副院长
中国地方志指导小组原常务副组长

北京市西城区天桥街道志编纂委员会

顾　　问　陈　新　宫　浩　郭海龙

主　　任　高　翔　董　伟

副主任　盛加节　何承雪

委　　员　胡克迅　王宏瑞　牛云岗　秦迎花

韩志杰　贾志新　曹卫东　闵　硕

周　行　张　华　李　兵　胡亮全

北京市西城区天桥街道志编辑人员

主　　编　胡亮全

总　　纂　戴桂云

副主编　莫文俊　申云龙

执行主编　申云龙

编　　审　张文瑞　王　鹏　华大友　张长生

编　　辑　赵兴力　黄　珊　潘玉兰　周　燕　费　怡

摄　　影　莫文俊　李明顺　冯永华

中国名镇志丛书凡例

一、以马克思列宁主义、毛泽东思想、邓小平理论、“三个代表”重要思想、科学发展观、习近平新时代中国特色社会主义思想为指导，坚持辩证唯物主义和历史唯物主义的立场、观点和方法，存真求实，全面、客观、系统记述中国名镇城镇化进程和改革开放成果，反映小康社会建设过程，传承和抢救乡土历史文化，激发爱国爱乡情怀，留住乡愁，为探索中国特色新型城镇化建设、服务乡村振兴战略提供历史智慧和现实借鉴。

二、为全面反映入志事物发展脉络，各志上限尽量追溯至事物发端，下限一般断至各志启动编修年份，个别重大事项可延至搁笔。详今明古，着重反映时代特色和地方特点，重点体现各镇的“名”与“特”。

三、记述地域范围以下限年份的行政辖区为主。为体现名镇在更大区域内的意义，可以从更开阔的区域视野记述与该镇相关的内容。

四、统一采用纲目体，设类目、分目、条目三个层次。横排门类，纵述史实，述而不论。

五、综合运用述、记、志、传、图、表、录等体裁，以志体为主。体裁运用适当创新，篇目设置不求面面俱到。

六、除引用文字和附录文献资料外，统一使用规范的现代语体文记述，行文力求朴实、严谨、简洁、流畅、优美，可读性强。

七、人物部类遵循“生不立传”原则，人物传主按生年排序，只选录对本镇发展有重大影响的人物，不面面俱到。

八、各项数据一般采用国家统计部门数据。数据缺乏的，采用主管部门或主办单位正式提供的数据。

九、数字用法、标点符号用法分别采用国家标准《出版物上数字用法》（GB/T 15835—2011）、《标点符号用法》（GB/T 15834—2011），计量单位采用国家技术监督局 1993 年 12 月发布的《量和单位》系列国家标准。历史上使用的计量单位，如斗、石、里、尺、磅、华氏度等，在引文时可照录。考虑到社会使用习惯，全书中亩不统一换算。

十、中华民国成立前的纪年，使用朝代年号纪年，括注公元年份；中华民国成立后的纪年，均使用公元纪年。志中所称“解放前（后）”，以该镇解放日为界；“新中国成立前（后）”，以中华人民共和国成立日 1949 年 10 月 1 日为界；“改革开放前（后）”，以1978年12月中共十一届三中全会召开为界。本志“××年代”，凡未加世纪者，均指 20 世纪。

十一、为节省篇幅，避免重复，本志采用条目互见法。参见条目的表示形式为：参见本志“××类目·××分目·××条目”。

十二、对旧志、古籍中的繁体字、冷僻字一般用简化字或通用字替换，易引起误解的则保留。

十三、记述各个历史时期的党派、机构、职务、地名等，均以当时的名称为准。对频繁使用的名称，首次用全称并括注简称，其后用简称。

十四、各镇志需要单独说明的事项，均在各自编后记中记述。

天桥街道在中国的位置

天桥街道
西城区
北京
天津
乌鲁木齐
新疆维吾尔自治区
西藏自治区
拉萨
青海省
西宁
甘肃省
兰州
宁夏回族自治区
银川
内蒙古自治区
呼和浩特
黑龙江省
哈尔滨
吉林省
长春
辽宁省
沈阳
北京市
天津市
河北省
石家庄
山西省
太原
山东省
济南
陕西省
西安
河南省
郑州
江苏省
南京
安徽省
合肥
上海市
上海
浙江省
杭州
湖北省
武汉
四川省
成都
重庆市
重庆
湖南省
长沙
江西省
南昌
福建省
福州
贵州省
贵阳
云南省
昆明
广西壮族自治区
南宁
广东省
广州
香港
澳门
台湾省
台北
台湾岛
钓鱼岛
赤尾屿
海南省
海口
海南岛
东沙群岛
西沙群岛
永兴岛
中沙群岛
黄岩岛
南沙群岛
曾母暗沙
渤海
黄海
东海
南海
黄河
长江
图例
★ 北京 首都
○ 天津 省级行政中心
未定 国界
省、自治区、直辖市界
特别行政区界
名镇(乡、街道)所在区域
名镇(乡、街道)
1：32 000 000
审图号：GS（2021）8722 号

天桥街道在北京市的位置

图 例

★北京 首都

⊙ 西城区 区政府

省级界

县级界

名镇(乡、街道)所在区域

名镇(乡、街道)

1∶1 220 000

审图号：GS(2021)8722号

审图号：京S（2020）012号

北京市测绘设计研究院2020年7月编制

中轴线南部永定门区域（图片来源：2019 年 5 月 30 日《新京报》）

先农坛太岁殿（2019 年）

永定门公园秋色（2019 年）

北京天桥演艺区（2019 年）

天桥艺术中心（2019 年）

北京天桥艺术大厦（2019 年）

夜幕下的天桥市民文化广场（2015 年）

舞中幡（2010 年）

天桥演艺中心、天桥市民文化广场（2018 年）

目录

北京中轴线上的天桥

在古都北京有一个地方，因天桥而得名。元代始建桥，明永乐年间（1403—1424）修建天坛后，因是天子去天坛、山川坛（先农坛）祭祀必经之桥，故称天桥。天桥街道便是以区域内这座历史悠久的天桥来命名。

天桥从“撂地”“画锅”[①]民俗文化的繁荣发展到成为国际化演艺舞台，从平民文化街区迈入国际艺术殿堂；从先农坛墙根搭棚设摊到北京市第一家上市的百货公司……一路走来步履铿锵，街区建设日新月异，人民生活蒸蒸日上，精神文明建设硕果累累。一座传承民俗与文化、展现着艺术与魅力的崭新天桥正屹立于北京中轴线上。

---

① “撂地”指在地上画个白圈，作为演出场子，行话“画锅”。锅是做饭用的，画了锅，有了场子，艺人就有饭吃了。

地处北京中轴线南段

天桥街道地处首都北京中轴线南端。这条北京城最重要的坐标线自天桥地区东南隅的永定门向北，依次穿过正阳门、紫禁城、景山、钟鼓楼，全长7.8千米。域内主要中轴线建筑是永定门城楼（1957年拆除，2004年重建）、天桥（1934年拆除，2013年重建）。以天桥地区为例，北京先农坛是北京传统中轴线上一处重要的景观建筑群，与天坛东西相对，北京市文物局原局长孔繁峙在《整治历史环境再现名城景观——关于恢复南中轴路传统景观与复建永定门城楼及其意义》一文中曾评价道："先农坛、日坛、月坛、地坛等历史建筑，反映了北京明清都城建设上的规划理念及全城总体布局的设计思想。"中国著名建筑大师梁思成曾经说："北京的独有的壮美秩序就由这条中轴线的建立而产生。"著名文物古建筑专家王世仁曾经说："中轴线是北京的灵魂。"如今，西安、洛阳、南京等历史古都的中轴线已经大体消失了。只有北京的中轴线保存得最为完整。

2003年，北京市启动南中轴治理工程，对天桥地区道路进行改造。2004年，中轴线最南端的永定门城楼得以重建，再次呈现了北京旧城城市完整的中轴线，并新建了带状开放式的永定门公园，成为南城新景。同时，结合永定门城楼复建及文物保护进行了中轴线御道修建，复建了佑圣寺和观音寺。建成后的南中轴绿地延续了历史文脉，保护再现了古都风貌，形成了具有浓郁北京特色的文化旅游街区。2018年7月，北京中轴线正式申请加入联合国教科文组织世界文化遗产名录，并申报天安门等14处遗产点，天桥地区东南部的永定门、先农坛两处遗产点位列其中。

永定门城楼（2005年）

古迹众多的南城老街区

天桥地区的文物遗迹饱经岁月沧桑。至 2019 年，天桥地区有全国重点文物保护单位 1 处、西城区文物保护单位 3 处。

先农坛历经 600 余年的风雨洗礼，依然雄壮矗立至今。北京先农坛是明清皇家祭祀建筑的杰出范例。从选址、规划及祭祀礼仪等方面看，它是中国古代礼制与传统建筑及方位观、时空观等规划思想完美结合的产物，体现了古人对先农神的崇拜，对山川、太岁、天地神祇的敬仰，以及对这些自然神的祈愿。先农坛耤田是中国古代重农固本的传统思想的物化形式，这种“报本始返”的朴素思想延续了几千年，形成了厚重的文化积淀。随着中华文化的广泛传播，祭祀先农的活动也作为一种文化在海内外产生着深远的

先农坛大门（2018 年）

影响，具有广泛的认同性。先农坛于1979年被列为北京市文物保护单位，2001年被列为全国重点文物保护单位。1991年，在先农坛内辟建北京古代建筑博物馆。为了弘扬先农传统文化，从2008年清明期间起，天桥街道多次在先农坛举行大型活动。

2005年，天桥街道兴建天桥市民文化广场，占地面积15000平方米，重建了老天桥地标性建筑——四面钟，雕塑了老天桥“八大怪”塑像，展现了老天桥民俗文化景观，使这里成为大型民俗活动的场地。2013年，重建天桥。重建的天桥位于前门大街与天桥南大街交会处南40米，采用汉白玉制作，长15.05米，宽9.8米，为单拱桥。2016年，启动西城区文物保护单位新市区泰安里修缮工程，西城区文物保护单位北京东方饭店初期建筑及宜兴会馆也得到了保护。

天桥街道还分布着一些古老的胡同，这些胡同各有风采。有京城转弯最多的胡同之一九湾胡同，全长390米，却有不下于13处的弯曲；有京城中最窄的胡同之一小喇叭胡同，南宽北窄，北口仅有0.6米宽，只能一人通过。2019年，天桥街道有胡同55条。

天桥市民文化广场上的四面钟与“八大怪”雕像（2019年）

条条胡同住着居民，延续着京城中轴线的文脉。

在天桥街道 2.07 平方千米的土地上，许多文物历百年而不衰，令人叹为观止；更有一些文物正在“复活”，彰示着民族文化的复兴。

老北京平民生活典型区

天桥，在元明时代，有穷汉市、蒸饼市和日昃市。域内河套遍种荷花，河边建有凉亭、常泊画舫，宛如江南水乡，风光旖旎。清代又种了杨柳，柳绿莲红，风景极佳。故文人墨客慕名而来，兴致所起，吟诗题词，佳作连连。又有来京应试的江南举子，住宿在天桥附近湖广、宜兴等会馆，常驻足天桥域内，为此留下文章。前来赏景游玩的人日益变多，推动了商业的发展。至清乾隆初年，天桥建酒楼，引文人雅士饮宴。在天桥灵佑宫处设有书市，文人士大夫常逛书市选购。文人雅士相聚，商贾富豪惠顾，推动了民俗文化的发展。道光至咸丰时，一般小贩在先农坛墙根处摆摊售卖杂货。一些说书练把式者、习武者也来“撂地”“画锅”。渐渐地，天桥成为各地民间艺人的聚集地和北京平民文化的发祥地。

“酒旗戏鼓天桥市，多少游人不忆家”，清末民国初期的著名诗人易顺鼎在《天桥曲》中写下了如此脍炙人口的诗句。中华民国初年，百废待兴，天桥迎来了一个发展的机遇期，香厂新市区、东方饭店相继建成，天桥真正成为平民市场，被视为老北京平民社会的典型区域。天桥因市场的兴起而繁荣发展，而这一市场又是面向平民大众，集文化娱乐和商业服务于一体，文商结合，互为促进。它的兴起不仅是一个经济现象，也是一个文化现象。其间，万明路建新世界，西沟旁建城南游艺园，一些艺人结束“撂地”卖艺生涯，来到了崭新的舞台谋生。天桥在它发展过程中，逐渐形成了独特的天桥平民文化，因其生根于天桥这块肥沃的土地之中，虽历经沧桑，却能持久不衰。

中华人民共和国成立后，天桥地区发生了很大变化。1959 年，天桥永安路片区兴建

天桥小区居民区（2018 年）

单元式楼房 47 幢，共 1390 套，总面积 12.05 万平方米，成为北京大型住宅楼房聚集区，大大改善了居民的居住条件。1978 年以后，天桥街道开始进行旧城改造和居民危房改造，加强环境保护，改造陋街小巷，“见缝插针”建设绿地，在社区增添健身体育娱乐设施，改善旧小区居民居住、用电和生活条件，加大对群众生活、医疗和公共卫生需求方面的投入，建立覆盖全社会的社会保障体系。地区环境卫生、公共服务基础设施不断完善、升级，居民生活质量普遍提高。2000 年，北京市政府把天桥地区作为全市“三区五片”（“三区”指宣武区、崇文区、丰台区；“五片”指宣武区天桥、牛街两个片，崇文区金鱼池、龙潭西里两个片，丰台区右安门外一个片）危改的试点。至 2002 年 6 月，天桥小区危改项目竣工 11 栋回迁楼，回迁居民 2794 户、8382 人。2003 年至 2019 年，天桥地区先后完成了南中轴路建设拆迁、先农坛北里城中村整治、燕京汽车厂及周边拆迁、北京古代建筑博物馆周边治理、珠市口西大街南侧扩宽等工程，并完成耕天下、盛景嘉园、朱雀门等居住区危改动迁项目，建筑面积为 361482 平方米。

北京民间艺术摇篮

天桥是北京民俗文化的发源地和聚集地之一，有着深厚的历史文化底蕴和植根于民间的艺术土壤。清末民国时期，天桥地区范围虽不大，但戏园子密集。清宣统二年（1910）至1935年，相继建起歌舞台、吉祥、升平、魁华、万盛轩、丹桂、天乐、小桃园、小小、荣华、华安等20余家戏园。演出剧种主要是河北梆子、京剧、评剧、哈哈腔及皮影戏。20世纪50年代初，新凤霞在万盛轩演出《刘巧儿》《花为媒》等剧目，场场爆满，红火异常。

自清末至20世纪60年代初，60余家书茶馆、落子馆、茶棚摊遍布于天桥各个角落，堪称京城之最。到此说评书的民间艺人多为艺术名家，如“艺坛三绝”之一的双厚坪及

万盛轩外景（20世纪30年代）

万盛轩内景（20世纪30年代）

陈士和、潘诚立、品正三、王杰魁、连阔如、袁杰英等。天桥也因书茶馆多，表演评书的民间艺人聚集，被誉为“北方评书基地”。

1949 年 1 月 31 日北平解放后，人民政府非常重视生活在天桥的劳苦人民和民间艺人，不断改善他们的生活和工作条件，提高他们的社会和政治地位。一些艺人加入国家艺术团体，成为表演艺术家。一些艺人多次作为中华人民共和国的文化使者到多个国家访问演出，向国外友人展示中国民间艺术的优美技艺，受到了国外人民的热烈欢迎，扩大了新中国的影响。“文化大革命”期间，天桥文艺演出几乎全部停止，除了两家电影院能继续演出外，其他文艺演出都被禁止；剧团被解散，演职员被转业。中共十一届三中全会后，天桥民俗文化迎来了春天。1978 年以后，传统民间艺术受到重视。1979 年，北京老天桥绝技艺术团成立，艺术团在继承传统的同时，还先后创新出一批绝活表演节目，并出访 40 多个国家和地区，受到世界各国观众的欢迎。

进入 21 世纪以来，天桥的民俗文化迎来了全面发展期。2004 年，天桥街道成立由民俗专家、天桥老艺人、属地单位、街道组成的“天桥民俗文化保护委员会”，制订《天桥民俗文化发掘、抢救、保护的实施意见》，正式启动天桥民俗文化的发掘、抢救、保护工作。街道利用“天桥民俗文化节”“天桥杯鼓曲赛”“天桥曲艺茶社”等载体，展示天桥民俗文化风采。2019 年，天桥地区拥有非物质文化遗产 17 个，其中国家级 4 个、

第八届天桥民俗文化节开幕式（2018 年）

北京市级 1 个、西城区级 12 个。

兴而复衰，衰而复兴。一代又一代的民间艺人在历史的沉浮中脱颖而出，天桥也被人们称为“北京民间艺术的摇篮”。经历了百年沉浮，旧日的天桥虽已不在，但天桥演化为一个地名所代表的北京民间艺术的成就也成为永恒。

北京演艺聚集区

2009 年，北京市政府出台《促进城市南部地区加快发展行动计划》，明确提出打造天桥演艺品牌，建设首都演艺活力区。2010 年，地处南中轴、规划占地面积 207 万平方米的天桥演艺区建设规划开始实施。国家投资 150 亿元，打造一个以演艺产业为主导，集演艺总部、文艺演出、文化创意、文化展示、文化商务、休闲体验、旅游购物、金融

北京天桥艺术中心（2019 年）

配套等功能于一体的，具有中国特色的世界演艺聚集区。2015年11月20日，继国家大剧院之后的首都第二个大型剧院集群、拥有京城第一座音乐剧专业剧场的北京天桥艺术中心正式开门迎客。2015年北京天桥演艺中心建成，吸引国内外著名的剧团纷至沓来。至2017年，北京天桥演艺区初具规模，已拥有北京演艺中心、天桥剧场、天桥杂技剧场、德云社剧场、中华电影娱乐宫等，文艺团体有中央芭蕾舞团、北京杂技团、北京风雷京剧团、北京皮影剧团、德云社等，形成了国内外著名的演艺联盟。天桥街道被评为“北京市优秀节日文化推广基地”。天桥杂耍、天桥赛活驴、踢花毽等天桥绝活被列入西城区“非遗”保护项目。天桥街道被文化部授予“中国民间文化艺术之乡”称号。前门饭店的梨园剧场连续8年获得北京旅游“最佳晚间活动场所”称号。北京东方饭店打造民国风情主题饭店，形成“名人居”“老房子1918咖啡厅”“民国宴”等经营亮点。新北纬饭店以天桥民俗文化为主题，陈列“天桥八大怪”雕刻艺术品，邀请天桥民俗知名老艺人在饭店展示绝艺。随着天桥市民广场、北京天桥艺术大厦、北京天桥艺术中心等一批焕发生机的文化演艺类项目逐步落成，新天桥已成为京城百姓的又一处文化艺术殿堂，成为北京南中轴线上一道亮丽的风景线。天桥街道终于走上了文艺复兴之路，成为北京一张文化名片。

名人专家荟萃之地

天桥钟灵毓秀，人杰地灵。自从元代建桥、明初建先农坛以来，明清两代有24位皇帝亲临先农坛祭奠。天桥也是一些政治人物、专家学者的寓所。代表人物有清代乾隆内阁学士翁方纲、清代光绪顺天府尹周家楣等。

中华民国初年，天桥受到上流社会特别是文化界人士的青睐，成为新文化运动的重要舞台，见证了民国政治、经济、军事、文化、市政建设等各个方面的许多重大事件，李大钊、陈独秀、蔡元培、张学良、刘海粟、鲁迅、聂耳、冼星海、张大千、巴金、马寅初、茅盾等都活动或考察于此。众多名流为天桥增光添彩。中华人民共和国成立以后，特别是20世纪50年代，党和国家的一些重大活动在天桥举行。党和国家领导人毛泽东、周恩来、刘少奇、朱德等到天桥参加会议。

天桥培养出一批批艺苑名人。清朝末年有“八大怪”艺术奇才出现，民间艺人多达五六百人。近一个世纪以来，在天桥生活献艺的艺人主要有侯宝林、新凤霞、魏喜奎、关学曾、迟月亭、孙书筠等，还涌现出许多新秀。群贤毕至，为天桥地区的发展添砖加瓦，为国家的文化交往与中华民族的文化复兴贡献力量。

天桥人才济济。2019年，先农坛社区居民中50%具有大学学历，300多人具有副研究员以上职称，有10名中国科学院和中国工程院的院士。中国药用植物学家徐锦堂、林业专家汪振儒、会计专家莫启欧均居住于天桥先农坛社区。在辖区内有多家国家级的研究机构，拥有一批研究员、副研究员。1952年开始，国家在天桥地区建立北京友谊医院，改建、扩建宣武中医院和天桥医院，相继在天桥地区建立中国疾病预防控制中心、中国医学科学院药物研究所和生物研究所等多家医疗科研院所。天桥地区一度成为国家医学医药研究中心。

新凤霞《刘巧儿》剧照（1954年）

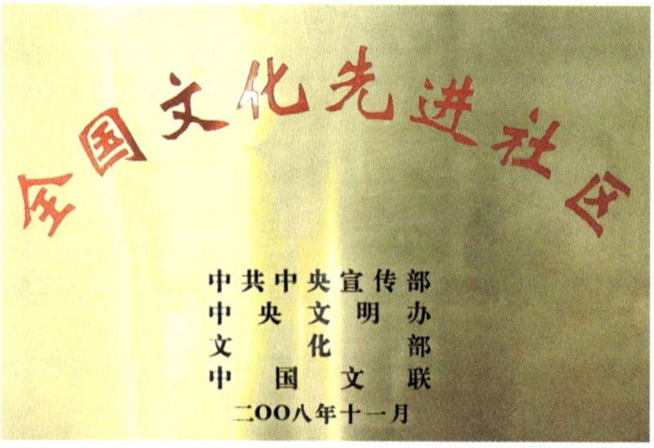

2008 年，天桥街道获“全国文化先进社区”称号

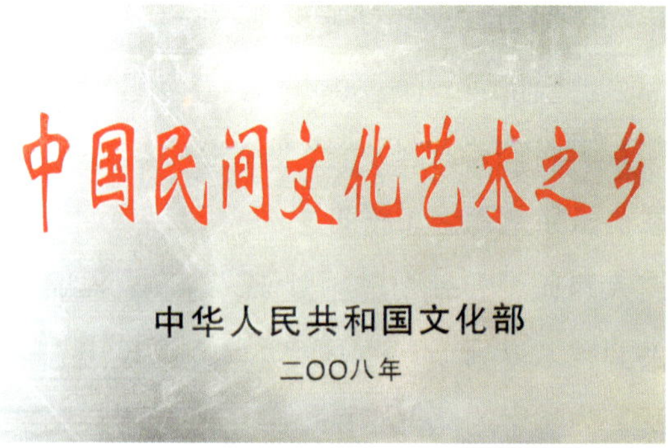

2008 年，天桥街道获“中国民间文化艺术之乡”称号

发展无止境，奋进新时代。天桥街道先后荣获“全国文化先进社区”“中国民间文化艺术之乡”等称号。有着悠久历史文化的天桥、北京人魂牵梦萦的天桥，正在涅槃重生。天桥将作为北京建设世界城市的重要文化名片和文化承载区，成为向世界展示中国文化的重要窗口，明天的天桥必将谱写出更加辉煌的新篇章。

基本街情

天桥街道地处北京传统中轴线南段西侧，东与东城区天坛街道为邻，西与陶然亭街道接壤，南与东城区永定门外街道相望，北与大栅栏街道交界。截至 2019 年，天桥街道辖 8 个社区，总户数 18444 户，总人口 54872 人，其中外来人口 10044 人。

天桥街道是北京民俗文化的发祥地。解放后，特别是改革开放以来，天桥街道在上级的大力支持下，积极探索民俗文化的复兴之路。2015 年，天桥街道建立北京天桥艺术中心，并将天桥演艺区打造成为世界的舞台，成为北京的一张文化名片。域内经济、城区建设、社会事业协调发展，居民安居乐业，社会主义精神文明建设有声有色、硕果累累。至 2019 年，获国家级殊荣 31 项，获北京市级殊荣 35 项，还获得诸多西城（宣武）区荣誉。

建置区划

地名由来　元代龙须沟上建便桥，供人们往来使用。明代改建汉白玉单孔高拱桥，为北京城中轴线与龙须沟交会处，专供皇帝到天坛、山川坛（先农坛）祭祀用。皇帝又称天子，因此人们将此桥称作天桥。天桥地区由此得名，天桥街道因此命名。

建置沿革　天桥地区是战国七雄之一的燕国所在地。秦国统一后是蓟城所在地，唐朝时是幽州地，辽南京在幽州的基础上扩建而成，金中都在辽南京基础上扩建而成。元至元十八年（1281）元大都城建成，天桥地区属丽正门外之南郊。明定都北京后，于嘉靖三十二年（1553）增筑外城，北京始有内城、外城之分，天桥地区属北京外城正南坊。清顺治元年（1644），清政府定都北京，外城划分为东、西、南、北、中五城，天桥地区分属中城和北城。光绪末年，京师始设政区，内外城各划分为10个政区，天桥属外右五区。1928年，中华民国定都南京，遂改北京为北平。时设内城六区，外城五区，天

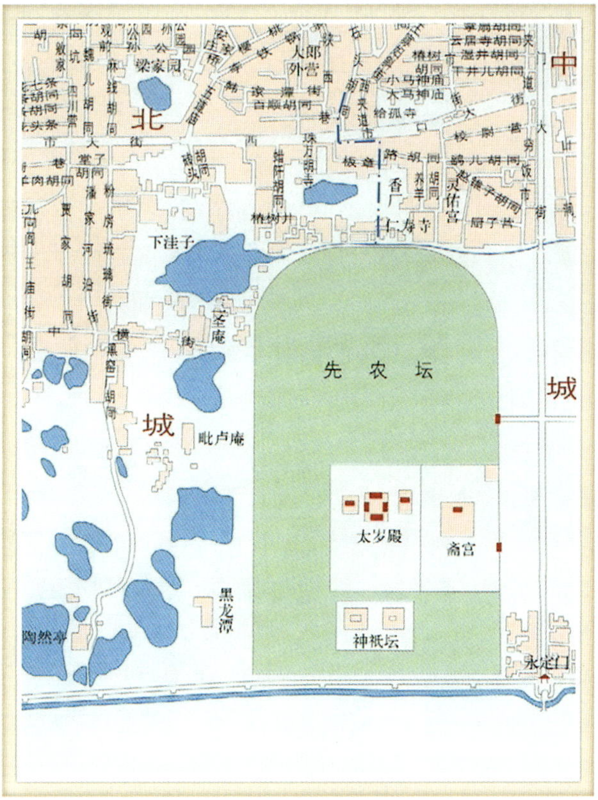

清乾隆十五年（1750）北京城外城西部天桥一带（图片来源：《北京市宣武区志》，北京出版社，2004年11月）

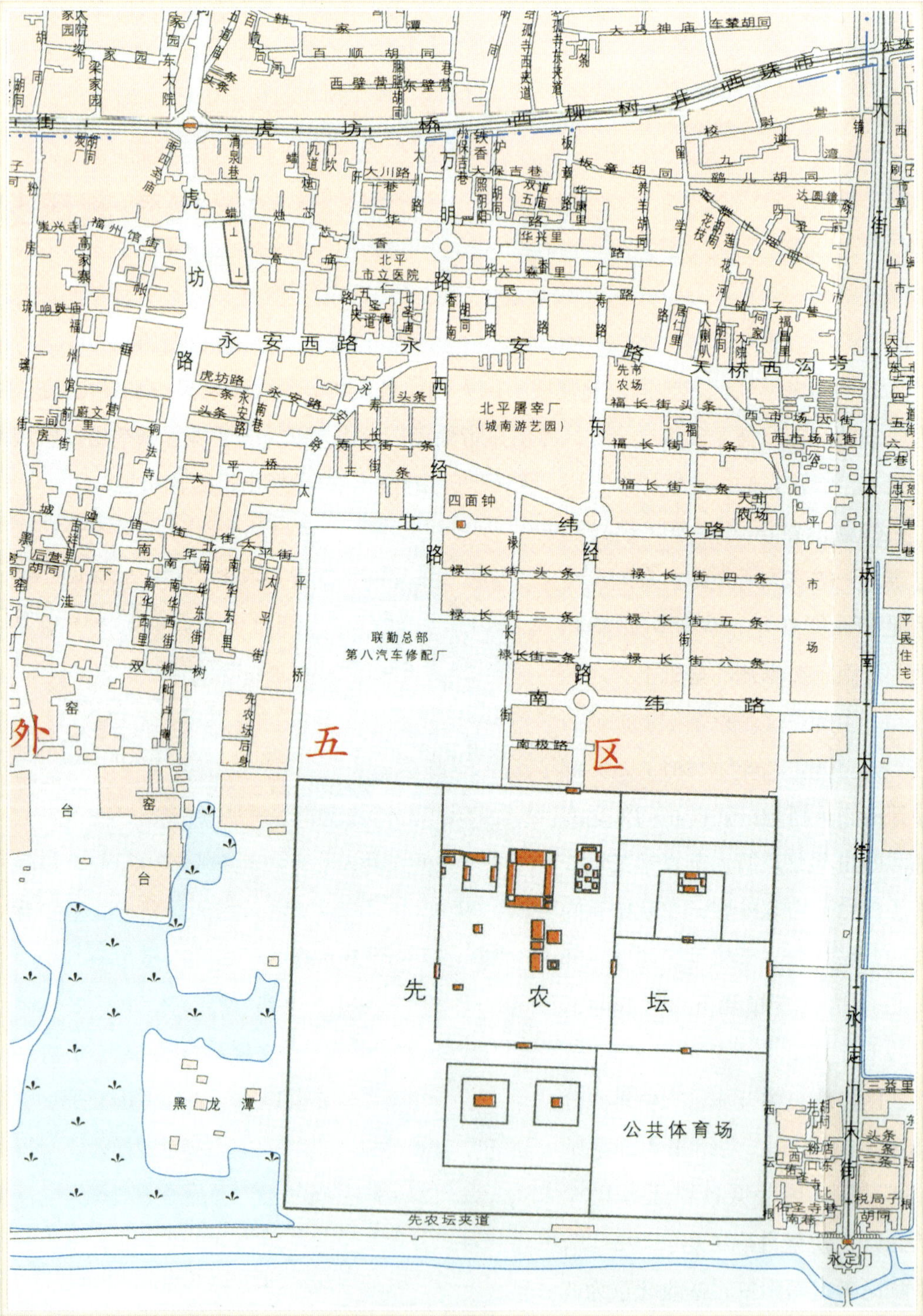

1928年北平市外城西部天桥一带（图片来源：《北京市宣武区志》，北京出版社，2004年11月）

桥属外五区。1947 年，北平市政府对行政区划进行统一调整，将外城划为第八至第十二区共 5 个区，天桥地区属第十二区。1949 年 10 月中华人民共和国成立后，定都北平，改名北京。其时北平第十二区改为北京市第十二区，天桥地区的隶属关系不变。1950 年 5 月，经中央人民政府政务院批准，将北京市辖 20 个区调整合并为 16 个区，天桥地区划归第九区管辖。1952 年 9 月，北京市进行第二次区划调整，地处宣武门外的第八区更名为宣武区，第六区改为前门区，第九区裁撤，其地分别划入宣武、崇文二区，天桥地区被划入宣武区。1956 年，设立天桥街道办事处，隶属于宣武区。1958 年，鹞儿胡同、虎坊路街道东半部并入。1960 年，天桥街道办事处改为天桥人民公社。1968 年，成立天桥街道革命委员会。1978 年初，撤销天桥街道革命委员会，恢复天桥街道办事处。至 2010 年 6 月，天桥街道始终隶属于宣武区。2010 年 6 月，宣武区和西城区合并，名西城区，天桥街道隶属于北京市西城区至今。

辖区变迁 清光绪三十二年（1906），天桥区域的区位大致为：正阳门大街、永定门大街（今永定门内大街）之西，永定门到右安门一线之北，先农坛西侧外墙之东，虎坊桥、西柳树井及西珠市口之南。中华民国建立后，区位范围仍如清末。1947 年范围为：正阳门大街、天桥南大街、永定门大街之西，永定门西街之北，虎坊路、太平桥（今太平街）一线之东，虎坊桥、西柳树井、西珠市口之南。1958 年 9 月，合并组建宣武区天桥街道办事处后的区划为：东起前门大街与崇文区至永定门大街（不含街面）；西至虎坊路（含街面）与陶然亭街道相接；南至永定门里西城墙根护城河与崇文区毗邻；北至西珠市口大街、西柳树井（不含街面）与大栅栏街道相连。面积 1.9 平方千米。2002 年 6 月，宣武区对管辖范围作出调整：天桥街道西线由原起虎坊桥路北口与珠市口大街中心线交会处，沿虎坊路西侧（含临街房）向南、北纬路南侧（不含临街房）向东、太平街东侧（不含临街房）向南至胶印二厂所在巷北口西侧（不含临街房）向南至护城河崇宣线调整为北起虎坊路北口与珠市口大街中心线交会处，沿虎坊路中心线向南至北纬路中心线向东至太平街北口，沿太平街中心线向南至护城河崇宣线。面积 2.07 平方千米。至 2019 年，天桥街道的区划位置、区辖范围、区域面积均无变化。

社区居委会

1954 年建天桥、鹞儿胡同、福长街三条、虎坊路 4 个街道办事处，天桥地区只有福长街三条、福长街六条、校尉营、新农街、寿长街、万明路 6 个居民委员会。1958 年，4 个街道办事处合并组建宣武区天桥街道办事处，辖区建立 21 个居民委员会。2001 年，

留学路社区居民委员会（2018 年）

天桥街道的居（家）委会调整为 14 个社区居委会。2007 年整合为 8 个社区居委会：留学路社区居委会、香厂路社区居委会、永安路社区居委会、虎坊路社区居委会、天桥小区社区居委会、禄长街社区居委会、先农坛社区居委会和太平街社区居委会，至 2019 年未改。

留学路社区 2000 年成立。辖区内因明清时期有宰牛户得名牛血胡同，1915 年扩建成路，谐音雅化为今名。位于天桥街道办事处辖域东北部。面积 0.16 平方千米。2019 年总户数 3514 户，总人口 10742 人，其中外来人口 1285 人。辖区楼房 2 栋、简易楼 3 幢，平房 536 间；主要建筑为明代时期的古老胡同和庭院，包括校尉营胡同及胡同里的宜兴会馆遗址（校尉营 44 号院）、铺陈市胡同及胡同里的“观音禅林”庙遗址（铺陈市 115 号）、清代大学士翁方纲居住过的京城转弯最多胡同之一的九湾胡同（转弯不下于 13 处）、京城最窄的胡同之一小喇叭胡同、著名指挥家李德伦和著名相声大师侯宝林生活过的鷂儿胡同等。人文特点是胡同文化史的深远影响和邻里互助活动的显著成效。2010 年，获民政部“全国睦邻友好社区”荣誉称号。

香厂路社区 2003 年成立。清代称香厂，因多制香作坊得名。1915 年成路，定名。位于天桥街道办事处辖域中北部。面积 0.22 平方千米。2019 年总户数 1802 户，总人口 4503 人，其中外来人口 960 人。辖区有楼房 11 栋、平房院 256 个、平房 2100 间；有惠中大厦、新市区泰安里、北京风雷京剧团、世纪黄山酒店等。有新世界遗址。人文特点是在精神文明建设上开展寻找老天桥足迹和科学知识普及活动。2010 年获“北京市创新型科普社区”称号。

永安路社区　2002 年成立。原为先农坛北墙外排水沟，上有永安桥，1915 年成街，以桥名路，社区因地处此路而名。位于天桥街道办事处辖域西北部。面积 0.23 平方千米。2019 年总户数 1790 户，总人口 4095 人，其中外来人口 1938 人。辖区有 5 栋楼房，平房院 229 个；有前门饭店（内设梨园剧场）、北京东方饭店、北京市宣武中医医院等。人文特点是辖域内的星级饭店富含历史文化特色，有政治家、历史名人、艺人入住和活动的足迹，社区弘扬优秀革命传统，深入开展志愿服务活动，有志愿者荣获“首都精神文明建设”奖并任北京奥运会火炬手。2009 年获“北京市和谐社区建设示范社区”称号；2010 年获“首都特色精品社区”称号。

虎坊路社区　2003 年成立。明代已成巷，称砖儿胡同。1953 年胡同向南延伸拓筑成路。以北端虎坊桥得名。位于天桥街道办事处辖域西中部。面积 0.18 平方千米。2019 年总户数 1912 户，总人口 5640 人，其中外来人口 1223 人。辖区有楼房 45 栋，平房院 55 个，平房 843 间；有新北纬饭店、中国档案报社等。人文特点是以虎坊路的“学雷锋”志愿者便民服务活动日为载体，广泛开展学雷锋志愿服务活动，虎坊路被命名为“北京市学雷锋基地”；实施居委会“客座主任”制度，开展居民参与社区管理的居民自治活动，2007 年被评为“全国和谐邻里建设示范社区”。

天桥小区社区　2002 年成立，为天桥街道办事处驻地。天桥小区社区因地处天桥

天桥小区社区居民委员会（2018 年）

而命名。位于天桥街道办事处辖域东中部。面积 0.33 平方千米。2019 年总户数 2979 户，总人口 10840 人，其中外来人口 1806 人。辖区有楼房 22 栋，楼门 122 个，平房院 1 个；有天桥民间民俗文化标志建筑——天桥市民文化广场、北京天桥艺术中心、北京天桥艺术大厦、天桥剧场、天桥杂技剧场、中华电影娱乐宫、德云社、北京友谊医院等。人文特点是社区为北京民俗文化的发祥地，数代“八大怪”艺人在此表演绝活，著名表演艺术家侯宝林、新凤霞、魏喜奎、关学曾等也曾在此演艺谋生。2013 年，社区重建汉白玉的天桥和四面钟等老天桥地标性建筑，雕塑老天桥“八大怪”塑像，展现老天桥民俗文化景观，使社区成为大型民俗活动的场地。社区内大型的演艺场所在展演民族民间文化艺术的同时，还接纳世界各国民间文化艺术的展演活动。2009 年获“全国综合减灾示范社区”“首都文明社区”称号。

禄长街社区 2003 年成立。原在先农坛外坛墙内。1929 年外坛墙拆除后兴建了三条街道，为图吉利，就取中国传统的福、禄、寿之意，由东向西分别取名福长街、禄长街、寿长街，禄长街居中，故名禄长街社区。位于天桥街道办事处辖域西中部。面积 0.14 平方千米。2019 年总户数 2210 户，总人口 4423 人，其中外来人口 880 人。辖区有楼房 18 栋、楼门 77 个、平房院 72 个；有潇湘大厦、中国疾病预防控制中心、北京市伊斯兰教经学院等。人文特点是军警民共建文明社区活动，社区创建文化特色楼门、绿色家园，军、企、民亲如一家。2009 年获“首都军（警）民共建标兵单位”称号。

先农坛社区 2004 年成立。因依傍先农坛而得名。位于天桥街道办事处辖域东南部，面积 0.46 平方千米。2019 年总户数 2507 户，总人口 8442 人，其中外来人口 790 人。居民中，有 300 多名副研究员以上职称人员，有 10 名中国科学院和中国工程院的院士。辖区有 23 栋家属宿舍楼和 8 处平房院；有先农坛、先农坛体育场、永定门公园、北京育才学校、北京教育学院宣武分院等单位。先农坛是全国重点文物保护单位，是全国等级最高、规模最大、保存最完整的古代祭农场所。从 2008 年开始，每年谷雨时节先农坛社区都举办“祭先农、识五谷”仪式，已成为全市传统节日文化的重要活动载体。北京古代建筑博物馆，是全国首家展示中国古代建筑艺术及其发展历史的专题性博物馆。先农坛体育场是北京市解放初期唯一的大型公共体育场。社区区域内还有中国医学科学院药物研究所和实验动物研究所等国家医药研究重要机构。2005 年获“首都文明社区”“北京市体育先进社区”“首都绿色社区”称号。

太平街社区 2002年成立（2003年8月，经北京市宣武区人民政府批准，太平街社区由陶然亭街道划归天桥街道）。清朝时，这一带低洼，多湖水河源，河故道设太平桥，1952年扩建成街，以桥得名，社区因地处此街而命名。该社区位于天桥街道办事处辖域西南部。面积0.35平方千米。2019年总户数1730户，总人口6196人，其中外来人口1162人。辖区有楼房46栋，楼门123个，平房院1个，平房25间；有北京富力摩根大厦、前门智选假日酒店、朱雀门30号楼等主要建筑。2005年获“首都文明社区”称号。

自然地理

地理位置 天桥街道地理坐标为北纬39° 54′、东经116° 23′，处于燕山山脉脚下，华北平原西北部，北京市西城区境内东南部。东距渤海湾177千米，东北距首都机场37千米，西南距北京南站3.6千米，北距天安门广场2.6千米。

河流

元、明时期境内河沟纵横，植柳栽莲，时人称之为北方“小江南”。在虎坊桥一带有大小20多个沼泽潭坑；在先农坛北墙外有一条东西走向的河，当时无名，直至清末才叫“龙须沟”。清代，境内水草丰茂，夏秋之季景色宜人，至此游览者众多。由于地势低洼，每逢夏秋两季，从天桥往南至永定门的大道两旁满是积水，甚至将大道漫过，变成一片泽国。清政府曾多次派人治理这一带的水患。存红庙（古称弘济院）街71号院中清乾隆五十六年（1791）立的“正阳桥疏渠记碑”，是记载治理疏导天桥一带积水的纪念碑。天桥一带直到清末，依然水质清澈、草木葱绿。每届初春和盛夏至此踏青、消夏的人众多，其中不乏一些文人墨客、官吏富商。清同治年间（1862—1874），虎坊桥一带的水系干枯。1919年，域内龙须沟改明沟为暗沟，沟上修马路，西段名永安路，东段名西沟路，后统称永安路。原来在这一带的摊商、卖艺场大都迁至城南游乐园附

永定门城楼（2018 年）

近。1920 年至 1922 年，天桥连续发生几次火灾，其中 1922 年火灾的延烧面积较大，水心亭在这次火灾中被烧毁。随着水心亭的消失，天桥南大街路西最后一块水面也消失了，昔日水乡风貌未留一点痕迹。1950 年 2 月至 9 月，龙须沟被填平。现存河流仅为天桥南部的南护城河。

南护城河 起于西便门西里的西北角，沿外城西侧南行过广安门，经右安门、永定

南护城河永定门段（2018 年）

门和左安门向北，至广渠门外通惠河。南护城河永定门段是外城护城河流经永定门区域的一段，是西城区与丰台区、东城区的界河。1949 年后，经几次疏浚、整治，河道宽达 22 米至 45 米，在天桥境内河长 1.18 千米，水域面积 0.04 平方千米。

气候 境内地处中纬度地带，在东亚大陆的东岸，气候受蒙古高压的控制，具有暖温带半湿润季风大陆性气候特征。春季干旱多风，夏季炎热多雨，秋季凉爽湿润，冬季寒冷干燥。冬春季风从西北吹来，多风沙；夏秋季多湿润的东南风。冬春季少雨，夏秋季降水多。一年四季虽然分明，但时间并不均等，冬、夏季较长，春、秋季较短。年无霜期 200 天左右。年降水量一般为 600 毫米～650 毫米。7 月至 8 月降水约占全年降水量的 2 ／ 3，而且常出现暴雨。春季始于 4 月初，终于 6 月初。气温从冬季的严寒转回暖，但有时出现倒春寒天气。晚春回暖快，白天热，夜晚冷，温差大。夏季始于6 月初，终于 9 月初，日照充足，气温高，多炎热气候。7 月平均气温 26℃。秋季始于 9 月初，终于 10 月底，日射南移，冷暖适宜。冬季始于 10 月底，终于翌年 4 月初，长达 5 个多月，昼短夜长，日照不足，气候寒冷。常年 1 月平均气温为零下 4.7℃，极端最低气温为零下 22.8℃。年极限最高气温 40℃，最低气温零下 20℃。日最高气温通常出现在 15 时至 16 时，日最低气温出现在日出前后。在区域气候背景下，由于房屋建筑密集、机动车流量大，境内具有较典型的“热岛效应”气候特点。

人口

人口总量 天桥地区人口记载始于清代末年。中华人民共和国成立后，天桥地区人口才有确切的记载。1953 年，天桥地区有 11410 户，总人口为 44756 人。1960 年，街道总户数为 11993 户，总人口为 52861 人，人口密度 27822 人 / 平方千米。1964 年，街道总户数为 12411 户，总人口为 57705 人，人口密度 30371 人 / 平方千米。1982 年，街道总户数为 14890 户，总人口为 55516 人，人口密度 29219 人 / 平方千米。1990 年，街道总户数为16359户，总人口为52284人，人口密度27518人/平方千米。2000年，街道总人口为45679人，人口密度24041人/平方千米。2010年，街道常住人口46385人，流动人口13510人，总人口59895人，人口密度28935人/平方千米。2019年街道户数18444户，人口54872人，其中流动人口10044人，人口密度26508人/平方千米。

人口构成 天桥街道人口构成中，1959年男女比例为106.88：100，2010年男女比例为93.91：100。在年龄构成方面，新中国成立前境内人口中80岁以上老年人很少；新中国成立后特别是改革开放后，人民群众生活不断改善，90岁以上老年人不断增加。1982年90岁以上为75人，2010年达125人，其中100岁及以上2人。在文化构成方面，高学历人士不断增加，1959年大学文化（含大专）870人，1964年2178人，1982年2721人，1990年6286人，2000年8258人，2010年14618人，居民受教育程度越来越高。职业构成的变化也较大。1964年从业人口24582人，其中从事工业人口10119人、商业人口6535人；1982年从业人口35713人，其中从事工业人口18206人、商业人口6812人；2010年从业人口23400人，从事工业人口大量减少，商业人口基本持平，增加许多新兴行业，如信息软件、金融、房地产、租赁商务、科技服务、社会保障、文体娱乐、公共管理和居民服务等。

民族结构 天桥域内自古以来为汉族聚居地，有部分少数民族定居境内。1959年，辖区内有6个民族：汉族45705人，满族403人，蒙古族34人，回族2101人，藏族2人，朝鲜族11人，少数民族人口占总人口的5.29%。1964年，辖区内有12个民族，少数民族人口占总人口的5.5%。1982年，辖区内有9个民族，少数民族人口占总人口的5.5%。1990年，辖区内有16个民族，少数民族人口占总人口的5.5%。2000年，辖区内有20个民族，少数民族人口占总人口的6.2%。2010年，辖区内有29个民族，少数民族人口占总人口的5.97%。

2019年，辖区有22个民族：汉族51848人，蒙古族210人，回族1711人，朝鲜族77人，满族760人，傣族2人，侗族7人，苗族17人，土家族36人，维吾尔族23人，白族10人，彝族3人，俄罗斯族5人，壮族138人，藏族5人，布依族3人，瑶族2人，哈萨克族1人，达斡尔族1人，锡伯族8人，纳西族1人，撒拉族4人。少数民族人口为3024人，占总人口的5.51%。

姓氏组成 2010年，天桥街道常住人口姓氏有603个，人数前30位的姓氏如下：王姓5557人，张姓4936人，李姓4581人，刘姓3908人，赵姓1818人，杨姓1813人，陈姓 1531 人，孙姓 1117 人，马姓 1005 人，高姓 954 人，郭姓 779 人，周姓 760 人，吴姓 715 人，徐姓 701 人，宋姓 530 人，韩姓 517 人，朱姓 483 人，郑姓 475 人，崔姓 468 人，于姓 462 人，胡姓 457 人，黄姓 429 人，田姓 421 人，贾姓 400 人，白姓 391 人，董姓 390 人，曹姓 373 人，魏姓 358 人，冯姓 349 人，何姓 343 人。2019 年，天桥街道常住人口姓氏有 692 个，人数前 30 位的姓氏：王姓 6900 人，张姓 6106 人，李姓 5656 人，刘姓 4740 人，杨姓 2264 人，赵姓 2241 人，陈姓 1973 人，孙姓 1367 人，马姓 1248 人，高姓 1153 人，郭姓 1013 人，周姓 940 人，吴姓 897 人，徐姓 882 人，宋姓 676 人，韩姓 632 人，朱姓 605 人，郑姓 588 人，胡姓 584 人，于姓 580 人，崔姓 566 人，黄姓 562 人，田姓 548 人，曹姓 491 人，贾姓 477 人，董姓 470 人，白姓 462 人，何姓 439 人，魏姓 437 人，冯姓 419 人。

区域经济

元朝时，天桥地区因城兴市。明清时期，区域商业已较发达。中华民国时期，随着民俗文化繁荣，区域进一步积聚人气。境内商业、服务业发展的规模相当可观，各类摊贩、店家、杂货区域等达 700 余户。中华人民共和国成立后，天桥一带 2000 余户小商贩集中到新开辟的人民市场。政府相继对粮食、食油实行统购统销政策，对私营批发商进行改造，170 多户小商贩实现公私合营，走上合作化的道路。70 年代末改革开放后，经营承包责任制和租赁经营制调动了企业自主经营的积极性。2000 年，境内工商企业达 800 余家，个体经营发展到上千户。2019 年，境内工商企业达 1642 家，其中线上 116 家、线下 1526 家。

商贸服务 天桥地区的商业、服务业在元朝有“日昃市”“穷汉市”“蒸饼市”。明朝原有市场进一步发展。清朝初因天坛、先农坛禁地，天桥东西两岸边仅官家楼房 10 间；康熙年间（1662—1722），东华门灯市曾一度移至天桥西，热闹非常，游玩者士大夫居多。乾隆初年，天桥北忽然兴旺，建有酒楼。道光至咸丰时，一般小贩利用先农坛根不纳租金，到此设摊售卖杂货，渐成小市。1912 年成立平民市场，五方杂处，百商云集。1914 年起，实施“香厂模范市区”规划，来自全国各地的投资人踊跃竞标，短期内建起成片的西式洋楼。化妆品公司、烟草公司、绸缎店、百货店、茶馆、饭庄等 100 余家商号如雨后春笋，鳞次栉比，成为北京最新式商埠。1917 年建新世界。1918 年 11 月，东方饭店开业。其后又陆续兴建先农市场、华安市场、城南商场和三角市场等。先农坛、天桥四面钟等处形成粮食交易市场。1926 年，在先农坛外墙的东北角建 5 个商业市场。20 世纪 20 年代，天桥商业、服务业发展的规模已相当可观。1927 年，天桥市场有小吃店 19 家、清茶馆 13 家、布店 9 家、杂货铺 4 家、估衣铺 17 家、酒店 4 家、客店 13 家，以及茶叶、钟表、洋货等店摊。1930 年，天桥市场占地 1.6 公顷，店铺和摊贩 773 户，其中有正式牌照的 334 户、临时设摊 439 户。当时在天桥买 1 亩甲类地，约花 3000 元大洋（1 元大洋相当于今 100 元人民币）。1934 年，天桥市场有估衣铺 20 家、杂货铺 50 家、古玩铺 17 家、鞋铺 13 家、钢铁铺 10 家、镶牙铺 24 家，另有饮食店、客店、理发店等多家店铺。1937 年至 1945 年，天桥地区商业、服务业衰落。抗日战争胜利后又有发展，吃穿住用，无所不包。行业有店铺、摊贩、游商（推车、挑挑、提篮、夹包）三种，以摊贩居多。当时有店铺 678 家、摊贩 1709 家，从业人员 4288 人。摊贩分布在以天桥市场为中心的各市场和附近的街巷。天桥地区各行业分布非常拥挤杂乱，规模都不大。店铺有 1 ~ 2 间门面，1 ~ 2 名伙计。还有很多不雇工的连家铺，小商贩多为一人经营，店、摊的资本亦少，有些布店仅有 1 ~ 2 匹布的本钱。饮食业的商贩，资本一般在 100 元以下，其中 30 元以下的占 33%。店铺、摊贩设备简陋，店铺房屋破旧，年久失修，经营面积狭窄，卫生条件极差。

中华人民共和国成立初，人民政府对天桥地区的商业、服务业进行一系列调整。以天桥为中心，成立先农坛摊商管理处。把天桥一带 2000 余户小商贩集中到新开辟的人民市场。按照估衣、旧货、菜、肉、蛋、鱼、水果、百货、饮食等几十种行业，分行搭棚设摊，有秩序地排列开来。批发与零售兼有，以零售为主。1953 年 11 月、1954 年 3 月，相继对粮食、食油实行统购统销政策，同时对私营批发商进行改造。1956 年，地区有 200 多个店铺，实行公私合营，如永利居饭馆、全来顺饭馆、三元客店等。人民政府对小商贩进行调整，采取合作化的形式，组成合作小组、合作商店。如在人民市场和公平市场从事饮食行业的 170 多户小商贩组成 4 个合作商店。当时客店有七八家，组成

天桥百货商场（20 世纪 80 年代）

5 个合作小组。后升级为公私合营的合作客店。1958 年，170 多户单干的小商贩实现公私合营，走上合作化的道路。

中共十一届三中全会后，中国实行改革开放政策，给经济发展带来机遇。1984 年，天桥街道办事处认真落实《北京市人民政府关于国营商业、服务业改革试行办法》，实行经营承包责任制和租赁经营制，调动企业自主经营的积极性。进入 21 世纪，天桥街道适应社会主义市场经济发展，优化产业布局和发展平台，注重发展文化娱乐业、金融房地产业、信息传输及软件技术服务业，促进区域内经济发展。

文化娱乐　天桥地区文化娱乐业萌于元明，发展于清朝，中华民国期间已日趋成熟。清乾隆初年，天桥西侧有民间艺人“撂地”卖艺，形成地毯式的文化娱乐经济。1917 年在万明路东南（今北京友谊医院至先农坛北墙一带）城南游艺园落户，占地面积 20 公顷，成为京城文化娱乐的新地标。至 20 世纪 60 年代初，在天桥境内有 60 余家书馆。“文化大革命”期间境内文化娱乐受到冲击。中共十一届三中全会后，境内文化娱乐逐渐恢复。进入 21 世纪，天桥文化娱乐业以民俗文化为主要载体迎来全面发展期。2010 年北京天桥演艺区建设规划正式实施，至 2017 年初具规模，形成以演艺产业为主导，集演艺总部、文艺演出、文化创意、文化展示、文化商务等功能为一体的世界级演艺聚集区。2019 年，天桥地区文化娱乐业总收入 4.29 亿元；天桥艺术中心获年度文化消费品牌榜“十大文化消费地标”殊荣。

经济总量 天桥街道域内二、三产业经济和财政收入稳健发展。2010 年，第二产业 18 个，第三产业 809 个，资产总额 984562 万元，收入总计 389803 万元；街道完成财政收入 17214 万元。2013 年，第二产业 34 个，第三产业 815 个，资产总额 1396063.7 万元，收入总额 1086900.9 万元；街道完成财政收入 14129 万元。2015 年，第二产业 42 个，第三产业 1307 个，资产总额 3087792 万元，收入合计 1354792 万元；街道完成财政收入 11237 万元。2019 年，第二产业 26 个，第三产业 1121 个，收入合计 1647000 万元；街道完成财政收入 21692 万元。

社会发展

社会事业

教育 明清时期境内教育以私塾为主。清光绪三十二年（1906），京师督学局在虎坊桥外城师范传习所开设南城夜学师范传习所。1918 年，中华民国开办的天桥灵佑宫小学（留学路小学），是北平第一所独特的半日制学校，招收的学生全是贫家子弟，对北平平民教育的发展具有很大影响。中华人民共和国成立后，天桥教育事业快速发展，先后兴建大、中、小学校及幼儿园数十所。几经教育体制改革、教育资源整合优化后，至 2019 年，境内有北京市伊斯兰教经学院、友谊医院护士学校、北京教育学院宣武分院、北京育才学校、北京市徐悲鸿中学（初中部）、新世纪实验小学、香厂路小学、虎坊路幼儿园等。教职员工 787 人，在校学生 5660 人。入学率、普及率均达 100%。

科研 中华人民共和国成立后，随着中国医药卫生科技事业的发展，国家相继在天桥街道境内建立中国疾病预防控制中心和中国医学科学院药物研究所、生物研究所等多

北京育才学校小学部（2018 年）

家医疗卫生科研院所。境内还设有北京市体育科学研究所、北京市粉末冶金特种材料研究所、北京印刷机械研究所、北京市古代建筑研究所等研究机构，科研硕果累累。

医疗卫生　中华人民共和国成立前，天桥地区尚无正规医疗机构，仅有一些个体诊所。中华人民共和国成立后，天桥地区的医疗卫生事业逐步得到发展。1952 年，境内个

中国医学科学院药物研究所（2018 年）

首都医科大学附属北京友谊医院（2019 年）

体行医者组成天桥联合诊所，1970 年更名北京天桥医院。1954 年境内建成苏联红十字医院，1970 年改为北京友谊医院，1994 年改为首都医科大学附属北京友谊医院。1982 年扩建境内北京市宣武区中医医院，2011 年更名北京市宣武中医医院。1998 年 7 月，境内成立卫生部艾滋病预防与控制中心。2019 年，境内有首都医科大学附属北京友谊医院、北京市宣武中医医院、北京天桥医院等医疗机构，从业医技人员近 4000 人，其中高级职称 150 人、副高级职称 280 人。有编制床位 1650 张。

文化 明清时期，境内的皇家贵族文化活动主要是先农坛的祭祀先农仪式及清代的会馆戏楼演出；平民文化活动主要是天桥市场（今天桥市民文化广场附近）一带的民间艺人卖艺和群众观赏。民国时期，天桥场地聚集民间艺人卖艺活动达到鼎盛，其活动场地多样化，有“撂地”卖艺，也有在书馆、茶社、剧院等场地卖艺，项目有杂耍、说唱、戏曲、亮绝活等，呈现出“酒旗戏鼓天桥市，多少游人不忆家”的文化景象。

中华人民共和国成立后，党和国家十分重视人民群众的文化生活，境内的文化活动环境逐步得到改善。1953 年兴建中华人民共和国成立后的第一座大剧院——天桥剧场；1956 年公私合营时，将天桥市场一带的新民、天桥两家影院并到中华影院（今中华电影娱乐宫）；1964 年将民国时期的万盛轩剧场改建为可容观众近千人的万胜剧场；1977 年将天乐戏院翻建后改为天桥礼堂，1981 年改为天桥文化站，境内群众文化生活水平逐年提升。在礼堂、文化站开展本地区基层文化的经常性交流和演出活动，在剧场、影院开

天桥市民文化广场（2018 年）

展本地区与异地的文化交流和大型会演活动，包括古今中外的经典文艺作品。

改革开放后，境内群众文化更为活跃，天桥文化站的阅览室日均接待读者 200 多人次，并开展振兴中华读书活动；每年街道都组织“五月的鲜花”群众歌咏比赛和夏日文化广场活动。进入 21 世纪，街道建立社区文化体育中心和图书室，并在各社区建立文化活动站。随着文化部、财务部制定的《中国民族民间文化保护工程实施方案》实施，2004 年街道成立天桥民俗文化保护委员会，全面启动对天桥民俗文化的发掘、抢救、保护工作，天桥民俗文化社和民俗艺术团也相继组建成立。2005 年，境内最大的露天群众文化活动场所——天桥市民文化广场落成。2015 年，随着天桥艺术中心的建成开业，天桥市民文化广场周边已形成多个剧场、影院等演艺场所集群。截至 2019 年，天桥的文化已形成传统与现代、民俗与国际、业余与专业、通俗与高雅的融合体；境内大型文化场所有北京天桥艺术中心、北京天桥艺术大厦、天桥剧场、天桥杂技剧场、中华电影娱乐宫、德云社、梨园剧场等。

体育　明清时期，境内的平民体育活动主要是民间的跳绳、踢毽子、抽陀螺、滚铁环和用于健身的武术、太极拳等。1937 年建先农坛体育场（北平公共体育场）。

中华人民共和国成立后，中央政府十分重视人民体育事业的发展，曾两次扩建先农坛体育场。1956 年在太平街东侧建立陶然亭游泳场，2010 年改建成陶然亭游泳馆。1996 年，天桥街道通过提供经费和协助联系场地等方式，积极扶持辖区内科研院所的门球队和中小学生组成的足球队，广泛开展群众体育活动。群众体育团队在参加宣武区组织的“翔达杯”双休日健身长跑、家庭运动会、机关广播操比赛等体育项目中，均获得好成绩。1997 年，天桥街道初步形成群众广泛参与的社区文化体育格局，举办天桥街道迎接香港回归居民运动会；选派 50 名选手参加宣武区“翔达杯”长跑比赛，取得女子团体、男子团体 2 个第一名的好成绩。1998 年，街道在全民体育健身周活动期间设立体育咨询站、体能测试站，开展武术、健美操活动，举办飞镖、腕力比赛，参与者达 1500 余人。1999 年，街道参与全民健身活动的群众达 16276 人次，街道体操团队在宣武区体操比赛中荣获全区第一名。2000 年，街道举办更加贴近群众的胡同运动会，21 个居（家）委会及驻地中央、市、区属单位近 1000 人参加开幕式；开幕式表演百人腰鼓、红绸舞、木兰扇等。2001 年至 2017 年，天桥街道的体育事业得到长足发展，连年举办地区运动会、体育节，拔河、跳远、跳绳、握力、投沙包、仰卧起坐、门球击准、定点投篮、闭眼单足站等体育项目深受群众喜爱。参赛运动员年龄最大的 81 岁，最小的 7 岁；街道多次获得国家和市体育部门给予的荣誉，被指定为北京 2008 年奥运会体育外事活动接待社区，被授予“北京人文奥运社区——天桥民俗文化体育社区”称号，接待国际奥委会委员、参加“2008 奥运会国际论坛 2005 年大会”的中外嘉宾及日本、中国香港地区、中国澳门地区体育代表团；跻身于首批国家体育总局命名的“国家级社区体育健身俱乐部”，荣获中国乒乓球协会“万杰隆杯”2007 年 CTTA 中国乒乓球会员联赛（50 岁以上组）男子团体亚军，夺得北京市体育总局颁发的迎奥运倒计时 300 天“翠微杯”北京市社区太极拳交流展示一等奖。截至 2019 年，街道各社区均有文化体育活动室和室外健

先农坛体育场（2019 年）

陶然亭游泳场（20 世纪 60 年代）

物美超市（2016 年）

身场地、器材，街道的社区中心建有多功能厅，可供开展室内体育健身活动。境内的大型体育场所、竞技体育训练基地有先农坛体育场、陶然亭游泳馆和北京市职工体育运动技术学院。

居民生活 新中国成立前，境内绝大多数居民生活十分困难。新中国成立后，居民生活有了保障，消灭了贫困，解决了温饱。改革开放后进一步解放生产力，随着经济发展，居民收入逐步提高，生活得到很大提高。1995 年居民人均可支配收入 4869.24 元，2001 年居民人均可支配收入 10426.1 元，2009 年居民人均可支配收入 27319.8 元，2019 年居民人均可支配收入 88291 元。

新中国成立前，一些居民居无定处，一些民间艺人流落街头。新中国成立后至 20 世纪 90 年代初期，居民大都住公房，租费低廉。之后越来越多的居民入住商品公寓房。2000 年 10 月至 2002 年 6 月，天桥小区危房改造 21.6 万平方米住宅，回迁居民 2794 户、8382 人。2000 年至 2004 年 10 月，盛景嘉园改造项目有 323 户居民入住。2004 年至 2009 年 12 月，朱雀门小区改造项目安置居民 536 户。居民居住条件得到改善。改革开放初期的 1980 年，境内居民人均居住面积为 5.3 平方米，2019 年达到 22.1 平方米。居民生活消费从原来吃穿支出占总支出一半以上，下降为 10% 以下。各种耐用消费品从 80 年代的电视机、洗衣机、电冰箱、自行车等变为 2000 年后的手机、电脑、轿车等。

生活保障

新中国成立后，街道将生活困难的家庭分为长期救济户和临时救济户，分别发放救济款。改革开放后，为孤老人员发放生活补贴。1996 年，街道建立并实施低保制度。最低生活保障线标准为家庭月人均收入 170 元。街道为 38 户、46 人办理最低生活保障金。1999 年，街道有社救户 326 户、728 人，共发保障金 8.62 万元。2010 年，城镇低收入家庭认定标准调整为 731 元。街道有 820 户、1651 人享受低收入待遇，发放低保金 623.4 万元。2019 年，城乡统一的最低生活保障标准为 1100 元。街道有 561 户、917 人达到低收入标准，发放低保金 1260.2320 万元。

职工就业 1986 年，街道按照国家劳动制度改革要求，对职工实行待业保险制度，按工资总额的 1% 提取保险基金。1988 年，单位缴纳养老基金为临时工工资总额的 15%，个人缴纳养老基金为工资总额的 3%。1989 年，“三资”企业中方退休职工养老实行社会统筹，街道开始负责中方退休职工统筹项目内各项费用的支付。1995 年，街道建立医疗基金社会化统筹、企业调剂基金和职工医疗账户相结合的按比例报销的医疗保险基金制度。将所有正式职工加入“职工养老统筹”“职工大病统筹”“职工待业保险”。街道对没有失业救济金的失业职工补发救济金，共核实 26 人，补发 10031 元。增补发放退休费 6150 元，医药费报销 13170 元，失业救济金 61918 元，失业人员医药费报销 1825.56 元，支付临时工养老补助费 5954.1 元。2019 年，天桥街道城镇登记失业人员 746 人，

西城区天桥街道公共服务大厅（2015 年）

登记率 0.85%；实现就业 679 人，就业率 68.17%。

医疗救助 2002 年，对辖区患危重病在指定医院就医、个人当年负担医疗费用累计超过 1000 元（含）的低保人员，按照 50% 比例给予医疗救助，全年个人累计救助支付额原则上不超过 1 万元。2003 年，街道落实低保人员医疗救助工作，受理医疗救助 27 人，救助资金 9.556 万元；对辖区有突发性重大疾病和困难的家庭实施临时救助，救助 19 人，救助资金 1 万元。2004 年，对患慢性病、常见病的低保人员，全年个人累计医疗救助支付额度原则上不超过 2000 元，确属特殊困难人员，适当增加医疗救助比例；将医疗救助起付线由 1000 元降低至 500 元。2005 年，对贫困孕产妇实行医疗救助。2007 年，取消低保人员患慢性病、常见病医疗救助每年 500 元的起付线。街道医疗救助 152 人次、涉及金额 25.42 万元。2008 年，门诊救助的报销比例由 50% 提高到 60%；取消住院救助起付线，住院救助的报销比例提高到 60%，报销最高额提高到 3 万元。街道共审批医疗救助 212 人次，发放救助金 30.38 万元。2009 年，将“低保边缘家庭”纳入医疗救助范围。2010 年，发放低收入家庭医疗救助金 50.15 万元。2019 年，发放低收入家庭医疗救助金 226.53 万元，共 2051 人次。

残疾人保障 1989 年，成立天桥地区残疾人协会，开展残疾人救助保障服务。1998 年开始，街道按要求征收残疾人就业保障金并安排残疾人就业工作。2003 年开始，街道开展无障碍设施建设，对银行、邮局、市场、居住小区等公共场所无障碍设施进行改造，建成珠市口西大街（南侧）“天桥街道无障碍示范一条街”，根据残疾人家庭不同的需求对其家中的厕所、浴室、房屋门口处进行无障碍设施改造，为残疾人生活及出行提供便利。2004 年，天桥地区残疾人协会更名天桥街道残疾人联合会，建设“残疾人之家”活动场地。街道依托社区卫生服务站建立残疾人康复指导站，每个指导站均配有康复器材，由专职医生开展残疾人康复指导工作。2009 年，向符合条件的残疾人发放每月每人 100 元的助残券，为残疾人提供生活照料、家政服务、康复护理等多种方式的服务。2019 年，街道有残疾人 2348 人。其中，视力残疾 440 人，听力残疾 134 人，语言残疾 8 人，智力残疾 189 人，肢体残疾 1253 人，精神残疾 233 人，多重残疾 91 人。有 1 个残疾人职康站，1 个温馨家园，1 个社区辅助器具服务站。

精神文明

20 世纪 60 年代至 2017 年，天桥街道社会主义精神文明建设的最大特色是以长期坚持开展群众性的学雷锋志愿服务活动为主线，将学雷锋志愿服务贯穿于“学雷锋综合包户”“邻里互助志愿服务”“军民共建学雷锋文明大街”等活动之中。2019 年，街道拥有 55 支学雷锋志愿者服务队伍，注册志愿者 8651 人。相继获得“中国街道之星”“全国学习雷锋、志愿服务先进集体”“全国社区志愿者活动示范街道”“首都军（警）民共建标兵单位”等殊荣。

学雷锋综合包户　1983 年，在纪念毛泽东主席“向雷锋同志学习”题词发表 20 周年之际，天桥街道结合“五讲四美”提升为“五讲四美三热爱”（五讲即讲文明、讲礼貌、讲卫生、讲秩序、讲道德；四美即心灵美、语言美、行为美、环境美；三热爱即热爱祖国、热爱社会主义、热爱中国共产党）活动的要求，发起“学雷锋综合包户”活动，主要做法是以老人及军烈属为包户对象，为他们提供上门送煤、送粮、送货、理发、寻医问药、打扫卫生、照顾日常生活等服务。有 255 名团员，组成 36 个学雷锋小组，对街道 30 户、36 位老人及军烈属开展 224 次服务活动。1984 年，街道扩大“学雷锋综合包户”活动队伍，吸收辖区内 8 所中小学的少先队员，联社青工，驻地的武警部队、消防中队，市邮政局团支部的团员青年参加活动。至 1990 年，街道先后 5 次举行“综合包户”签字仪式，服务对象由最初的 30 户、36 人，发展到 80 户、113 人，服务队伍由最初的 11 个行业、22 个单位的百余人扩大到 22 个行业、80 个单位的千余人。此项活动受到北京市、宣武区领导的肯定，并在全市推广。1986 年 6 月，全国政协主席邓颖超接见天桥老年协会会长徐庆艾时指出，“综合包户”为老年人服务是发扬雷锋精神。1989 年，街道被团中央授予“学雷锋先进集体”称号。

邻里互助志愿服务　1989 年，天桥街道创建北京市第一个学雷锋社区志愿服务组

1995 年，天桥街道获“中国街道之星”称号

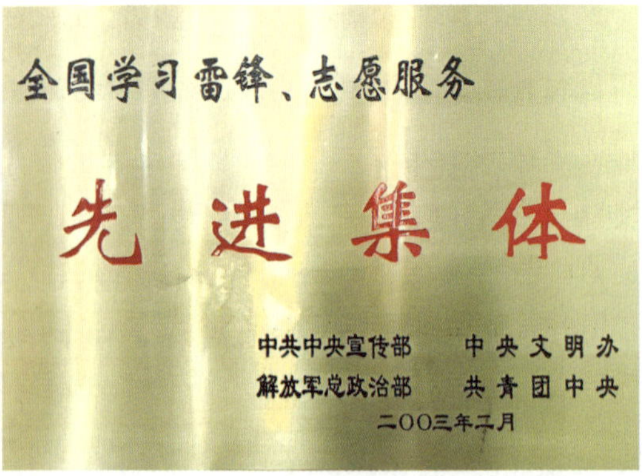

2003 年，天桥街道获“全国学习雷锋、志愿服务先进集体”称号

织——邻里互助协会，有会员341人。互助方式以义务服务为主、有偿服务为辅，解决了经济体制转变初期维修、送货、护理、家政等便民服务项目稀缺带来的居民生活中诸多不便问题。1995年，街道邻里互助协会有居委会分会29个，协会会员1805人（占地区总人数的3.28%），组建有800名志愿者加入的6个专业服务队，为居民提供服务91992人次。是年，天桥街道“学雷锋邻里互助”活动获“首都精神文明建设最佳活动奖”。2000年，街道的“邻里互助”志愿者发展到8000余人，“邻里互助”服务队33支，并成立5支品牌服务队。2010年，社区志愿者在服务活动中逐渐形成品牌服务队，新增心理疏导、法律咨询、老年教育等内容的服务项目。街道注册社区志愿者达5430名，占地区常住人口的12%。2019年，街道拥有55支学雷锋志愿者服务队伍，注册志愿者8651人。举办天桥地区志愿服务项目发布会，开展“百家圆梦”等56个志愿服务项目，举行助老、学雷锋等各类志愿服务活动402场，近万人次参与志愿服务，5万余人次受益。

2001年初，天桥街道办事处在全国街道工作委员会上海年会上作了关于天桥地区志愿者队伍建设经验的交流。5月12日，《北京日报》以《八千志愿者活跃在社区》为题，报道天桥街道的志愿者活动。2005年3月，全国社区志愿者工作会议在天桥街道举行。2003年，街道被中共中央宣传部、中央文明办、解放军总政治部、共青团中央授予“全国学习雷锋、志愿服务先进集体”称号。2005年，街道被民政部、中国社会工作协会评为“全国社区志愿者活动示范街道”。

军民共建学雷锋文明大街 1991年，天桥街道与武警北京总队七支队签订共建协议，共建虎坊路文明大街。街道印发《军民共建虎坊路学雷锋大街便民服务手册》，包括虎坊路沿街36个单位、86项商业服务的学雷锋便民服务内容，向群众发放。每年3月5日，街道在虎坊路大街组织开展便民服务。天桥街道在虎坊路举办“军民共建学雷锋文明大街十周年成果展”，开展共建文明和国防教育等活动。武警七支队小熔炉雷锋班持续10年在虎坊路为地区居民提供修鞋等便民服务。警民服务队

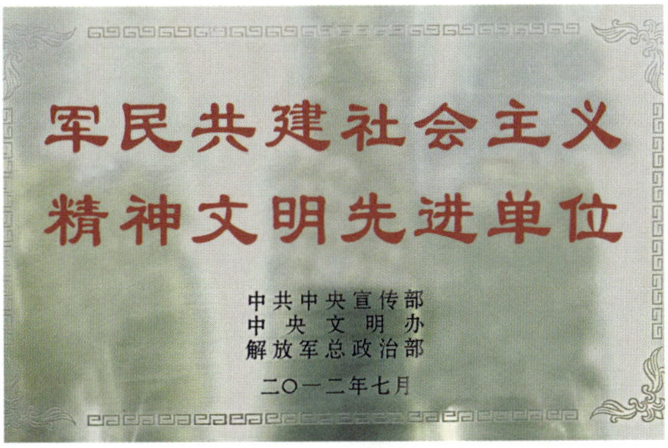

2012年，天桥街道获“军民共建社会主义精神文明先进单位”称号

虎坊路学雷锋志愿服务活动（2000 年 8 月）

1999 年，全国劳模范进卯（右）

深入虎坊路沿街36个单位开展义务服务活动。武警七支队与虎坊路沿街单位开展向“贫困山区孩子献爱心”活动，共计捐款 1.2 万元，为平谷县镇罗营乡的 14 名特困儿童完成九年义务教育提供物质保证。

1998 年，虎坊路被首都精神文明建设委员会命名为“北京市学雷锋活动基地”。2000 年，天桥街道与武警北京总队七支队作为共建对子，被首都精神文明建设委员会授予“精神文明标兵单位”称号。2001 年 2 月 28 日，天桥街道在虎坊路举行“军民共建学雷锋文明大街”揭牌仪式。

天桥街道以学雷锋为主线，引领精神文明建设，在大力扶贫帮困、融洽邻里关系、推进军民共建、构建和谐社会、传承民俗文化、打造特色街区、创建文明街道等方面取得显著成效，精神文明建设硕果累累。

1989—2020 年天桥街道获奖情况一览表

表 1

奖项名称	获奖年份	颁奖单位
全国学雷锋先进集体	1989	共青团中央
全国先进基层党组织	1989	中共中央组织部
中国街道之星	1995	中华人民共和国民政部
全国学习雷锋、志愿服务先进集体	2003	中共中央宣传部、中央精神文明建设办公室、解放军总政治部、共青团中央

续表 1

奖项名称	获奖年份	颁奖单位
全国婚育新风进万家活动先进街道	2005	中共中央宣传部
全国社区志愿者活动示范街道	2005	中央精神文明建设办公室、中华人民共和国民政部
中国民间艺术之乡	2008	中华人民共和国文化部
全国文化先进社区	2008	中共中央宣传部、中央精神文明建设办公室、中华人民共和国文化部、中国文联
军民共建社会主义精神文明先进单位	2012	中共中央宣传部、中央精神文明建设办公室、解放军总政治部
北京市学雷锋先进集体	1993	中共北京市委、北京市人民政府
1993年度军民共建标兵单位	1994	首都精神文明建设领导小组
十佳街道	1994	中共北京市委、北京市人民政府
开展学雷锋邻里互助活动获首都精神文明建设最佳活动奖	1995	中共北京市委宣传部 首都精神文明建设办公室
精神文明标兵单位	2000	首都精神文明建设委员会
北京市学习雷锋、志愿服务先进集体	2003	北京市委宣传部、首都精神文明建设委员会办公室、共青团北京市委
2003年度首都文明街道	2004	首都精神文明建设委员会
2004年度北京市思想政治工作优秀单位	2004	中共北京市委
2004年度首都文明街道	2005	首都精神文明建设委员会
2005年度首都文明街道	2006	首都精神文明建设委员会
2006年度首都文明街道	2007	首都精神文明建设委员会
2007年度首都文明街道	2008	首都精神文明建设委员会
2008年度首都文明街道	2009	首都精神文明建设委员会
首都军（警）民共建标兵单位	2009	首都精神文明建设委员会
2012—2014年首都文明单位	2015	首都精神文明建设委员会
2015—2017年首都文明单位	2018	首都精神文明建设委员会
2019年首都文明单位	2020	首都精神文明建设委员会

城区建设

市容市貌 明清时期，境内河沟纵横，植柳栽莲，风景如画，令人流连忘返。南部大片区域是皇家园林——先农坛（山川坛）。先农坛北墙外有一条东西走向的河（清末取名“龙须沟”），河上建有一座汉白玉石桥，桥基呈“八”字形，三梁，四石栏单孔高拱天桥，是该地域的标志性建筑。白玉石桥周边的空地成为城南市民游览之地。随着游人增多，逐渐出现茶肆、酒楼、小吃摊和助游兴的杂耍卖艺、说书唱曲等娱乐场所。

清代，朝廷对先农坛进行较大规模调整，坛内遍植树木。清代进士孙尔准在诗词中写道：“稚柳晴波，漪空皱绿，渺渺余怀，如在江南村店矣。”先农坛坛墙以北的天桥一带则形成了市场，出现设摊卖货、“撂地”卖艺者蜂至的景观。

民国时期的天桥一带俯瞰（20 世纪 20 年代）

中华民国初年，先农坛以北区域出现了新世界、城南游艺园，东西方娱乐齐备，商业市场、娱乐市场进一步扩充；先农坛东部开通了有轨电车。境内市面更加繁荣。1928年中华民国定都南京，市场的服务对象只剩下平民百姓，市面逐渐萧条，新世界、城南游艺园相继停业，一些市场、娱乐场成了民居和垃圾场。20世纪40年代末，天桥仅剩下三角市场、西市场、公平市场、东市场和万盛轩、德胜轩、丹桂、小小、吉祥、小桃园等几家娱乐场，以及几处露天杂耍场；天桥的买卖人和卖艺人住在拥挤、矮小、潮湿的棚户里，形成京城一处棚户区、贫民窟。

中华人民共和国成立后，随着国家建设事业日新月异的发展，境内市容市貌得到明显改善。新型、大型文化体育场所、医疗卫生机构、科学研究院所、星级旅馆饭店、居民高档住宅拔地而起，年复一年地为境内市容市貌增添新的景观。改革开放以来，街道加强挖掘历史文化遗产、修缮保护文物、治理生态环境，境内又新增了可供游览参观的永定门公园、天桥印象博物馆，居民小区也出现了可供休闲健身的小广场、小公园，平房区的老胡同装修得古色古香、京味十足，烟尘排放治理、扬尘噪声监管、绿化面积扩大等取得显著成效。境内有各种树木2万余株，地区绿地面积44.01万平方米，街道被评为“首都绿化美化先进单位”。截至2019年，天桥艺术中心、天桥市民文化广场、首都医科大学附属北京友谊医院、前门饭店等成为新的地标建筑。区域内进行多次集中环境整治工作。2017年至2019年，配合北京中轴线申遗工作，对辖区内市容市貌进行整治，取得显著成效。

道路建设

天桥地区在明嘉靖三十二年（1553）前为京城南郊。永乐十八年（1420）在正阳门外修建天地坛、山川坛，形成正阳门至天地坛、山川坛大路。嘉靖三十二年闰三月，修建京城外城，周长14千米，设城门七处，正南为永定门，天桥即成南北交通要道，成为北京外城的中心点，道路街巷开始成形。天桥地区早期街巷，明末有厨子营、校尉营、宝鸡巷、养羊胡同、阡儿胡同、牛血胡同、赵锥子胡同等10多条。清初在原有街巷的基础上增加4条。清雍正年间（1723—1735），将天桥至永定门的土路建为石条铺砌马路，系皇家御路，不准一般轿马和行人通过。光绪三十二年（1906），清政府着手修建京城几条主要马路，将天桥洞用土填平。因修前门至永定门的马路，将汉白玉的高拱桥拆除，在原址重建一座小石桥。1914年，开辟虎坊路，填平洼地拓宽路面，因北端有虎坊桥（明代虎房遗址，房或坊）而名。1915年，市政当局在香厂地区开发建设，

永定门有轨电车（20 世纪 20 年代）

天桥的有轨电车站（20 世纪 20 年代）

香厂扩大。天桥范围将南至先农坛、北至虎坊桥大街、西至虎坊路、东至留学路六片地区定为经纬，新辟 14 条马路，为香厂路、留学路、华严路、仁民路、仁寿路、板章路、香仁路、万明路、阡儿路、大川路、东经路、西经路、南纬路、北纬路。1919 年，西龙须沟改明沟为暗沟，沟上修成马路，西段名永安路，东段称西沟旁，后统称永安路。中华人民共和国成立前，天桥地区有 20 多条街巷胡同，全部为土路。

中华人民共和国成立后，1949 年至 1990 年，天桥地区新开辟道路 15 条、大小街巷 96 条、主要干线 7 条。1978 年，修建 19 条柏油马路，修铺路面 10500 平方米。扩建和改建永安路、北纬路、虎坊路、东经路、西经路。1979 年，修建仁寿路、阡儿路栏土墙 160 平方米。展宽南纬路路面 2 米，铺设柏油 2 万多平方米。

1993 年，辖区内有 7 条主要大街、89 条街巷胡同。1997 年，拆除街巷胡同违章建筑后，投资 17.5 万元美化环境、硬化地面，用方砖铺地 3660 平方米。1998 年，街巷铺地面 2096 平方米。2000 年，打造精品街、精品胡同，硬化地面 310 平方米，改造珠市口西大街，东起珠市口，西至虎坊桥，全长 1100 余米，路宽 70 米，为北京南城的东西干道。2003 年，市政府启动南中轴路危改整治工程。北起南纬路，南至永定门桥，东临天坛，西邻先农坛，南北长 1000 米，东西宽 280 米，占地 13 公顷，涉及拆迁居民 2610 户、企事业单位 171 家。南中轴路危改整治工程于 2004 年 9 月底全部竣工，先农坛坛墙重新出现在世人的面前，同时建成 1 万平方米绿地，形成新的景观。2004 年，全年翻修胡同道路 10 条，铺装地面 3000 余平方米。2005 年，修补和整修灵佑胡同、香厂路、仁民路等破损严重的 12 条街巷、胡同，修缮硬化街巷路面 1.2 万平方米。2006 年，街道投资 26 万余元，整修胡同地面 7 条，共计 5674 平方米。2008 年，街道投资 150 余万元，整修鹞儿胡同、板章胡同等 11 条胡同街巷路面，共铺装地面 500 平方米，拆除香厂路西侧违章建筑，铺装地面 160 平方米。2010 年，对华仁路、仁民路等 15 条道路进行翻修和铺装。是年，辖区有 70 条街巷胡同，其中有 7 条主要大街。2019 年，辖区有 70 条街巷胡同。其中有 8 条主要大街，即前门大街、天桥南大街、虎坊路、太平街、南纬路、北纬路、永安路、珠市口西大街。

天桥南大街 位于西城区东南部，辖域东南部。北起天坛路，南至南纬路与永定门内大街相连。呈南北走向，长 469 米。因位于天桥以南而得名。明代，该大街称“永定门大街”。1934 年,《北平地名典》称“天桥”。1947 年，改称“天桥南大街”。1965 年，北京市整顿地名时，将西市场南街、西市场东街三巷、西市场东街四巷、公平市场及平民住宅临街部分并入，统称“天桥南大街”。

前门大街 位于西城区东南部，辖域东北部。天桥域内北起珠市口大街，南至永安路与天桥南大街相连。呈南北走向，长 400 米。2003 年，南中轴路扩宽为 60 米。

虎坊路 位于西城区东南部，辖域西北部。北起珠市口西大街，南至北纬路。呈南北走向。长 500 米，宽 32 米。明代时属正南坊，名为砖儿胡同。清乾隆年间（1736—1795），改称砖儿头胡同。从《乾隆京城全图》可以看出，彼时砖头儿胡同的西侧与南

虎坊路（2018 年）

端，是一片面积很大的积水，其形状大体呈瓢形。光绪年间（1875—1908），又曾称东砖儿胡同，以区别于广安门内大街南侧的西砖胡同。1953年，填平其周围洼地并拓宽路面，因其北端有虎坊桥而取名虎坊路。

太平街　位于西城区东南部，辖域西部，陶然亭公园东侧。北起北纬路，南至陶然桥。呈南北走向。长1240米，宽14米。为1952年修建陶然亭公园时同时修建。街北段民国时原有土路称太平街，有太平桥。因地处先农坛西墙外，故街中段称先农坛后身，街南段称黑龙潭。1952年拓宽，黑龙潭并入，统称太平街。清代河故道设太平桥，街以桥命名。

永安路、虎坊路路口俯瞰（20世纪80年代）

永安路（2018年）

南纬路　位于西城区东南部，辖域中南部，先农坛北侧。东起天桥南大街，西至太平街。呈东西走向。长675米，宽14米。1915年命名南纬路。

北纬路　位于西城区东南部，辖域东部，天桥剧场北侧。东起天桥南大街，西至虎坊路。呈东西走向。长1178米，宽14米。1915年命名北纬路。

永安路　位于西城区东南部，辖域北部。东起天桥南大街，西至虎坊路。呈东西走向。长1139米，宽25米。元代、明代时河道纵横，有永安桥跨于河道南北。清末民国初始有“西沟旁”之称。1965年，将西沟旁北侧的迟家胡同、东斗母宫、永安路南巷夹道并入，统称永安路。

珠市口西大街　位于西城区东南部，辖域北部，前门大街中段西侧。东起前门大街，西至南新华街与虎坊路及骡马市大街交会处。呈东西走向。长1100米，宽29米。沥青路面。街南侧与阡儿路、万民路、板章路、留学路、铺陈市胡同相交。

明代建外城时，将广宁门（今广安门）至广渠门的大道称为南大街，包括今珠市口西大街、虎坊桥。明代虎坊桥属宣北坊。明代珠市口称猪市口，属正南坊，清代雅化为珠市口，称西珠市口大街。民国以后，称西珠市口。1949 年后，分别称西珠市口大街、西柳树井、虎坊桥。1965 年，整顿街巷名称时，将三条大街合并，统称珠市口西大街。1993 年至 1994 年拓宽改造，成为北京市中心第三条东西交通干道。

住房配套

居民住房　中华人民共和国成立初期，天桥地区有平房 2758 间，面积 39403 平方米。有中式楼房 33 栋、570 个房间，面积 8600 平方米。1958 年至 1959 年，在永安路兴建 4 层至 5 层混合结构单元式楼房 47 栋、1390 套，面积 12.05 万平方米。20 世纪 60 年代初，天桥地区建设 11 栋居民简易楼，面积 5048 平方米；翻建居民住宅平房 2168 间，面积 28376 平方米，均为硬山顶结构。80 年代，翻建居民住宅平房 1648 间，面积 20363 平方米，均为硬山顶结构。90 年代，建设 16 层预制板结构住宅楼 3 栋，面积 25824 平方米。2000 年 9 月，天桥地区住房以连片的平房为主，居民的居住条件简陋、拥挤。10 月，天桥地区危房改造工程在天桥小区正式启动。至 2010 年 5 月，天桥地区完成危房

九湾胡同居住区（2018 年）

天桥小区居住区（2018 年）

改造面积 361482 平方米。境内形成永安路以北多平房，永安路以南多楼房的格局。

公用事业 1999 年至 2000 年，辖区 3000 多户居民配备液化气罐，减少烟尘和二氧化硫的低空排放。2008 年，街道成立平房煤改电办公室，“煤改电”“煤改气”“煤改热力”工程同时启动。“煤改电”工程涉及的 700 余户居民有 588 户居民购买电暖气，共 1039 台；新装电表 600 余块；同时完成珠市口 11 万伏变电站工程。2009 年，完成留学路、香厂路、虎坊路 3 个社区 1200 户居民“煤改电”入户调查核实工作；向 1000 多户居民出售电采暖设备，为 320 户居民发放“低谷电”补贴。至 2010 年，完成全部平房区 38 条胡同街巷、731 个居民院落的 4484 户居民“煤改电”工作。

地铁天桥站（2019 年）

京城天桥

天桥街道位于北京传统中轴线南段西侧。北京中轴线被称为皇城古都“龙脉”，被比作“一块压在北京地图上的镇纸”。天桥域内现存的先农坛为明代所建。民国时期，先农坛墙根倒塌，大部分土地逐步成为京城民间艺人荟萃之处，形成独特的民俗风情区域。街区风貌既有皇家贵族之气，又有平民简约之风。日积月累，在自觉与不自觉中形成了京韵京味街坊建筑，胡同巷里纵横，堂馆场所众多，名店大厦林立，处处涌动着京城天桥不一样的风景。

天桥地区分布着许多明代就有的古老胡同。20 世纪 20 年代至 30 年代，天桥地区西与新市区为邻，南与繁华老天桥为伍，众多文化人和艺人在这里栖息生存，给这些老胡同增添了许多美丽动人的传奇故事。这里有京城转弯最多的胡同之一九湾胡同，有京城中最窄的胡同之一小喇叭胡同，已成为北京胡同文化的载体。老北京邻里之情的生活气息就在这胡同的角落里。2019 年，天桥街道有大小胡同 55 条，择其中 17 条予以简介，其余湮灭的胡同巷里以列表形式予以介绍。

北京中轴标识（2019 年）

街区风貌

中轴线南段 北京中轴线，南起永定门，北至钟鼓楼，全长约 7.8 千米。中轴线是古都北京的中心标志，也是世界上现存最长的城市中轴线。北京独有的壮美秩序是因中轴线而产生的。这条中轴线串联着四重城，即外城、内城、皇城和紫禁城。中轴线是中国传统文化活的载体，代表着东方文明古都规划建设的最高成就，更体现着大国首都的文化自信。天桥街道位于这古老中轴线南端西侧，属外城，域内中轴线长约 1.65 千米。

中轴线南段（2019 年）

历史文化景观带 中轴线的存在，使北京城的平面呈现对称格局。天桥街道居于外城，境内的先农坛与天坛对称。历史上的先农坛面积与天坛相似。以天桥为重要节点，一条御路将内城皇宫与外城的天坛、先农坛相连，构成了北京中轴线的南段。明清时期，天桥作为标志，表明前方就是帝王敬天崇地的天坛与先农坛。同时，中轴线也由此一直向南延伸至永定门，连同城外的燕墩形成了中轴线南端的胜景。以中轴线御路为线，以天桥为起始，与天坛、先农坛、永定门和燕墩共同构成了具有古代都城布局与设计功能的完整体系，它既体现了古代君王与社会对天地农耕的崇敬、对长治久安的向往，也展现出天桥在承接天子御驾、牵引祭祀文化方面的标志性意义。2013 年 12 月，作为中轴线上重要的地标性建筑，天桥历史文化景观重现，新的汉白玉石桥和两侧石碑一起亮相，从而结束了天桥近 80 年“有名无桥”的历史。同时，在桥两侧立有两碑，东侧为《正阳桥疏渠记》复制方碑，西侧为 2005 年出土于先农坛墙外、现陈列于首都博物馆的《帝都篇》《皇都篇》复制方碑。

文化演艺区域 天桥历史文化景观带北起永安路，南至南纬路，长约600米。其中，北起天桥遗址印记、南至天坛南大街与北纬路交叉口中心绿化带端头的天桥历史文化景

天桥（2019 年）

观带北段已于 2013 年底建成。天桥历史文化景观带南段长约 260 米，是天桥历史文化景观工带北段的延续，同时也是南中轴天桥演艺区段最后一块景观拼图。其中，北端广场节点位于天桥历史文化景观带北段与南段相接处，广场上种植银杏形成林荫广场，与天桥剧场和北京自然博物馆共同构成东西向城市的公共空间轴线，与天桥艺术中心和北京自然博物馆新馆形成对景。景观带南端建有广场，铺设一条御道向南至永定门公园广场南侧与人行道相连，行人可进入广场小憩，广场上设置树池座椅，为人们提供休闲空间，同时也供周边居民和艺术中心观众游赏。

天桥的文化布局多彩辉煌，演艺场馆分布相对集中，主要在天桥市民广场和虎坊路区域。梨园剧场以京剧演出为主，天桥杂技剧场以杂技表演为主，北京市工人俱乐部以戏剧演出为主，德云社和张一元茶馆以相声演出为主，天桥剧场以芭蕾舞等现代舞台剧演出为主。每年演出场次近 3000 场，接待中外观众 100 多万人次，剧场密度居北京市之首。尤其是传统类演出在北京市演出市场占有重要的地位。该区域内以京剧文化为主题的北京前门饭店、以民国特色为主题的北京东方饭店、以民俗文化为主题的新北纬饭店等，增强了天桥的文化氛围和文化魅力。

胡同巷里

校尉营胡同　位于西城区东南部，辖域东北部，珠市口西大街南侧。东西走向。西起留学路，东至铺陈市胡同，南侧与九湾胡同相交。长 304 米，宽 5 米。明代时称校尉营，属正南坊，因兵营而得名。清代称前、后校尉营。民国统称校尉营，代巷名沿用至 1949 年后。1965 年，定名为校尉营胡同。清代由李鸿章创办的“武备学堂”曾设此巷内。巷内有宜兴会馆（参见本志“文物胜迹 · 文保单位 · 宜兴会馆”），为清顺天府尹周家楣故居。周家楣曾参与撰修《光绪顺天府志》。会馆建筑保留尚完好。巷内均为居民住宅。

铺陈市胡同　位于西城区东南部，辖域东北部。南北走向。南起永安路，北至珠市口西大街。长 520 米，宽 5 米。中华人民共和国成立前，这是一条穷人聚居而栖的街巷。胡同南侧紧挨着“西沟旁”（龙须沟），元明时期称作穷汉市。清光绪年间（1875—1908）又称补拆市或补陈市，民国改称铺陈市，沿用至今。1949 年前巷内鸡毛小店较多，客房均为大通铺，收费低廉。顾客多为光棍汉，三五成群合租一间小房，一起合伙做饭，均摊伙食费用，也称“锅伙”。铺陈市靠近南口路西，有一座明万历年间（1573—1620）修建、清光绪二十年（1894）重修的观音庵。光绪二十七年（1901），这里成立了私立正宗小学，供穷人家孩子上学。1912 年，私立正宗小学转为私立育英国民学校，学校规模扩大，更多穷人的孩子走进学堂。1917 年，观音庵成为京师私立第九十七国民学校用地。此后，学校迁移。1965 年，天汇夹道、十八寓、小眼镜、任家头并入，统称铺陈市胡同。现巷内均为居民住宅。

赵锥子胡同　位于西城区东南部，辖域东北部。前门大街西侧。西北至东南走向。西北起自留学路，东

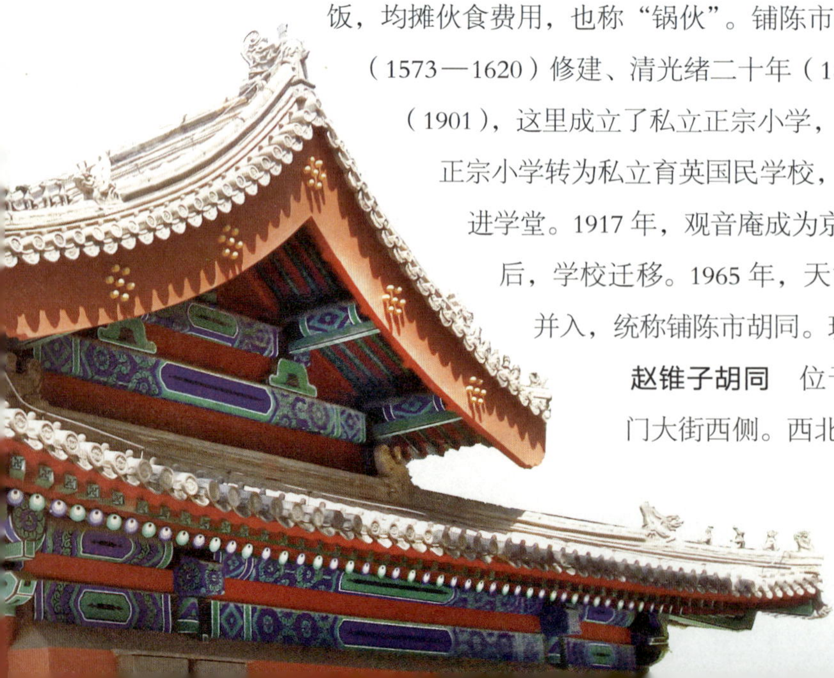

南至前门大街。长120米，宽3米。明清时期，此胡同内有一赵姓人家开了一间专做纳鞋底用的锥子铺房，其售卖的锥子坚固耐用、工艺精良，引得方圆数里的家庭主妇纷纷前来购买，一时赵工匠的锥子铺名声大噪。久而久之，胡同也因此得名赵锥子胡同。1965年，花枝胡同并入，统称赵锥子胡同。现巷内均为居民住宅。

储子营胡同 位于西城区东南部，辖域东北部。东西走向。东起铺陈市胡同，西至荣光胡同，南与何家胡同相交，北与赵锥子胡同相通。长100米，宽3米。明清时期，此胡同为厨子的集中居住地，他们以料理婚丧嫁娶为生，因而得名“厨子营”。明代属正南坊，民国改称储子营。1965年，将古佛寺后身、储子营大院并入，更名为储子营胡同。现巷内均为居民住宅。

鹞儿胡同 位于西城区东南部，辖域东北部，前门大街南段西侧。东西走向。东起前门大街，西至留学路。长400米，宽5米。明代称要儿胡同，属正南坊。清代后期演变为鹞儿胡同。清末建立警察制度，外城巡警厅设在该胡同5号，其前身为清末都察院中城正指挥衙门。民国为北京市警察局侦缉总队队址。中华人民共和国成立后，改为北京市公安部门的家属宿舍。巷内曾有平介会馆、浮山会馆、徽州会馆等会馆，其中平介会馆为山西省平遥、介休两县在京商人合建，占地颇广，建筑宏伟，曾有戏楼，今戏楼已拆除。现巷内均为居民住宅。

四胜胡同 位于西城区东南部，辖域东北部。呈弯曲的东西走向。东起铺陈市胡同，西端往南至赵锥子胡同。长100米，宽3米。清代此地曾有小庙，庙内供奉儒家四圣（指孔子、颜回、曾子、孟子）。民国时，称四圣庙。1965年，更名为四胜胡同。现巷内均为居民住宅。

何家胡同 位于西城区东南部，辖域东北部，储子营胡同以南，永安路以北。主要为南北走向，中间部分有曲折。北起储子营胡同，南至永安路。长80米，宽1～3米。清雍正前称何家庄，后改称何家大院，1965年，更名为何家胡同。此胡同1949年前住普通百姓，拉排子车的人和装卸工居多。现巷内均为居民住宅。

灵佑胡同 位于西城区东南部，辖域东北部。以南北走向为主。南起永安路，北端往西至留学路。长90米，宽5米。明代时称灵佑宫，街以庙名。巷内北端有灵佑宫，旧为十方道院，只一楹，明万历时（1573—1620）拓为三楹，名真武庙，后改为灵佑宫。巷以寺名。1965年，更名灵佑胡同。中华人民共和国成立前，灵佑宫被警察机关使用。中华人民共和国成立后，曾为公安外五分局办公地址。现巷内均为居民住宅。

板章胡同（2018 年）

阡儿胡同（2018 年）

板章胡同 位于西城区东南部，辖域北部，珠市口西大街以南。东西走向，略偏南。东起留学路，西至板章路。长 100 米，宽 4 米。清代成巷，称板章胡同。胡同内原有宜兴会馆、安溪会馆、同安会馆等会馆。安溪会馆前身为清康熙进士、文渊阁大学士李光地住宅。李光地为福建安溪人，安溪会馆成立时其将住宅捐为会馆使用。现巷内均为居民住宅。

阡儿胡同 位于西城区东南部，辖域西北部，南北走向。北起珠市口西大街，南至永安路。长 436 米，宽 5.5 米。明代称千儿胡同，属正南坊。清代称阡儿胡同，亦称蜡阡胡同。巷名来源系与西侧的蜡烛芯胡同有关，因巷内有制售插蜡烛用的蜡阡，故名。民国初年，香厂一带进行开发建设时，又更名为阡儿路。1965 年，高庙并入，改为阡儿胡同。巷内有地藏庵、五圣庵。五圣庵坐落在阡儿路 25 号戊、己、庚及五圣庵夹道 6 号。1919 年 8 月，因北平市政公所开辟马路拆去 28 间。该庙房除自住 2 间外，其余 20 余间均无代价供私立国华小学使用。中华人民共和国成立后，私立国华小学由人民政府接管，改称阡儿路小学，今为腊竹小学。现巷内多为居民住宅。

九湾胡同 位于西城区东南部，辖域东北部，铺陈市胡同西侧。是一条不规则多弯的小巷，大致为西北至东南走向。西北起自校尉营胡同，东南至前门大街，与铺陈市胡同相交。全长约 390 米，最宽处 4 米左右，最窄处仅 0.7 米，弯曲之处不下于 13 处，堪称北京城弯道最多的胡同之一。九湾胡同直弯有 9 个，斜弯、缓弯有 4 个，还有一些细小的弯忽略不计。明代时，九湾胡同因胡同内有一小庙，称般若寺胡同，属正南坊。清朝末年因胡同弯曲多变，改称九曲湾。民国时称九道湾，1965 年更名为九湾胡同。清代诗人、书法家、内阁大学士翁方纲曾在九湾胡同内居住过。现巷内主要为居民住宅。

腊竹胡同 位于西城区东南部，辖域西北部，虎坊路以东。东西走向为主。东起阡儿胡同，西至虎坊路，南至永安路，北与小腊竹巷相交，中部多曲折。长 570 米，宽 8 米。清代，《光绪顺天府志》有载蜡烛芯胡同。因巷内多有做蜡烛芯为生的居民，故名。民国时称腊竹芯胡同。1965 年，改称腊竹胡同。现巷内主要为居民住宅。

小喇叭胡同 位于西城区东南部，辖域东北部。弯曲南北走向。西起大喇叭胡同，南至永安路。长 92 米，宽 1.5 米。曾用名小腊八胡同。小喇叭胡同是北京最窄的胡同之一，中段纤细，最窄处只有 0.62 米，仅可单人通过。清代朱一新《京师坊巷志稿》特缀以雅号“明开夜合胡同”，称其幽深隐蔽、难为人识。现巷内主要为居民住宅。

永胜巷 位于西城区东南部，辖域东北部，永安路北侧。北不通行，南与永安路相交。长 60 米，宽 2 米。明清时期，巷内有庙，名“斗母宫”。清康熙年间（1662—1722）以宫为名，改称西斗母宫。1965 年，整顿街巷名称时，西斗母宫改为永胜巷。现巷内主要为居民住宅。

福昌里 位于西城区东南部，辖域东北部，永安路北侧。与永胜巷平行，南北走向。北不通行，南与永安路相交。长 30 米，宽 15 米。福昌里的东边原是东斗母宫，1965 年并入永安路。西边是西斗母宫。1965 年改为永胜巷。福昌里位居中间。以前此胡同内有一座娘娘庙，后来拆除，两边盖成民房，形成胡同，取名福昌里。天桥著名的

小喇叭胡同（2018 年）

双簧老艺人孙宝才曾住在此胡同内。现巷内主要为居民住宅。

居仁里 位于西城区东南部，辖域东北部。大致呈西南至东北走向。东起灵佑胡同，南至永安路。长 80 米，宽 2 米。民国时称香厂居仁里，是一条小胡同。1918 年北部拆除，建留学路小学。现巷内旧居大部分拆除，尚余极少部分存在。

华康里 位于西城区东南部，辖域北部，其主干路为南北走向。西北起自板章路，南至华严路。长 87 米，宽 3 米。原名为平康里，多为乐户人家所居住。1930 年至 1949 年,《北平街巷图》均为“华康里”，名称沿用至今。华康里自清末民国初即建有比较整齐的房屋。在南口处有一座两层楼高的南门，砖瓦整齐，玻璃窗户，在当时为新颖的建筑。正门对面的北墙有一雕花影壁。现部分房屋在保护修缮中。

2019 年天桥街道街巷胡同一览表

表 2

序号	胡同名称	建立时间	备注
1	永安路	1965年	更名
2	永定门西街	1965年	更名
3	西经路	1915年	
4	万明路	1965年	1980年拓宽
5	虎坊路	1914年	
6	北纬路	1915年	
7	东经路	1915年	
8	南纬路	1915年	
9	福长街	1965年	更名
10	天桥市场斜街	2000年	更名
11	太平街	1952年	
12	前门南大街		
13	天桥南大街	1965年	更名
14	珠市口西大街	1965年	更名
15	达圆镜胡同		
16	荣光胡同	1965年	更名
17	居仁里		

续表 2

序号	胡同名称	建立时间	备注
18	大喇叭胡同		
19	留学路		
20	板章路		
21	正阳胡同	1965年	更名
22	大保吉巷	1965年	更名
23	红炉胡同	1965年	更名
24	华康里	1949年	
25	照阳胡同	1965年	更名
26	红光胡同		
27	双五胡同	1965年	更名
28	华严路	1915年	
29	大川胡同	1965年	更名
30	大川一巷	1965年	更名
31	大川二巷		
32	大川三巷	1965年	更名
33	香厂路	1916年	1980年拓宽
34	齐胜巷	1965年	更名
35	香厂南胡同		
36	华仁路	1915年	
37	仁民路	1915年	
38	香仁胡同	1965年	更名
39	仁寿路	1965年	更名
40	小腊竹巷	1965年	更名
41	虎坊里	1965年	更名
42	寿长街	1965年	更名
43	寿长街二条	1929年	
44	寿长街三条	1929年	
45	先农里	1981年	1965年将天元市场并入
46	平静里		

续表 2

序号	胡同名称	建立时间	备注
47	福长街四条	1929年	
48	福长街五条	1929年	
49	福长街六条	1929年	
50	禄长街		
51	禄长街头条	1929年	
52	禄长街二条	1929年	
53	南纬路南巷	1965年	更名
54	校尉营胡同	1965年	
55	九湾胡同	1965年	
56	铺陈市胡同	1965年	
57	鹞儿胡同	1915年	
58	赵锥子胡同	1965年	
59	储子营胡同	1965年	
60	四胜胡同	1965年	更名
61	灵佑胡同	1965年	更名
62	何家胡同	1965年	更名
63	永胜巷	1965年	
64	福昌里	1965年	
65	板章胡同	清代	
66	阡儿胡同	1965年	更名
67	腊竹胡同	1965年	更名
68	新农街	1965年	更名
69	小喇叭胡同		

1990—2005 年天桥街道消失的胡同巷里一览表

表 3

序号	胡同名称	消失时间
1	新声胡同	1990年拆除
2	福长街头条	1990年拆除
3	福长街二条	1990年拆除

续表 3

序号	胡同名称	消失时间
4	福长街三条	1990年拆除
5	福长巷	1990年拆除
6	天农里	1990年拆除
7	惠元胡同	1990年拆除
8	天桥市场东街	2000年拆除
9	天桥市场西街	2000年拆除
10	天桥市场北街	2000年拆除
11	天桥市场中街	2000年拆除
12	天桥市场后街	2000年拆除
13	天桥市场东街一巷	2000年拆除
14	天桥市场东街二巷	2000年拆除
15	天桥市场东街三巷	2000年拆除
16	天桥市场东街四巷	2000年拆除
17	天桥市场	2000年拆除
18	公平胡同	2003年拆除
19	公平东胡同	2003年拆除
20	公平西胡同	2003年拆除
21	公平中胡同	2003年拆除
22	先农坛东街	2003年拆除
23	先农坛前街	2003年拆除
24	光明里	2003年拆除
25	北粉店胡同	2003年拆除
26	粉店胡同	2003年拆除
27	南粉店胡同	2003年拆除
28	永内西胡同	2003年拆除
29	先农坛北里	2005年拆除

堂馆场所

先农坛体育场 北京大型综合性体育场之一。位于先农坛路11号。建于1937年，为当时北平仅有的一座竞技体育设施。建筑面积16.5万平方米，有1.5万个观众座席。1949年7月1日，北平市3万多人在此集会，庆祝中国共产党成立28周年，毛泽东、周恩来、朱德等出席大会。1955年、1958年曾两次扩建，整修看台，设置主场地草坪足球场，安置运动照明灯塔等。1986年至1988年，为迎接第十一届亚运会在北京召开，主场地进行大规模翻建。曾多次举办全国性、国际性大型运动会和体育竞赛表演活动，第十一届亚洲运动会足球比赛在此举行。有主场地、足球场、田径场、通信视听设备等。主场地看台可容纳2.3万人，观众席为红、蓝、黄、绿四色玻璃钢座位，建有宽敞的主席台。设有草坪足球场。主场地北端两侧另有田径场，有8条标准环形塑胶跑道。

先农坛体育场（2017年）

场内装有特大彩色电视屏幕、音响、摄影等通信和卫星转播设备，并设有新闻中心。有保健室及运动员、工作人员休息室等设施。有标枪投掷训练场、露天网球场、现代化网球馆、运动员宿舍大楼、市体委办公楼。另有篮球馆、乒乓球馆和体操馆等场馆，建筑面积 3 万多平方米。北京市体育局、北京市体育总会、北京市职工体育运动技术学院设于此处。

天桥市民文化广场 2005 年建成，占地面积 15000 平方米，作为天桥民俗文化风貌区的重要组成部分，是北京市 6 处奥运市民文化广场之一。文化广场位于天桥地区中心地带，西接天桥剧场，东临北京自然博物馆，北与天桥杂技场和德云社毗邻，南近天桥商场，是老北京民俗文化的摇篮，是北京最早的演艺集聚区。广场呈矩形，东西略长，南北偏窄。在东端复原建立昔日天桥地区的标志性建筑——四面钟，为西洋风格的坐地钟楼，是清末西风东渐以后的产物。与四面钟遥遥相对的是天桥剧场。广场西南侧竖立“老天桥八大怪”的雕塑，展现老天桥民俗文化景观。广场西侧建有一个 100 平方米的演出舞台，这里恢复了北京各种民俗演出，定期进行着各种表演和展示，为包括“天桥八大怪”在内的各类传统民俗演艺项目重回天桥创造了条件。

永定门公园 位于北京市永定门内大街，建于 2004 年，为开放式带状公园。北起南纬路，南至永定门，处于天坛与先农坛之间，占地 28.5 公顷，南北长约 1000 米，是北京“十字景观轴”重要组成部分，被尊称为“龙脉”“天街”。永定门城楼是中轴路绿

永定门公园（2018 年）

地南线的标志和起点，公园也因此而得名。公园整体风格平正大方，古朴自然。结合永定门城楼复建及文物保护，进行了中轴线御道修建，在绿地的原址复建了佑圣寺和观音寺。建成后的南中轴绿地尊重延续历史文脉，保护再现古都风貌，形成了具有浓郁北京特色的文化旅游街区。天坛和先农坛是北京中轴线两侧的重要标志性建筑，按照实际行政区划，公园自然分为西城和东城两个园区。公园树木种植有序、排列整齐，城楼广场白栏环绕、平滑如镜。公园与两旁的天坛和先农坛辉映相交，与北面的前门大街和正阳门城楼相视对望。整体绿地呈船形，通过一系列小型广场地面铺装来体现文化内涵，一条用中间石板、两侧灰砖的御道方式铺装的人行步道贯穿南北，与紫禁城的御道相接，成为南中轴的又一标志。2006 年，公园被评为北京市精品公园。

天桥百货商场 位于永定门内大街 1 号，建于 1953 年，营业面积 1800 平方米。主要经营各种百货、小食品、半成品、成品。1959 年被授予“全国第一面商业红旗”。1984 年 7 月，设立天桥百货股份有限公司，发行股票 300 万元，是中国改革开放以来第一家正式注册的股份制企业。1989 年，商场翻建为地上 6 层、琉璃瓦大屋顶的民族传统建筑大厦，占地面积 1890 平方米，建筑面积 1.6 万平方米。经营品种达万种以上，40%

天桥百货商场（2017 年）

为小商品。1993 年，天桥百货股票在上海证券交易所挂牌交易，为北京市首批上市公司之一。2000 年 10 月，北京天桥百货股份有限公司与北京北大青鸟有限责任公司共同出资组建北京天桥百货商场有限责任公司。2008 年 10 月，商场转为经营民族特色商品、民俗工艺品、老北京特色小吃、旅游工艺品等。

北京古代建筑博物馆　位于东经路 21 号先农坛内，1991 年 9 月 25 日正式对外开放，有职工 39 人。现有的陈列位于太岁殿、拜殿、西配殿及神厨等展区。馆内主要有“中国古代建筑展”和“先农坛历史文化展”两个基本陈列单位。“中国古代建筑展”陈列在太岁殿院落。太岁殿院落是先农坛古建筑群中体量最大的院落，面积 7628.5 平方米，包括拜殿、太岁殿正殿及东西配殿，是明清时期祭祀太岁神之地。“中国古代建筑展”诠释着中国传统建筑文化的博大精深。民居展厅用实物展示了中国民居的演进。民居模型中，婉容故居模型具备老北京传统四合院的所有要素：广亮大门、影壁、垂花二门、正房、跨院、抄手游廊等。院中还有一个别致的小花园。主要藏品有堪称中国沙盘之最的“1949 年老北京旧城模型”、中国藻井艺术孤品“北京隆福寺藻井”、按比例缩小后外观和结构与实物相同的“北京天坛祈年殿模型”，还有众多反映中国古代官式和

北京古代建筑博物馆（2018 年）

民间建筑的模型及大量的建筑文物、标本等。

天桥印象博物馆　位于北纬路和天桥南大街交会的市民广场地下展示空间。2017年建成。博物馆展馆面积近3000平方米，以天桥历史为轴，展陈空间划分为“序厅、天子之桥、文化之桥、百姓之桥、复兴之桥”五大板块。

博物馆的“序厅”区域，极具天桥地区风格特色的汉白玉石桥给予观众强烈的视觉冲击，踏入石桥，面向永定门，脚下便是古代天子前往天坛及先农坛祭祀的御路，这浓重又不失新意的文化氛围，带领观众一步步走近天桥历史文化，开启丰富而又神秘的历史大门。“天子之桥”区域，探源天桥的历史与变迁。“文化之桥”区域，古老而蕴藉的天桥也是一座文化之桥，曾经碧水沟河、氤氲烟柳的景致成为不少文人雅士的流连佳处，增添了天桥一带的人文底蕴。“百姓之桥”区域，展现天子御路旁一个普罗大众熟知和喜爱的百姓乐园正在潜滋暗长，曲艺百戏在此纷纷上演，江湖艺人在此代代传承，店铺商贩在此开张迎客，平民百姓在此消遣寻乐，共同构成了北京普通民众最鲜活生动的生活场景，勾勒出北京文化又一个生动的侧面。“复兴之桥”区域展示中华人民共和国成立后，人民当家作主，天桥一扫旧貌、气象日新的场景。北京市政府整治昔日污

天桥印象博物馆（2019年）

天桥印象博物馆内景（2019 年）

浊腥臭的龙须沟，建成了现在宽阔的永安路。特别是在改革开放以后，北京在开展现代化、国际化大都市建设的同时，更加注重对天桥传统文化的传承、保护和发展。

天桥印象博物馆的文创空间区域，融合历史、非物质文化遗产、艺术、美学、民俗等多领域内容，结合公共阅读空间，常年举办亲子阅读互动体验、传统文化培训课程、非物质文化遗产文化互动体验、西城友好城市文化交流、厂甸庙会市集、非物质文化遗产文创产品设计大赛等多领域活动内容，丰富市民的文化生活，完善演艺区文化配套，传承弘扬天桥传统文化。

中国盲文图书馆 位于太平街甲 6 号，2011 年 6 月建成开馆，建筑面积 2.8 万平方米。图书馆旨在让盲人群体更好地共享人类文明成果，同时唤起社会更多的爱心人士来关注这个群体，让盲人能够通过及时有效的学习和阅读，了解生活，获得信息，学习技能，最终融入社会。图书馆着力强化多种形态的资源建设，各类盲人读物、盲人文化作品和相关文献数量不断增加。现有资源已形成了以盲人读者喜爱的医学、文艺等读物为主体的藏书体系和多元化的文化载体。至 2019 年，实体馆藏资源 25530 种 50 余万册（盘、台），其中包括盲文图书 5029 种 20 万余册、盲文刊物 10 种 6000 余册、明盲对照图书 844 种 7.7 万余册、大字本图书 1485 种 4 万余册、普通图书 2 万余册、无障碍电影光盘 314 种 9 万余盘、有声读物（光盘、磁带）4350 种 5 万余盘，以及盲用电脑、盲文点显器、阳光听书郎等视障者专用辅具 2 万余台。图书馆建有视障文化体验馆、触觉博物馆、爱眼博物馆、智能家居体验馆等。在视障文化体验馆，参观者通过大量图片、文字展览及实物互动、黑暗体验，进一步走近和了解盲人。在触觉博物馆，参观者可以通过触摸实物模型的方式感知中国和世界文明。

中国盲文图书馆（2018 年）

先农坛

先农坛位于北京中轴线南段，南永定门西北侧，属天桥街道域内，东侧与之相对称的则是天坛。

先农，远古称帝社、王社，至汉时始称先农。魏时，先农为国六神之一。天桥境内先农坛初名山川坛，始建于明永乐十八年（1420），后改名为先农坛。先农坛在明清两代为皇帝亲祭及“亲耕享先农”之地。民国时期衰荒败落。改革开放后百废俱兴，先农坛的利用和保护被提上议事日程，先农坛内原有的各个古代建筑逐步修缮。

先农坛建筑构成艺术独树一帜，体现了中国古代劳动人民的智慧。2008 年开始，天桥街道每年都在先农坛举办“祭先农，识五谷”活动。

2001 年，先农坛被列为第五批全国重点文物保护单位。

营建沿革

明清规划修缮 北京先农坛始建于明永乐十八年（1420），初名山川坛，合祀先农、太岁、风云、雷雨、五岳、五镇、四海、四渎和钟山诸神，并在钟山之下加祀天寿山神。万历四年（1576）改山川坛之名为先农坛，设先农坛祠祭署，铸先农坛祠祭署印。

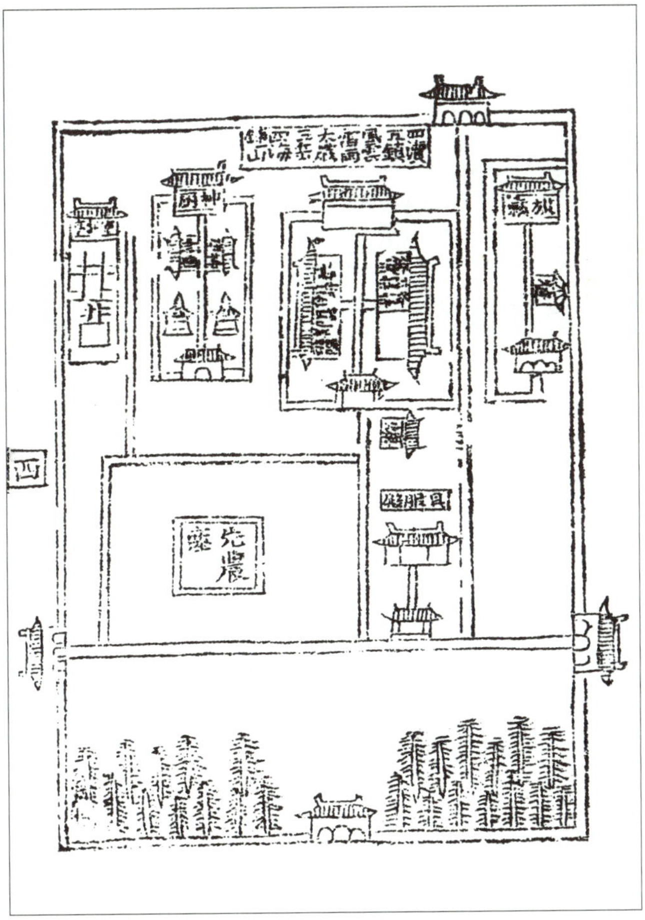
明代山川坛平面图

明嘉靖年间（1522—1566）重订庙坛礼制，形成多种祭祀的格局；分置太岁殿，专祀太岁（木星）；新建天神坛、地祇坛和先农神坛；将山川坛更名为神坛。万历年间（1573—1620）坛内陆续增建了纛旗庙、神仓、斋宫等。清乾隆十九年（1754）对先农坛做了较大调整，撤去纛旗庙，将其移建为神仓；改土木建筑的观耕台为砖石琉璃建筑；改斋宫为庆成宫，形成先农坛整体格局。先农坛平面呈北圆南方之形，总面积860万平方米，原由内、外两道坛墙围成，外

具服殿（20 世纪初）

观耕亭（20 世纪初）

庆成宫（20 世纪初）

坛墙长达 4.378 千米。以内坛墙为界，分为内、外坛。外坛即西部和北部内、外坛墙之间宽阔的树林、空地。祭祀先农神和行耕耤礼的主要建筑建在内坛。先农坛的建筑风格一反中国古代传统建筑“中轴突出、两翼对称”的布局原则，根据帝王祭祀活动的实际需要，分为先农神坛与太岁殿、庆成宫、天神地祇坛 3 个独立群组。

清雍正四年（1726），清朝政府曾颁旨全国省府州县厅设先农坛行耕耤礼，但各地祭祀的规模、等级远远不及京城。北京先农坛是目前全国保存的唯一一座皇家祭祀先农的古迹。

北京先农坛是将先农、山川、太岁等自然诸神共聚一处的坛庙建筑群。据《天府广记》载，先农坛“建于太岁坛旁之西南……西为瘗位，东为斋宫、銮驾库，东北为神仓，东南为具服殿，殿前为观耕台……台南为耤田，护坛地六百亩……”明天顺二年（1458）建山川坛斋宫。嘉靖十年（1531）在内坛墙南部建天神坛、地祇坛，形成先农坛现今布局。同时对祀典进行全面更定，提高祭祀规模等级。

清代沿袭明代祭祀制度，顺治十年（1653）下诏恢复先农之祭及亲耕之礼，继之议定全套规制。乾隆年间（1736—1795）又对坛内建筑进行全面的修葺和改建，在院内广植松柏榆槐，坛内遂有红砖琉璃瓦、绿树葱茏之貌。清末，先农坛逐渐衰落，清光绪二十六年（1900）八国联军侵占北京，先农坛被严重破坏。光绪三十三年（1907），停止皇帝亲祭礼仪。

民国衰荒败落 1912年在神仓设北京坛庙管理所。1913年元旦，先农坛首次对外开放。1914年，北洋政府制定忠烈祠祭礼，设忠烈祠于太岁殿，祭祀黄花岗烈士。太岁殿两庑改为礼器陈列所，集中展陈坛庙祭祀礼器。1915年，北洋政府将已废除祭神功能的先农坛对外开放，改为“先农坛公园”。后来，由于先农坛外坛的城南游艺园异常火爆，北洋政府内务部遂于1916年正式将先农坛公园改为城南公园，它是继中山公园之后的京城第二大公园，先农坛从此成为市民游玩、避暑纳凉的好去处。1919年，先农坛内兴建两座新式建筑。一座是以观耕台为底座、上建八角二层的观耕亭，造型仿欧洲古典花园中的玻璃亭；一座是纯欧式的三层钟塔，通称“四面钟”。至1930年，先农坛外坛墙全部被拆除，附近建成市场、道路、民居等，坛西成为广场。天桥的杂耍艺人开始在这里表演，八仙过海、各显神通，妙趣横生的表演令人回味无穷。1937年，在先农坛庆成宫南面建北平公共体育场，观众座位是凹凸不平的水泥台。抗战期间，先农坛体育场处于闲置状态。至1949年前夕，先农坛余部亦渐遭废弃。

当代利用保护 1987年，文物部门接管先农坛，对先农坛太岁殿组群建筑进行了大规模的抢救性修缮，并根据《顺天府志》“垣内南北东西各三间”的记载，复建四角值房。1989年，北京市古建筑队开始修复和油饰先农坛内太岁殿及东西庑殿，1991年辟为北京古代建筑博物馆，成为全国首家展示中国古代建筑艺术及其发展历史的专题性博物馆。1994年，占用神仓院的单位全部迁出，北京市文物局做全面修缮。根据留存窗框及早期照片，全院恢复原四抹头方格菱花格扇门窗，并于院四角增加办公配套设施。1997年，育才学校图书馆从具服殿搬出，北京市文物局将具服殿及观耕台做了全面修缮：恢复装修原貌，即前檐五间通开四扇格扇门，后檐砌墙；格扇形制为四抹头，菱花为三交六碗；依室内彩画规格对外檐大木做了彩绘。1998年，育才学校校办工厂从神厨建筑群迁出，北京市文物局做了全面修缮。在拆除瓦面后发现所有建筑屋面灰背均用白灰铺设，根据文物修缮不改变原状的原则，修复后的屋面仍用白灰铺设。修缮中虽然各殿留有板门直棂窗的卯口遗迹，但由于使用功能所需，也为全院的统一，最终采用了正殿现有窗框的形式，将院内门窗统一为四抹方格菱花形制。同时，在对院门平面条石及木架勘察后，根据清代营造则例规制对大门做了复原。1998年至2000年，世界文化遗产基金会、美国运通基金会等组织先后为先农坛的修缮提供了资金。2000年，腾退先农

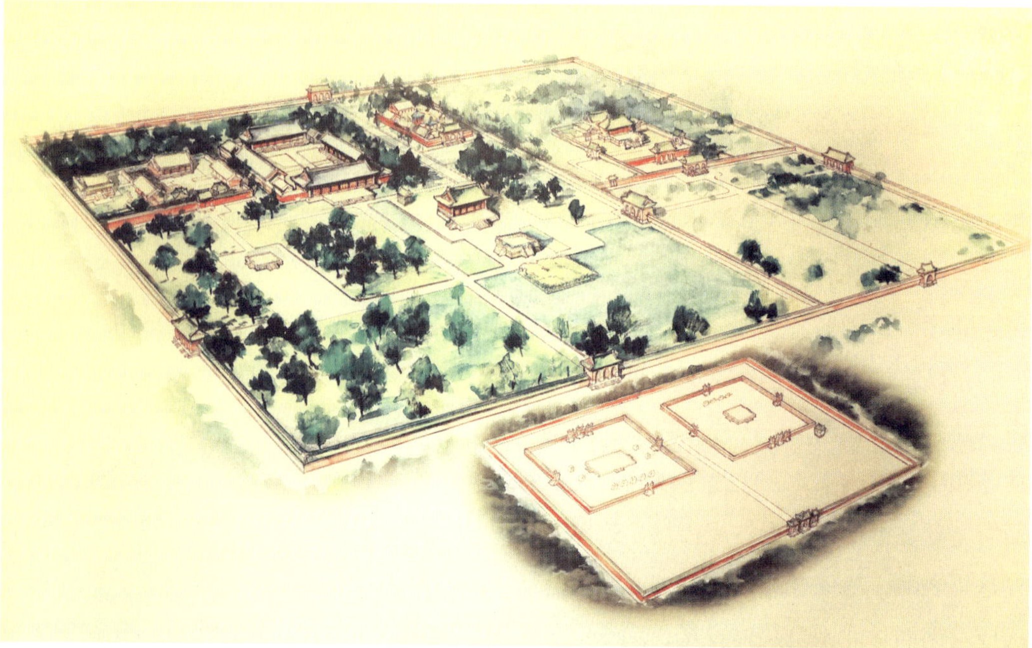

先农坛内坛及天神地祇坛复原鸟瞰图（20 世纪 20 年代）

坛古坛区，对天神坛和地祇坛神龛等石质文物进行抢救性保护。2002 年开始，按照《宣武区古都风貌保护规划要点》规划，为保护古迹、还先农坛南坛墙以本来面目，拨专项修缮经费开展坛墙修缮及周边环境整治工作。2003 年，先农坛地区拆迁占地 12 公顷，各类房屋建筑面积 11 万余平方米，拆迁居民 1998 户，动迁人口 6000 余人，搬迁单位 113 个。2005 年，先农坛地区拆除 10 栋简易楼，拆迁居民 342 户，搬迁单位 3 个，拆迁房屋面积 7456 平方米。2006 年，整治北京古代建筑博物馆周边环境，拆迁居民 280 户，搬迁单位 4 个，总占地面积 8080 平方米。至 2015 年 10 月，已完成太岁殿、拜殿、庆成宫、神仓及具服殿室内 5 处匾额的复建工程，并悬挂在先农坛古建筑中。至此，先农坛内原有的各项古代建筑全部修缮完毕。

建筑特色

建筑构成

先农坛占地面积 133.333 万平方米。现存主要建筑有太岁殿、先农神坛、神厨库、观耕台、具服殿、庆成宫、神仓及祭器库、神坛等。

太岁殿 位于先农坛内坛东北部，是由太岁殿正殿、拜殿和东西庑殿围建而成的方正院落，占地 8000 平方米，是先农坛单体建筑中最雄伟的一组，也是中国现存专祀太岁神的规模最大、保存最完整的古建筑群。太岁神是传说中的值年之神，皇帝需每年到

太岁殿侧廊（2018 年）

此祭祀，逢水旱之年或出征、凯旋时亦遣官祭祀。明永乐年间（1403—1424）建成山川坛（太岁殿之前身）时，曾于殿内设坛13座，合祀先农太岁、风云雷雨、五岳（泰山、华山、嵩山、衡山、恒山）、四海（东海、西海、南海、北海）、五镇（沂山、吴山、霍山、会稽山、医巫闾山）、四渎（河、江、淮、济）、天寿山、京畿山川、都城隍、春夏秋冬月将等神灵。

正殿 坐北朝南。面阔7间约52米，跨度仅次于故宫太和殿。进深九檩，无前廊，单檐歇山顶，黑琉璃瓦绿剪边屋面。檐下施以单昂单翘七踩斗拱，殿内有金柱2排，镏金斗拱。构架饰以和玺彩画，菱花隔扇面，殿内置一汉白玉须弥座，即太岁坛。

拜殿 位于太岁殿正南，又称南殿、倒座殿。面阔7间，进深九檩，无廊步，单檐歇山顶，黑琉璃瓦绿剪边屋面。檐下施以单昂单翘五踩，内转镏金斗拱。室内构架饰以和玺彩画，菱花隔扇面。殿南有宽大的月台，三出阶。

东西庑殿 位于正殿前方两侧，为供奉春夏秋冬月神之所，各面阔11间，进深七檩，前出廊，悬山顶，黑琉璃瓦绿剪边屋面。构架饰以旋子彩画，全部方格隔扇门。

拜殿（2018年）

焚帛炉　位于太岁殿东南方。用于皇帝祭祀诸神后，焚烧祝文、祝帛等物。面阔3间，为仿木结构的砖石建筑。

先农坛焚帛炉（2018年）

先农神坛　位于太岁殿西南方，为皇帝露祭先农神位之坛。先农坛的主体建筑之一。建于明嘉靖年间（1522—1566），清乾隆十九年（1754）重建。为砖石结构的方形平台，坐北朝南，台面高出地面1.5米，边长15米，四面各出8级台阶，青石阶条石，坛面金砖墁地。

先农神坛（2018年）

神厨库　位于先农坛内坛西北部，邻内坛西墙。建于明嘉靖年间（1522—1566）。围墙墙身为红色，绿琉璃瓦顶，东西宽56米，南北长67米。由大门、神牌库、神库、神厨、宰牲亭、井亭等组成。

大门。为双柱木牌枋门，悬山顶，檐下施单昂单翘五踩斗拱六攒。门内东西各有六角井亭1座，盝顶中空，削割瓦顶，檐下施三踩单昂斗拱。

神牌库。神厨库之正殿。坐北朝南。为平日存放先农、天神、地祇牌位的大殿。面阔5间，进深七檩，悬山顶，削割瓦屋面，构架饰以旋子彩画。

神库、神厨。位于正殿前方左右两侧。均面阔5间，进深七檩，悬山顶。神库是存放皇帝祭祀及亲耕用品的地方。神厨为制作牲畜供品的厨房，当心间后墙设有通至室外的血槽。

神厨库井亭（2018年）

宰牲亭。位于神厨库西围墙外。面阔5

观耕台（2018 年）

间，中间 3 间为重檐顶，上檐五檩悬山，削割瓦屋面，檐下饰以旋子彩画；下檐四周外加 1 间，上为削割瓦屋顶。这座重檐悬山顶的亭子，在北京为孤例。

观耕台 位于太岁殿东南。始建于明嘉靖年间（1522—1566），为木结构，清乾隆十九年（1754）改为砖石结构。坐北朝南，东、南、西三面各出 8 级台阶。台面为正方形，每边长约 17 米，高 1.6 米。台面金砖墁地，四周绕汉白玉栏杆。台基四周用黄、绿琉璃花砖贴面。按明清礼制，皇帝率百官于每年农历二月亥日在先农坛祭先农神，同时亲自耕耤田一垅，随后登观耕台观看大臣及农夫耕田。

具服殿 位于太岁殿东南，观耕台正北。皇帝祭祀或躬耕前后更换衣袍的场所。坐北朝南，建在高大台基之上，面阔 5 间，进深九檩，单檐歇山顶，绿琉璃瓦屋面，单翘单昂五踩斗拱，饰和玺彩画。

庆成宫 位于先农坛内坛东门外北侧。建于明嘉靖年间（1522—1566）。明代及清初为斋宫。清乾隆二十年（1755）以后皇帝不再斋宿，只在行耕耤礼后，于此处犒劳随从百官，改称庆成宫。两重宫墙均为绿琉璃瓦顶红墙身。外墙东西宽 112 米，南北长 118 米；外墙以北 36 米为内墙。外墙南面正中有大门 1 座、拱券门 3 间，砖结构，面阔 5 间，歇山顶绿琉璃瓦屋面，檐下饰以单昂三踩斗拱、旋子彩画。大门采用形制最高的九路门钉。大门内外有汉白玉石护栏，台阶中间为云龙御路，两侧为垂带踏步。内墙南

具服殿（2018年）

面正中辟门3间，形制与外墙门相同。东西墙开掖门2座，各面阔1间，歇山顶绿琉璃瓦顶，檐下施以单昂三踩斗拱。大殿位于庆成宫中路，面阔5间，进深九檩，庑殿顶，削割瓦绿琉璃剪边。檐下施以单昂单翘五踩斗拱，木构架饰以和玺彩画。殿前有月台、

庆成宫前殿（2018年）

神仓（2018 年）

汉白玉栏杆。月台左右有石质日晷、时辰牌亭各 1 座。后殿又称寝殿，在大殿以北，面阔 5 间，进深七檩，单檐庑殿顶，屋面与大殿相同，檐下施以单昂三踩斗拱，构架饰以和玺彩画。后殿前方东西为配殿。外宫墙内东南原有二层钟楼 1 座，20 世纪 50 年代已倾圮。

神仓及祭器库　位于内坛东北，太岁殿以东。为坐北朝南的院落。南墙正中有砖砌拱券门 3 座，门钉九路。建于明嘉靖年间（1522—1566）。东西宽 42 米，南北长 82 米。分前后两个院落，中间有月亮门相通。前院为神仓，后院为祭器库。

神仓，先农坛耤田收获的谷物均在此存放，供皇家各坛庙祭祀使用，旧时有“天下第一仓”之称。院内建筑围绕收谷、碾磨、贮藏等功能而建。院内正中的方亭初建时为方仓，清代改为收谷亭，是院中的主体建筑。约 7 米见方，四角攒尖顶，黑琉璃瓦绿剪边，不设门窗，四面开敞，便于收晾谷物。圆廪神仓位于收谷亭后，单檐圆攒尖顶，黑琉璃瓦绿剪边。为防潮湿，室内砖地上设木架梁，并加铺木地板。收谷亭与圆廪神仓东西有面阔 3 间的配殿 2 座，北部两配殿为谷仓，进深五檩，悬山顶，黑琉璃瓦绿剪边，顶部正中有悬山式气楼以通风；南部的两配殿分别为农具库和碾坊，碾坊上开天窗，以利空气流通。

祭器库，位于神仓内后院正中。面阔 5 间，进深五檩，悬山顶，灰筒瓦屋面。

东西配殿各 3 间，进深五檩，悬山顶。该处保存的“雄黄玉彩画”是明代建筑中少见的实例。

神祇坛　位于内坛西南。四周红墙围绕，东西长 225 米，南北宽 175 米。正面南门为神祇坛门，砖砌大门 3 座，黑琉璃瓦绿剪边歇山顶，西边 1 座已拆。墙内有坛 2 座，东为天神坛，西为地祇坛，均建于明嘉靖十一年（1532）。

天神坛。南向，砖台石阶，方形，边长近 17 米，高 1.5 米，四边有 9 级台阶。坛四周有砖砌红墙，每边长 80 米，高 1.8 米。四面有石雕棂星门，南门三门六柱，东、西、北各一门二柱。坛内有 4 个青白石龛，上雕云龙纹饰，各高 3 米有余，分别代表风、雨、雷、云四神。现仅存南面石雕棂星门及东面的 1 座焚帛炉。

地祇坛。北向，砖台石阶，长方形，东西长 33.3 米，南北宽 20 米，高 1.3 米。四面均有 6 级台阶。坛南设置 5 个青白石凳，各高 2.7 米，其中 3 个刻山形，代表五岳、五镇、五山之神；2 个刻水纹，代表四海、四渎之神。龛下四周凿水池，祭祀时贮水。坛东有 2 个石龛，刻山水，代表京畿山川神；坛西 2 个石龛，刻山水，代表天下山川神。

神祇坛（2018 年）

各龛均高 2.5 米。坛四周有砖砌红墙，每边长 80 米、高 1.8 米。坛北为三门六柱石雕棂星门，东、西、南各 1 座一门二柱石雕棂星门。

建筑艺术 先农坛是明清两代共享的祭祀先农和举行亲耕耤田典礼的场所。其建筑群由多个祭祀内容不同的建筑群分别完成对自然神灵的合祀，布局灵活而不失秩序；主体建筑都是建于明代的官式建筑，建筑的形体、构造做法、工艺技术等方面具有明代建筑的典型性特征。这些祭祀建筑，根据祭祀活动中的不同要求分为宫殿建筑及象征生产等项功能性建筑。由于使用的不同要求，建筑的结构及技艺又有所差别：宫殿建筑雄伟壮观，庑殿顶或歇山顶屋面，外表辉煌，采用黑色或绿色琉璃瓦，内部雕造精细，用鎏金斗碽装饰，格扇门窗用三交六碗菱花，建筑内外用金龙和玺彩绘等。其余建筑虽然也为厅堂结构，但灰瓦硬山及简练的装饰，与前者形成明显的等级对比。

先农坛的建筑一反“中轴突出，两翼对称”的布局，建筑布局理念与现存众多的古建布局手法有着明显的不同，突显了中国古代建筑散点布局的独特风格，其建筑浑厚典雅，彩绘金碧辉煌，做工凝重细腻，美轮美奂，让人叹为观止，体现了古代工匠们的高超技艺。

先农坛宰牲亭（2018 年）

附属建筑也颇具特色，宰牲亭更以其重檐歇山顶的特殊形制而被许多古建筑专家认为是“孤例”，在古建筑中有着特殊的地位。

祭祀礼仪

源流 中国是个农业大国，统治者视农为本。祭祀先农神的历史由来已久。先农神即神农炎帝，华夏农耕文化的创始者。远古称帝社、王社，至汉时称先农。

远古荒蛮之时，人类或猎虫兽茹毛饮血，或采撷野果充饥，是神农教会人们刀耕火种、植粟栽菽。后人为感念神农的功德，每年丰收之后便聚在一起，载歌载舞，既是对神农的祭祀，也是表达共享丰收的喜悦。这种祭祀活动，从周代开始，历经春秋、秦、汉、唐、宋、元，直至明清从未间断。南宋时出现了祭祀先农的仪式；元时封建王朝直接组织，帝王亲临现场进行祭祀，仪式隆重，场面宏大。明洪武帝朱元璋在南京建国后不久，即把祭祀先农列为“大祀”，建有专门祭坛，并设立耤田，皇帝扶犁亲耕。明成祖迁都北京，于永乐四年至十八年（1406—1420）“悉访（仿）南京旧制”，在京城南郊兴建了山川坛（先农坛的前身）。当时虽为合祀，先农神却有独立的神坛，其在山川坛中的地位比其他神祇高。按明太祖定制，颁布了详尽的祭祀礼仪制度，同时划出耤田，每年都在坛内举行祭农和耕耤典礼。届时皇帝或莅临先农坛亲祭，或遣官致祭，以示劝农从耕。

清代是中国古代祭农活动发展的顶峰时期，祭祀和躬耕耤田不仅制度周密详备，典礼过程也隆重有序。雍正皇帝在位期间，不仅每年都亲临先农坛祭先农和行耤田礼，还御令全国各地设立地方先农坛，并要选择“洁净膏腴之地”作为耤田，借以强化劝民从本的重农思想。乾隆皇帝更是不惜重金，于乾隆十八年（1753）对北京先农坛进行大规模调整、修葺。清代，皇帝亲赴先农坛祭祀先农多达 248 次，是皇帝亲祭先农次数最多的一个朝代。其中康熙皇帝祭祀的次数最多，有 59 次。

祭祀通例 历代帝王对于祭祀先农神都很重视，明清两代的祭祀活动则更加隆重，仪式也愈加烦冗，体现了明清帝王对封建礼制的高度重视。

明代将祭祀先农定于每年农历二月亥日举行。举行祭祀的前一天，太常寺、光禄寺的官员先赴先农坛，在神厨库及宰牲亭按照定制，监督屠宰牲畜并制成祭品，以供次日祭祀仪式上使用。举行祭祀的当天，在先农神坛上，面南摆上先农神位。摆放的祭品有

郎世宁《雍正祭先农坛图》（18 世纪 20 年代）

犊1只、羊1只、牛1只、胙1只、豚2只、胆1只、豕2只、登1个、铏1个、帛1匹，以及笾、豆各10个；另设有酒樽3个、爵3个、篚1个。由皇帝率百官举行祭祀仪式，包括迎神、进熟、初献、亚献、终献、饮福、彻豆、送神、望瘗等。祭祀过程中演奏先农乐章——“中和韶乐”，皇帝注视着礼官将祭献先农的福胙等埋进祭坛东南角事先挖好的坑内，于焚帛炉内焚烧祝文、祝帛后，祭典便告结束。

清代，更加重视祭祀先农。祭祀之日的前两天，礼部、户部、太常寺、顺天府的主要官员开始进行紧张的准备。祭日天交五鼓，步军统领衙门警卫清道，在皇帝将要经过的路途两侧设置布幛。辰初三刻，皇帝身着祭服，乘礼舆，陈法驾卤簿，在钟鼓声中离开紫禁城。进先农坛东门后，皇帝行舆洗礼，再步行至先农神坛。坛正中位设置黄色帷幄，其中安放先农神位。

躬耕耤田礼 遵循“民以食为天，食以农为本”的古训，朱元璋登皇位第二年，即于南京建先农坛并行耕耤礼。嗣后，明代“凡遇登极”，新皇皆“躬祭先农耕耤田”，以“念创业艰难爱恤苍生”。

明朝时，皇帝在京城设立祭拜神农的先农坛。位于北京正阳门外西南3千米的先农坛（山川坛），内设观耕台，作为春季皇帝检阅大臣农耕的地方，观耕台前大臣耕作的农田有“一亩三分地”。

满族是中国北方的游牧民族，1644年建立清王朝之后，为了及时了解农时、熟悉节令，居住在深宫大院里的皇帝在惊蛰时节乘龙辇从正阳门至先农坛耕地。当时划出的这一块地叫“演耕地”，每年有皇帝“亲耕”，表示普天之下该种五谷了，并以此显示其对农业生产的重视。当时皇帝“亲耕”的这块地恰好是“一亩三分地”，于是人们推而

广之，将个人利益或个人势力范围称为“一亩三分地”。“一亩三分地”也代指官本位的思想。

清初皇帝深谙此道，顺治十年（1653）统一局势初定，便诏命恢复先农之祭及亲耕之礼，转年正月制定了亲耕礼仪规制，从而完备了中国封建社会与农业相关的祭祀制度。

在先农坛所保存的清雍正帝先农坛亲祭图、亲耕图和有关典籍上，记载着祭祀过程。每年仲春或季春吉亥之日前一个月，由礼部报请耕耤日及从耕三王九卿官员名单。同时由鸿胪寺在先农坛耤田两侧立好典礼仪式及从耕官员的位置标识牌。内务府奏请皇帝先到西苑丰泽园演耕。 耕耤前二日，皇帝开始斋戒。具他三王九卿以至汉文官四品以上，武官三品以上一应人等皆在家斋戒二日。耕耤前一日，皇帝在紫禁城中和殿阅视祭奠祝文、耕耤谷种及农具后，由太常寺官和顺天府尹在仪仗乐队的护卫下送至先农坛，分别安放在神库和耕耤所。耕耤之日，清晨，皇帝着礼服乘龙辇出紫禁城，午门鸣钟。不从耕的官员按级别分别在午门、内金水桥及外金水桥南叩送。从耕官员在先农坛候驾。龙辇到达先农坛后，皇上先到具服殿盥手，而后至西侧先农坛祭拜先农。

皇帝率众恭恭敬敬行过祭礼后，转身面向台下东南方的“瘗坎”，观看有关人员将祭牲的毛、血放入“瘗坎”填埋。先农坛旁的“瘗坎”是一个方形地池，而天坛祭牲台下的“瘗坎”则是圆形地池，对应“天圆地方”。祭拜之后，皇帝到具服殿更换龙袍准备亲耕。各级官员也迅速更换蟒服、补服。耤田左右，从耕的官员及耆老农夫等相关人员各就各位。更衣毕，礼部官、太常寺官奏请皇帝行耕耤礼。将耤田一亩三分地，分作十二畦，皇帝的亲耕部位设在正中，亲耕用的农具、耕牛、谷种等早已摆放妥帖。礼部司官三挥红旗，礼部尚书跪奏皇帝出具服殿，户部尚书跪进耒，顺天府尹跪进鞭，于是皇上左手执耒，右手执鞭，耆老二人牵黄牛，农夫二人扶着犁，鸿胪寺官唱赞仪式开始，在太常寺官员的引导下皇帝开始行耕耤礼。一时间鼓乐齐鸣，禾词歌起，旗幡飘扬。皇帝执耒扬鞭在耤田中亲行农事，身后，顺天府尹手捧青箱，户部侍郎握种播撒，协助皇帝行劝课天下的示范性耕耘。皇帝三推三返完成耕耤礼，耕毕，歌止。户部尚书与顺天府尹跪受耒、鞭，分别放置犁亭、鞭亭。皇帝登观耕台，从耕三王九卿依次接受耒、鞭，行五推五返、九推九返之礼。而余下的耕作任务，则由顺天府尹偕大兴、宛平县令率农夫完成。当礼部尚书奏报“耕耤礼成”时，乐队奏导迎乐《祐平之章》，皇帝起驾出坛。一路仍由仪仗、鼓乐护送，文武百官于午门、紫禁城外跪迎，午门鸣钟，皇帝返宫。秋日玉粒告成，顺天府将稻、黍、谷、麦、豆悉数提交钦天监，择吉日藏于神仓，以备粢盛。整个过程庄严肃穆、井然有序，反映出统治者的高度重视。

明清两代，是祭祀礼仪发展最为完善的时期。祭农、亲耕之礼被置于关系国家长治久安的重要地位，相关礼仪制订得最为详备，执行得最为严格。即使乐队唱诵的“禾词”，乾隆皇帝都要钦定。清乾隆二十五年（1760），还特地邀请入京觐见的哈密郡王玉素富暨各回部贝勒贝子公伯克等入坛观礼。乾隆皇帝传位给嘉庆后，又几次命嘉庆帝演耕。对那些工作失职、为亲耕典礼造成麻烦的官员，皇帝要严加惩处。嘉庆二十年（1815）皇帝亲耕时，“顺天府所备之牛甚不驯习，更换副用之牛，仍不驯驭。……迨登台观耕，其三王九卿所用耕牛亦不驯……”，结果“顺天府……玩忽从事，着将专司供办之”。大兴与宛平两县知县则“俱先行革去顶戴，交部严加议处”。对那些在耕耤时敷衍塞责的官员，皇帝也毫不宽容。嘉庆二十三年（1818），皇帝亲耕后即起程赴东陵祭祖，见皇帝未观耕，有的官员未如数完成推返，有的未亲手扶犁，有的扶犁脱手……嘉庆帝为此十分恼火，他认为“不可不严行惩创……断不以人数众多稍从宽纵”。原因即在皇帝视亲耕典礼为关系国计民生的国家重典，作为祭祀重地的先农坛地位极高，来不得半点马虎。

祭先农、识五谷 2008 年开始，天桥街道在先农坛举办“祭先农、识五谷”活动，旨在弘扬先农坛历史文化、彰显先农文化在优秀传统文化中的重要意义。通过再现古代帝王祭祀先农的传统礼仪，让人们感受尊农重农、人文与大自然和谐统一的文化历史。希望祭祀神农的肃穆仪式能够让市民更加了解先农文化内涵，感受到尊农重农的历史渊

2008 年 4 月 1 日，在先农坛举办天桥街道祭祀先农活动

源，提醒大家尊农、爱农，把“以农为本”的思想传承下去。专家通过对《大清会典》等古籍的研究，整理发掘出雍正皇帝祭祀先农的全过程，再现中断已久的祭先农大典。

每年先农坛祭先农活动都确定一个主题，祭祀的组织以北京市西城区专业部门和天桥街道为主，市民和青少年学生踊跃参与，收到预期效果。

2008—2019 年先农坛祭祀先农活动情况一览表

表 4

时间	主办单位	协办单位	参与者	活动主题
2008年4月	天桥街道	先农坛、天桥民俗文化协会	民俗专家、市民代表、青少年学生代表等	祭先农、识五谷
2012年4月	天桥街道	先农坛	市民代表、北京育才学校学生代表等	五谷丰登　国泰民安
2015年4月	北京古代建筑博物馆	先农坛、天桥民俗文化协会	古建筑专家、市民代表等	尊农、爱农、重农固本
2016年3月	天桥街道	先农坛、北京育才学校	市民代表、北京育才学校学生代表等	传承优秀传统文化、弘扬先农文化精神
2017年4月	天桥街道	北京育才学校	古建筑专家、市民、学生代表	祭先农　植五谷　播撒文明在天桥
2019年4月	天桥街道	先农坛、天桥民俗文化协会、北京育才学校	民俗古建筑专家、市民代表、师生代表	祭先农、植五谷、放飞幸福

文物胜迹

在历史长河中，人民群众用自己智慧和勤劳的双手创造文明。天桥地区共有各级文物保护单位4处，分别为全国重点文物保护单位先农坛，西城区文物保护单位北京东方饭店初期建筑、新市区泰安里、宜兴会馆。还有一些文物古迹已经消失。这些有形文化遗产成为天桥地区的文化景观和宝贵财富。

文保单位

宜兴会馆 位于校尉营胡同44号。占地面积1020平方米，建筑面积680平方米。会馆坐南朝北、两进院落，每组院落均由正房及两侧厢房组成，整体布局规整、轴线清晰。原为清光绪年间（1875—1908）两任顺天府尹周家楣的宅第，光绪十三年（1887），周家楣去世，顺天府民众集资将其故居扩建为宜兴会馆新馆，并在馆内设立祠堂，以纪念周家楣在治理顺天府时的清明政绩。周家楣在此居住期间，大力参与并促成《光绪顺天府志》的修纂刊印。该书是晚清时期的地方史志巨著，至今仍是开展北京史地研究必不可少的实用文献。

宜兴会馆原称宜荆会馆。因宜兴县内，清初析置荆溪县，中华民国时废，并入宜兴县。荆溪，在江苏宜兴县南，以近荆南山得名。馆名初称宜荆会馆，后改称宜兴会馆。

宜兴会馆旧址（2018年）

辛亥革命后，在中华民国财政部工作的宜兴人贾士毅也曾暂住这里。“周京兆尹故宅”大木匾曾悬挂于正中棋盘大门的上方，左掖门上方悬挂“宜兴新馆”木匾。正中大门道左右各有一上马石，大门左扇画有敬德像，大门右扇画有秦琼像，两位门神画得高大威武。正中大门平日不开，只是祭日开启，大门外还设有木栅门。院内中厅两侧曾用作存放周家楣生前用具，后堂供奉牌位，东跨院存放祭祀礼器，西跨院为烧纸处。2017 年，宜兴会馆房屋建筑除垂花门不存外，格局尚完整，但已为民居。进门有竹林一丛，凸显幽静，院内有一株巨大桑树。

2009 年 7 月，被宣武区人民政府列为区级文物保护单位。

新市区泰安里 位于仁寿路 6—16 号，建于 1916 年至 1918 年间，是民国初期兴建的香厂新市区组成部分。泰安里是仿上海石库门里弄式的二层砖木结构建筑。六幢建筑通过一条小巷分为两排，巷口通向仁寿路，巷口由过街楼相连。六幢建筑的六个楼门，两两相对通向小巷。整座建筑用青砖砌成，窗外有抹灰窗套，楼门加以雕饰，富有韵律节奏的变化，显得精巧别致。进入楼门，呈现在眼前的是一座天井。天井的西北角有楼梯通向二层，二层有回廊通向各屋。天井的顶部是罩棚，周围有数个窗户大小的通风窗。整幢楼的布局小巧紧凑，严谨细腻。

泰安里原名大安里，最初并不是居民楼。1912 年拥有大安里多所住房的一名居民，向当时的市政当局申请将大安里的地名变更为“保安里”，改名的申请获得批准，但市

新市区泰安里（2018 年）

北京东方饭店初期建筑（2018 年）

政当局认为“保安”容易与警察混淆，最终将大安里改名为“泰安里”并沿用至今。现在的泰安里整体建筑保存完好，各个小院主体结构基本保持原貌，门口仿石库门建造的石条虽已残破，但依然能透过斑驳破损的外表感受到它曾有的精致，法式孟莎顶、德式大圆窗依然彰显着宫廷式的奢华，但那些没有几块完好玻璃的窗户用它的尘垢锈迹向人们述说着它远去的历史。北京西城区将围绕中轴线开展一系列的文保修缮，新市区泰安里的建筑名列其中。

2009 年 7 月，被宣武区人民政府列为区级文物保护单位。

北京东方饭店初期建筑 位于万明路 11 号。建于 1918 年，是当时北京唯一民族资本自营的高档饭店，也是香厂新市区的组成部分。饭店占地约 5 亩，其建筑呈“U”字形，一半为两层（楼顶设有放映露天电影的屋顶花园），一半为三层（建有地下室，设锅炉间和库房）。一楼是接待大厅和餐厅，另有账房等管理用房。二楼和三楼是客房，共约80间（套）。在这里发生过很多历史事件，也留下了各界名人的足迹，后几经变迁，至 1986 年恢复对外营业。现仅存 1918 年建设的西楼及 1953 年翻建的东南楼。

2009 年 7 月，被宣武区人民政府列为区级文物保护单位。

湮没古迹

由于天灾人祸，加之年久失修，天桥境内许多古迹已湮没。

灵佑宫 位于灵佑胡同，在天桥西侧约 200 米处，旧时为十方道院，明万历年间（1573—1620），司礼监魏学颜辟地数十亩，修建一座高阁和五座殿宇，请命于朝廷，赐名“护灵佑宫”。宫内有大学士叶向高碑，清乾隆年间（1736—1795）重修。香火极盛，清代诸王多喜在此斋宿。乾隆年间，朝廷下令将原来设在东华门外的传统元夕灯市移至正阳门外灵佑宫亭。灯节期至，灵佑宫前（即今永安路东段一带），街道两旁搭席棚，鳞次栉比，棚内悬挂各种形状和颜色的纸灯、纱灯、宫灯、冰灯，争奇斗巧，任凭游人观赏选购。康熙年间（1662—1722）翰林院编修查慎行所著的《敬业堂诗集》中有一首《凤城新年词》："才了歌场便买灯，三条五剧一层层，东华旧市名空在，灵佑宫前另结棚。"正是对天桥一带灯市的真实写照。1937年，灵佑宫被外五警察局占用。时过境迁，当年热热闹闹的灵佑宫早已无存，只剩下一条灵佑胡同。

武备学堂　位于校尉营胡同38号，是晚清培养陆军的学校，由晚清名臣李鸿章创办。学堂仿照外国陆军学校办法，挑选北平各营中精健聪颖、略通文字的"弁目"到学堂学习，"使北洋各营全晓西洋迫行军制胜之方"。一年毕业，发回各营任用。1900年，八国联军侵华，北京城彻底沦陷，学堂停办。

城南游艺园　位于天桥地区，东临今东经路，西至西经路，南临北纬路，北至永安路。开办于20世纪20年代初，主要由三部分组成。北面建有剧场、电影院、舞厅；中部设有旱冰场、保龄球场；东面设有曲艺场、杂技场；南面有一水池，池中种莲花，水池周围设有茶座。游艺园以戏曲演出和文艺表演为主，众多戏曲、曲艺界名家均曾在此演出。1920年，新文化运动倡导者陈独秀、李大钊曾在此散发《北平市民宣言》传单。1925年，游艺园因发生戏场坍塌事件一度停办，不久又恢复，但终因营业不振，数年后关闭。

新世界　位于香厂路。俗称"大世界"，仿照上海"大世界"的经营方式，始建于1913年，由中国商人投资，英国人设计、建造，为一座洋式风格的五层船形楼房。一楼是剧场，二楼是电影、杂耍场，三楼是曲艺场，四楼是中西餐馆，五楼是可以俯瞰京城的屋顶花园。楼内还设有当时北京少见的电梯。刚一开张就人流如织，异常兴旺。新世界的剧场由当时著名的坤伶剧社"崇雅社"演出，演员中有著名的余派老生孟小冬、梅兰芳的夫人福芝芳及金友琴、苏兰舫、张玉凤等文武坤伶。首场演出即爆满，蜂拥而至的观众甚至踩坏了不少座椅。里面有京戏场、文明戏场、杂耍场、坤书场（女子鼓书）、茶馆、饭馆、台球房、旱冰场等，后来又增加了演无声电影的电影场。顾客

新世界（1914年）

买一张通票，便可进内周游各场，随意观赏。新世界游乐场在当时的京城尚属新颖，吸引了不少游人，曾经繁荣一时。1986 年，因房屋破旧而拆除。

天桥地区已湮没的古迹情况表

表 5

类别	名称	坐落位置	建成年代	湮没年代
寺庙	水浙庵	万明路	元代	明万历年间（1573—1620）
	显德庙	仁寿路	元代	明初废
	灵佑宫	灵佑胡同	明万历年间（1573—1620）	中华民国期间拆废
	佑圣寺	北粉店胡同	明万历年间（1573—1620）	清末拆毁
	观音寺	粉店胡同	明万历年间（1573—1620）	清末拆毁
	仁寿寺	仁寿路	明万历年间（1573—1620）	中华人民共和国成立后拆除
	四圣庙	四胜胡同	明代	清代末
	般若寺	九湾胡同	明代	清代
	万明寺	万明路	明万历年间（1573—1620）	清代末
	斗母宫	永胜巷	明代	清乾隆年间（1736—1795）
	西斗母宫	永胜巷	清乾隆年间（1736—1795）	清末
	东斗母宫	永安路	清乾隆年间（1736—1795）	清末
	药王庙	潘家胡同	清乾隆年间（1736—1795）	中华民国
	地藏庵	阡儿胡同	失考	中华民国
	五圣庵	阡儿胡同	失考	中华民国
	七圣庙	齐胜巷	失考	中华民国期间拆除
	双五道庙	双五胡同	失考	中华民国末
	三元庵	正阳胡同	失考	清末
	娘娘庙	福昌里	失考	清末
	观音禅寺	铺陈市胡同	失考	部分残存
	关帝庙	腊竹胡同	失考	清末
	关帝庙	留学路	失考	清末
	天桥清真寺	福长街	中华民国初期	改建
会馆	江西赣宁会馆	珠市口西大街34号	明代	清末
	广东仙城会馆	珠市口西大街8号	清代	清末
	江西吉安会馆	珠市口西大街108号	清代	清末

续表 5

类别	名称	坐落位置	建成年代	湮没年代
会馆	江西安溪会馆	板章路	清代	清末
	湖南常德会馆	阡儿胡同	清代	清末
	湖南巴陵会馆	留学路	清代	清末
	安徽徽州邑馆	鹞儿胡同	清代	中华民国
	福建安溪会馆	板章胡同7号	清代	中华民国
	福建同安会馆	板章胡同5号	清代	中华民国
	山西平介会馆	鹞儿胡同30号	清代	1949年后
	山西浮山会馆	鹞儿胡同37号	清代	1949年后
	山西乐平会馆	珠市口西大街106号	清代	中华民国末
	浙江浙绍乡贤祠	珠市口西大街148号	清代	中华民国末
	京师商务总会	珠市口西大街54号	清代	中华民国末
	甘肃皋兰会馆	南大吉巷	清代	中华民国末
	福建泉郡会馆	虎坊桥56—70号	清代	中华民国末
其他公共建筑	城南商场	福长街29号	中华民国	1949年后
	先农市场	永安路路南	中华民国	1949年后
	三角市场	天桥市场斜街	中华民国	1949年后
	天元市场	福长街二条	中华民国	1949年后
	天桥公平市场	天桥市场	中华民国	1949年后
	新世界	万明路东侧	中华民国	1949年后
	城南游艺园	永安路路南	中华民国	1949年后
	小小戏院	天桥市场	中华民国	1949年后
	中华影院	天桥市场	中华民国	1949年后
	丹桂戏院	天桥市场	中华民国	1949年后
	天乐戏院	天桥市场	中华民国	1949年后
	新民影院	天桥市场	中华民国	1949年后
	万盛轩戏院	天桥市场	中华民国	1949年后
	小桃园戏院	北纬路14号	中华民国	1949年后
	仁民医院	万明路13号	中华民国	1949年后
	电车总站	天桥南大街路西	中华民国	1949年后
	四面钟	北纬路中间	中华民国	1949年后

街区保护

天桥地区对街区的保护有着悠久的历史。封建帝王对天桥地区划禁区加以管制，禁区之内严管，禁区之外放任自流。随着最后一个封建王朝——清朝的结束，天桥地区皇家禁地——先农坛等地也渐渐放弃管理。民国期间战火不断，对天桥地区的街区多有毁坏。中华人民共和国成立以后至“文化大革命”，对龙须沟的改造卓有成效，好评如潮，但域内也有许多有价值的文物被拆除。改革开放以后，中央政府及北京市西城（宣武）区成立了古城保护管理机构，国家制定了《中华人民共和国文物保护法》《历史文化名城名镇名村保护条例》等法律法规，古城保护工作开始有法规可依。北京市、西城（宣武）区依法开展古城保护工作，天桥街道办事处认真落实规划，开展城内街区保护工作，拆迁改造珠市口区大街、天桥大街、永定门内大街、天桥小区等；开展街区整治工作，并取得阶段性成果。同时天桥街道境内重建永定门城楼、天桥、四面钟等，使毁坏湮灭的古迹重现风采。

保护历程

明清时期，天桥地处京都外城核心地段，街区的保护工作纳入皇家范围，由户部负责。清乾隆三十四年（1769），朝廷颁布规定，凡外城由城坊管理。辛亥革命之后至1948年，由京都市政公所、都市计划委员会等部门管理。中华人民共和国成立后，百废待兴，管理体制逐步理顺。

明清时期 明初天桥地区是京城南郊。明永乐十八年（1420）在正阳门外修建天地坛、山川坛，形成正阳门至天坛、山川坛大路。嘉靖三十二年（1553）闰三月，修建京城外城，周长28华里（14千米），设城门七处，正南为永定门，天桥即成南北交通要道，为北京外城的中心区域，道路街坊开始形成，有街巷胡同10余条。清初又增加4条。清雍正年间（1723—1735），将天桥至永定门的土路用石条铺砌，系皇家御路。光绪三十二年（1906），清政府因扩建前门至永定门路，将汉白玉的高拱桥拆除，在原址建一座石桥。随着天桥的京城民俗文化的形成，商业也繁荣起来。清政府以皇家安全为由，进行整治。

民国时期 1914年，北洋政府成立京都市政公所，其职能相当于北京市政府，承担北京城市建设、维护和管理，制定《京都市政条例》，并立即实施“香厂模范新市区”规划。天桥域内被列为重点之一，香厂模范新市区的规划建设，给天桥地区带来了新的面貌，建起了东方饭店、新世界、城南游艺园等。1937年至1945年，日本侵略者妄想达到长期侵占华西地区的目的，把北京作为基地，伪政府在日本的授意下编制了《北京都市计划大纲》，天桥地区被列入其定义区域的范围之内。1947年5月，北平成立都市计划委员会，制定了《北平都市计划大纲》，天桥地区被列入改造发展规划之中。

新中国成立后 1949年，苏联专家提出了一份《关于北京市将来发展计划的问题报告》，建议将中央政府行政区放在旧城内，天桥地区也被列入了发展计划之中。朱兆雪、赵冬日提出《对首都建设计划的意见》，赞成苏联专家提出的方案。同期还有华南圭提出的《北京新都市计划第一期计划大纲》等方案。

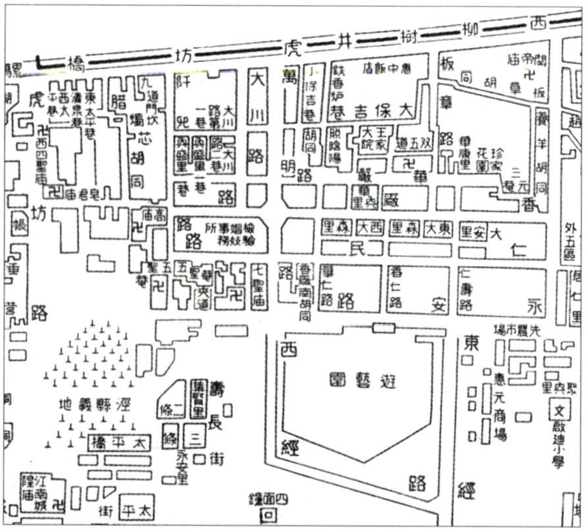
香厂新市区示意图（20 世纪 20 年代）

1950 年 2 月，梁思成和陈占祥共同提出《关于中央人民政府行政中心区位置的建议》，史称“梁陈方案”。它包含对北京古城完整留存的建议和当时世界上最先进的城市发展理念，是一个全面、系统的城市规划建议书。1953 年，北京市吸收“梁陈方案”，拟定北京城市发展第一方案。1953 年，北京市委成立的规划小组提出《改建与扩建北京市规划草案要点》，按照政治中心、经济中心（工业基地）的城市性质，确立了以旧城为城市的中心、改建与扩建北京城的建设方案。

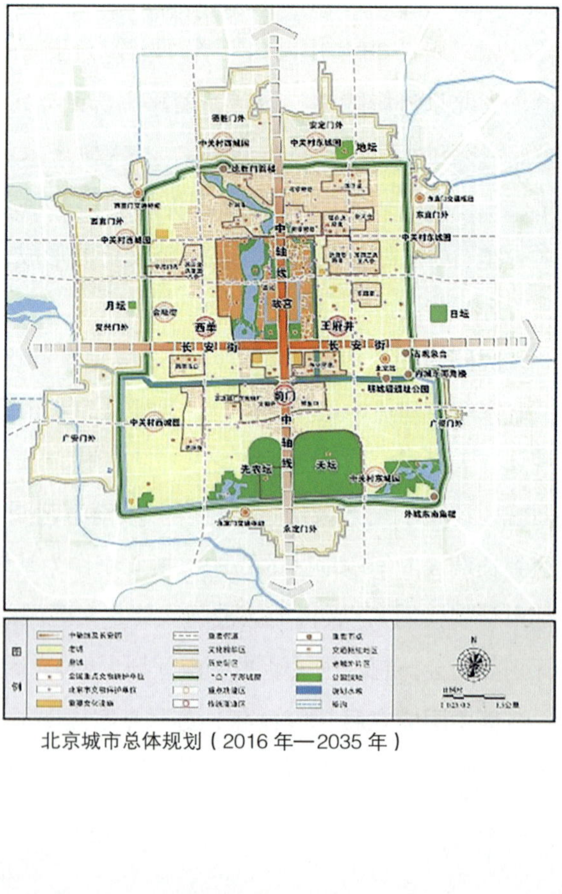

北京城市总体规划（2016 年—2035 年）

1958 年《北京城市规划初步方案》出台之后，北京市基本每 10 年出台一次规划，如 1973 年《北京市建设总体规划方案》、1983 年《北京城市建设总体规划方案》、1993 年《北京市总体规划》、2004 年《北京城市总体规划（2004 年—2020 年）》。2017 年，《北京城市总体规划（2016 年—2035 年）》正式发布，提出“两轴—两带—多中心”的城市空间结构，将天桥列入了北京南北中轴线的改造发展规划。中华人民共和国成立后至 1979 年 6 月，天桥街道办事处街区保护没有专门部门负责。1979 年 7 月，天桥街道办事处成立城建市容卫生科，负责街区保护等工作。

拆迁改造

天桥街道从北京市总体规划和西城区的规划中找准自己的位置，从长远着眼、具体项目着手，做好拆迁改造工作，一步一个脚印地推进城市保护工作。1949 年至 1990 年，天桥地区新辟道路 15 条、大街小巷 96 条、主要干线 7 条。其中 1978 年修建 19 条柏油马路，修铺路面 10500 平方米，扩建并改建永安路、北纬路、虎坊路、东经路、西经路。1979 年，修建仁寿路、阡儿路挡土墙，拓宽南纬路。1997 年，拆除街巷胡同违章建筑，并美化环境。2000 年，天桥街道启动拆迁工程。至 2010 年，共改造危房面积 361482 平方米，其中 2003 年先农坛地区拆除占地面积 12 万平方米、建筑面积 11 万平方米的各类房屋，拆迁居民 1998 户，动迁人口 6000 余人、单位 113 个。2005 年，先农坛地区拆除 10 栋简易楼，拆迁居民 342 户、单位 3 个，拆除房屋面积 7456 平方米。6 月，启动

改造后的珠市口西大街（2001 年）

改造后的天桥南大街（2003 年）

北京燕京汽车厂住宅小区 3401 工厂拆除工程。2006 年，珠市口西大街南侧拆除工程，拆迁居民 358 户、单位 20 个，占地面积 16809 平方米。2007 年，东经路“边角地”拆迁居民 177 户，占地面积 5100 平方米。

1993 年至 2004 年，天桥街道办事处为改善环境和居民的居住、出行条件，使之与北京城市建设发展相协调，重点完成了珠市口西大街拓宽改造工程和天桥南大街、永定门内大街危改整治工程，缓解境内交通拥堵压力。

天桥小区 2000 年下半年，北京市政府把天桥地区作为全市“三区五片”（宣武区两片、崇文区两片、丰台区一片）危房改造的试点。是年 10 月，天桥小区危房改造启动。危改区东起天桥南大街，西至友谊医院东墙，南起南纬路，北至永安路，总占地面积 18.1 万平方米，可规划用地 11 万平方米，涉及单位 140 余个，居民 3400 户、1 万余人，危旧房屋 15.5 万平方米。对动迁户的安置补偿，采取“就地安置、异地安置、货币补偿”三种方式。其中异地安置的居民可在原安置的基础上增加一个自然间，并获得产权。区政府还制定回迁、外迁、房屋置换、货币补偿等辅助政策，给居民更多的选择余地。共建 11 栋回迁住宅，框架结构，局部地下 1.5 层，地上 6 层至 12 层，总建筑面积 21.6 万平方米。总投资 17 亿元。2000 年 10 月正式启动拆迁，2001 年 1 月开工建设。2002 年 6 月有 11 栋楼房竣工，8 月开始回迁工作，回迁居民 2794 户、8382 人。

盛景嘉园 位于福长街 68 号，即福长街与南纬路路口东北部，中国医学科学院药物研究所北对面。2000 年启动拆迁，为建盛景嘉园小区共拆迁 680 户、2800 人，涉及 30 家企事业单位、3.4 万平方米旧房建筑。2004 年 10 月竣工，建筑面积 4.8 万平方米，

改造后的天桥小区（2002 年）

改造后的盛景嘉园（2004 年）

改造后的朱雀门小区（2009 年）

由 3 栋中高档商品住宅楼房组成。有 323 户居民入住。

朱雀门小区 原北京燕京汽车厂地块，位于太平街 8 号，由中集宏达房地产开发有限公司于 2004 年 8 月至 2009 年 12 月开发建设。共动迁居民 536 户、2680 人，涉及单位 4 家，动迁总面积为 30472.97 平方米。动迁政策为货币补偿，没有回迁、异地安置，发放动迁补助款 1.25 亿元。朱雀门小区由 25 栋住宅楼房组成，框架剪力墙结构，地下 1 层至 2 层，地上 1 层至 8 层，每栋均配有地下 1 层或地上 1 层车库，总建筑面积 13.31 万平方米。

街坊整治

摸底动员 2013 年始，在整治违章建筑前期，天桥街道办事处就拆除的空间如何利用广泛征求相关部门和居民的意见，多次召开居民议事会。广泛宣传城市规划法律、法规，安排相关人员走家串户进行宣传、解疑和思想工作，把部分有诉求意愿和反映强烈的居民集中起来。同时结合“提升城市品质、共建美丽西城”大讨论中居民提出的意见和建议，通过发放《致居民的一封信》和悬挂横幅宣传标语等形式，营造浓厚的社会舆论氛围。工作人员通过电话查询、发函调查、现场确认等形式，细致摸排、入户走访，与产权单位、经营单位反复沟通，宣讲政策，最终达成共识，并签订协议。在完善台账、摸清情况以后，对低保、低收入、失业、残疾等存在特殊困难的群体，按照相关政策法规给予帮扶救助，提供就业岗位。针对户籍地在天桥辖区内生活困难的经营者，街道民政科、社保所等部门提供就业救助、低保申请等相关信息，便于办理。建立街巷长责任制，街巷长由街道干部担任，负责街巷环境整治。

整治成果 多年来，天桥街道在整治街巷方面做了大量工作，并取得了较好的效果。2013 年至 2014 年，拆违主要集中在北京友谊医院南、北、西片区。在整治工作中形成“连线连片”式的拆除工作方法，全面提升地区环境。共拆除违法建筑 343 处，拆除面积 7977.53 平方米，完成万明路、寿长街、禄头条等胡同违法建筑拆除工作。2016 年上半年共封堵自行破墙的 93 户、123 处，还原墙体面积 414 平方米，疏解人口 232 人；下半年继续推进“开墙打洞”治理，封门改造 106 户，治理 136 处违规“开墙打洞”行为，关停门店 88 间，封堵改造墙体面积约 450 平方米，疏解人口 249 人。2016 年，南纬路 2 号院大门西侧临街平房中，共有违法建筑 21 间、面积 552 平方米，上半年全部拆除。2017 年共拆除违法违章建筑 136319 平方米。组织开展疏解整治促提升专项行动，着力疏解非首都功能，优化首都发展布局，降低中心城区人口密度，有效治理“大城市病”，提高城市治理能力和水平，创造良好的人居环境。通过疏解整治实现空间腾退，留白增绿、改善环境、消除隐患、补齐短板、提升功能，打造一批精品街区、胡同等和谐宜居示范区，增强居民获得感。

2017 年下半年开始，对珠市口西大街南侧临时建筑物 10 号进行摸底，并做了大量工作。此处 6 栋临时建筑楼和小腊竹胡同广场周边的违章建筑原为餐饮聚集处，汇集十几家餐馆，每到晚上，这里人流、车流十分密集，占道经营严重，干扰了交通秩序，影响了周边环境卫生，困扰着周边居民日常生活。2018 年 4 月中旬，街道城管科、综治办、安全生产办、城管执法队、防火办及派出所等部门联合行动，开始拆除整治工作，至 7 月完成，为打造绿地公园和百姓休闲空间腾出土地。天桥街道办事处协调西城区园林局进行绿化改造规划设计，规划珠市口西大街、虎坊路沿线、地铁站周边等地绿地公园面积从 2600 平方米增加至 3665 平方米。天桥街道办事处围绕天桥演艺区的建设，深入研究并编制留学路片区等重点片区环境建设规划，按进度完成天桥艺术中心、天桥市民广

九湾胡同整治前（2015 年）

九湾胡同整治后（2017 年）

场项目的精装和机电工程施工，开展泰安里、板章路商住楼腾退以及天桥斜街环境整治和业态提升；以北纬路东西扩展轴为重点，将道路两侧潇湘大厦和金宫地块的资源做留白增绿所用。打造无私搭乱建、无开墙打洞、无立面乱象、无绿地缺失、无乱堆乱放、无环境脏乱的校尉营、万明路等 10 条精品街巷胡同。2017 年，天桥街道荣获“首都文明街道”称号。

2018 年，北京中轴线申遗工作进一步推进，中轴线成为北京人街谈巷议的热词。天桥街道办事处将保护好、传承好、利用好中轴线作为工作的重点之一，仅上半年就拆除违法建筑并销账 137 处、9409 平方米，完成全年计划的 94%。重点完成珠市口西大街沿线临时建筑拆除任务，并委托西城区园林管理部门，对后期绿化进行了整体设计，建成占地约 3665 平方米的绿地公园和百姓休闲空间。封堵开墙打洞 33 处，整治违法群租房 10 户，清理直管公房转租 17 户，治理不规范“七小”（小副食店、小餐馆、小美容美发店、小游泳池、小歌舞厅、小旅店、小超市）门店等违章经营行为 5 户，清理地下空间 1 处。持续推进重点项目，其中，北部平房住户与环境改善项目完成 78 户居民协议签订工作，华康里、泰安里、宜兴会馆等文物腾退项目均完成全年计划的 90% 以上，北纬路道路征收项目完成 59 户，永安路道路征收项目 148 户。是年，在街巷环境整治方面收益甚大。制定《天桥街道中轴线周边街巷 2018—2020 年三年整治提升计划》，建设商户自律联盟街巷，打造 8 条巾帼建功示范街巷，优化提升国家信访办门前路、耕天下小区西侧路、永胜巷等15条街巷。新农街、永定门西侧2条街巷达到“十有十无”（“十有”即有街巷长、有自治共建理事会、有物业管理单位、有社区志愿服务团队、有街区治理导则和实施方案、有居民公约、有责任公示牌、有配套设施、有绿植景观、有文化内涵。“十无”即无乱停车、无违章建筑、无“开墙打洞”、无违规出租、无违规经营、无凌乱架空线、无堆物堆料、无道路破损、无乱贴乱挂、无非法小广告）标准。徐悲鸿中学门前路、永定门内大街、寿长街二条等9条街巷达到“十有五好”（“十有”同上，“五好”即公共环境好、社会秩序好、道德风尚好、同创共建好、宣传氛围好）标准。2018年，天桥街道建设街巷小微绿化景观。校尉营胡同、板章胡同、九湾胡同、阡儿胡同率先设计施工，打造小微绿化景观样板街巷。同时探索胡同停车自治管理机制方法，以香厂路、仁寿路、仁民路作为停车自治管理试点街巷，由第三方公司对有停车需求的居民进行登记，完成车位数量摸底工作，落实230个停车位。

2019年，天桥街道通过“疏解整治促提升”专项行动，拆除违法建设288处、7949.41平方米，封堵“开墙打洞”24处，清理规范单位20家，整治违法群租房42户。39条背街小巷达到“十有十无”标准，通过验收。街区更新中重塑老北京传统文化，在鹞儿胡同试点打造文化探访路径。完成天桥小区北里西片区环境整治提升。启动禄长街头条19号院老旧小区改造，基本完成绿化景观改造。在辖区设置分类垃圾桶470组、910个，组织63场次垃圾分类专场宣传活动，生活垃圾分类治理数据平台基本搭建完成。

古迹重建

永定门城楼 永定门是明清时期北京外城的南大门，也是从南部出入京城的通衢要道。它位于左安门和右安门中间，是老北京外城7座城门中最大的一座。永定门始建于明嘉靖三十二年（1553），寓意“永远安定”。城楼形制一如内城，重檐歇山三滴水楼阁

历史上的永定门城楼（1930 年）

重建的永定门城楼（2004 年）

式建筑，灰筒瓦、绿琉璃瓦剪边顶，面阔七间，通宽24米，进深三间，通进深10.50米，楼连台通高34.04米，瓮城呈方形，两外角为圆弧形，东西宽42米，南北长36米，瓮城墙顶宽6米。清光绪二十六年（1900），永定门西城墙在战火中被毁。1950年始，永定门城墙陆续拆除。1957年，永定门城楼因妨碍交通和已是危楼原因被拆除。1999年部分全国政协委员提议恢复永定门城楼，2001年北京市政府批准重建永定门城楼的建议，2003年开始重建，2004年竣工。重建后的永定门城楼门洞上方所嵌石匾，有楷书“永定门”三字，苍劲雄健，是仿照明代原配石匾雕刻的。顺治元年（1644）清朝建都北京之后，曾将北京各城门上用汉字题写的明代匾额撤下，改用满、汉两种文字题写匾额。辛亥革命推翻清朝之后，北京各城门重新题写了汉文名称，并制成石匾镶嵌，永定门的匾也是如此。永定门重建使用的城砖，是明嘉靖年间（1522—1566）烧制的永定门老城砖。这些老城砖在永定门拆除近半个世纪后，又重新砌在新建的永定门城楼上。永定门城楼成为名副其实的北京“城市标志性建筑”。永定门城楼的拆毁与重建，见证了北京城市历史的变迁。

四面钟 旧时老天桥的四面钟位于禄长街北口与北纬路相交点。1915年，建城南游艺园时建造了一座四面都有时钟的钟塔，俗称“四面钟”，是当时南城的一处著名景观。在20世纪50代初期，天桥地区开辟街道、整修路面，四面钟被拆除。重建的四面钟是由著名古建筑专家王世仁依据老照片、按原状设计，2003年复建，成为新天桥和城南观光的一道胜景。新建立的天桥四面钟是一座四面有钟的单体建筑，在京城中轴路天桥南大街西侧，与路东的北京自然博物馆隔路相望。这座四面钟的藕白色钟身直立高耸，下

历史上的天桥四面钟（20 世纪 20 年代）

重建的天桥四面钟（2003 年）

有一圈围廊。围廊之上是带有一圈护栏的阳台，紧紧包裹着四面有窗的直立钟身。钟身顶端带有挑出的装饰性阳台，四扇窗户之上是镶嵌有罗马数字的四座圆形大钟。钟楼顶部呈暗绿色，与钟身灵巧的装饰物和谐相容，共同组成一个有机整体。远远望去，整座钟楼秀丽典雅、气韵恢宏，钟楼与南侧“天桥八大怪”的雕塑群在喷泉、绿篱的掩映间，构成了一个清新秀美的小广场，成为京城人娱乐、休闲、憩息的好去处。

佑圣寺 位于永定门休闲广场内西侧，其原址在今南粉店胡同 2 号附近。建于明万历三十二年（1604），此地是明清两代皇帝祈雨时的必经之路，皇帝常在寺内歇脚。佑

重建的佑圣寺（2004 年）

圣寺原有三层大殿，并有佛像等文物。清光绪二十六年（1900）八国联军侵占北京时，佑圣寺被英国侵略军拆毁。2004 年在原址复建佑圣寺。2016 年 10 月，北京出版集团与西城区合作，在佑圣寺共同建设“十月文学院”总部基地，搭建了一个作家与读者开展交流活动的新平台，为首都文艺创作的繁荣和青年作家的培养提供了支撑与保障，为“书香西城”的建设增添了新的亮点。

观音寺 位于永定门休闲广场内西侧。观音寺原址在永定门内大街 7 号，建于明万历年间（1573—1620）。清咸丰十年（1860），观音寺因年久失修而败落，时有信徒出资金重修。寺内原有一口井，是当时僧人为树立功德，向口渴的过往行人布施茶水而开凿的。在 1949 年前这口井还存在，其位置在今光明里 9 号楼南侧，井的主人曾以卖水为生。1949 年后因通自来水而废弃。观音寺在 1958 年以后改为缝纫机零件厂，正殿、偏殿被永定门小学征用。寺内僧人有的回原籍，有的还俗参加工作。2004 年在原址复建。复建后的观音寺占地面积 4900 平方米，建筑面积 3300 平方米。

重建的观音寺（2004 年）

天桥 天桥在历史变迁中，多次改建，最终在 1934 年全部拆除。2013 年 12 月，京城中轴线上复建的天桥完工，从此结束了 80 余年“有名无桥”的历史，再现老北京的记忆。新复建的天桥在天桥原址设置平面地面标识，并在遗址立有黄铜制“大桥遗址”的铭牌；在天桥绿化隔离带北端是天桥历史文化景观公园。由于天桥遗址所在地是交通繁忙的十字路口，因此在复建时，位置向南偏移了 40 米。新复建的天桥位于前门大街与天桥南大街交会处，是一座汉白玉石拱桥。桥长 15.05 米，宽 9.8 米，高 3.3 米。此次与天桥同时亮相的还有天桥两侧的石碑。这两块石碑分别刻着《正阳桥疏渠记》和《帝都篇》《皇都篇》，原为清乾隆皇帝亲笔手书。《正阳桥疏渠记》记录了天桥南河道的环境综合治理工程，《帝都篇》《皇都篇》则是乾隆皇帝写给北京的赞美诗，描述了北京的地势、物产。石碑为 1.45 米见方的碑身，7 米高，四角攒尖式碑首，束腰须弥式底座，精美浮雕镶嵌其上。碑身表面，只见满文钩钩弯弯、细腻婉约，汉文齐整排开。天桥两旁的绿化带上种有龙爪槐、国槐等北京地方树种，形成中轴绿廊，延伸至永定门绿化景观公园。

清末民国初时期改建的天桥

重建的天桥（2013 年）

民俗文化

北京是北方曲艺活动中心，历史上享有名气的曲艺演出场所大都集中在天桥。天桥地区是北京民间曲艺、杂技等民俗文化的发源地和聚集地，发祥于明清时期，成熟于民国时期，是平民文化中心。天桥地区的曲艺来自五湖四海，经交流、磋商、提高、发展，日臻完善，是表演者通过说唱敷演故事和刻画人物形象，反映社会生活的表演艺术形式。天桥地区的杂技卖艺者数不胜数，这些形形色色的杂技艺人各有师承、各具特色，是天桥民俗文化的精华之一。被称为“北京民间艺术摇篮”的天桥，亦堪称杂技艺术的发祥地，口技、戏法、魔术表演中的一些独门绝技曾在天桥诞生；杂耍表演中的空竹、花盘、柔术和顶碗等根植于天桥，叶茂于天桥。“天桥中幡”“天桥摔跤”“北京皮影戏”“北京评书”被列入国家级非物质文化遗产保护项目，“北京琴书”被列入北京市非物质文化遗产保护项目，“天桥拉洋片”等12项被列入西城区（宣武区）非物质文化遗产保护项目。

经过长期努力，天桥街道建成北京市首个“优秀传统节日文化推广基地”，承办全国首届民俗文化与和谐社区建设高层论坛活动。中华人民共和国文化部授予天桥街道“中国民间文化艺术之乡”称号，中共中央宣传部等单位授予天桥街道“全国文化先进社区”称号。

天桥中幡（2008 年）

国家级非物质文化遗产

天桥中幡 是老天桥的传统绝技，其表演形式是表演者用手或身体其他部位触碰一根长约 11 米的幡旗，并始终做到幡不离身、竿不落地。幡是旗的一种，尺寸有大小之别。中幡是装饰华丽，既具有仪仗特色又用于比赛力量的一种旗帜。主竿是一根 10 多米长的粗竿，竿顶悬挂一面 0.5 米宽、5.5 米长的长条锦旗，也称标旗。旗的正面绣着“万寿无疆”之类的祝福语句和吉祥图案，反面有时会绣上表演团体的名称。

中幡起源于皇室仪仗队的旗杆，后演变成民间庙会中的表演节目。耍中幡、舞中幡是中国汉族民间传统杂技项目。民国时期，北京天桥中幡表演最为有名。中幡表演时，艺人将竹竿竖起，托在手中，舞出诸式花样，其表演动作样式各有形象的名称。将竿子抛起用脑门接住称为“霸王举鼎”，单腿支撑地面用单手托住竹竿称为“金鸡独立”，此外还有“龙抬头”“老虎撅尾”“封侯挂印”“苏秦背剑”“太公钓鱼”“擎天一柱”等26种样式。考究的中幡竿顶上还有一层乃至数层由彩釉、锦缎、响铃、小旗、流苏组成的圆形装饰物，称为璎珞宝盖，舞起来不仅五彩缤纷，而且发出悦耳的声音。中幡表演要求稳、准、快，手眼配合一致。在表演时，表演者用手掌、手背、肩膀、额头、下颚等部位分别完成举、顶、牙剑、脑剑、单山等动作，不断晃动、抛起、落下。中幡表演，以扔得高、立得稳为准则。表演者或顶幡上额，或伸臂托塔，惊险动作连连不断，但始终做到幡不离身、竿不落地。十余米高、几十斤重的中幡在表演者的手中、肩上、脑门、下巴、项背等处上下飞舞、交替腾挪。表演中，幡面彩绸迎风招展，幡顶铜铃叮咚作响。

20世纪50年代，天桥耍中幡由宝善林执掌，第三代传人陈金权、马贵保、付顺禄、徐茂等人在天桥跤场演练中幡，吸引了全国各地大批专业和业余高手前来切磋技艺。1985年北京地坛庙会恢复，天桥民俗文化艺术家付文刚应邀参加表演，在表演天桥中幡中崭露头角。2002年，“北京付氏天桥宝三民俗文化艺术团”正式成立。该艺术团受邀参加2008年北京奥运会、2009年中华人民共和国成立60周年庆典等多场重大活动，并多次出国表演。在几代人的努力下，天桥中幡成为老北京民俗文化的代表项目。

2006年5月20日，天桥中幡被国务院批准列入第一批国家级非物质文化遗产名录。

天桥摔跤 摔跤，是一种古老的重竞技项目，两人徒手相搏，按一定的规则，以各种技术、技巧和方法摔倒对手。被称为“京跤”的天桥摔跤，其艺术特色是在传统摔跤技艺的基础上发展成颇有“武相声”式的“艺术”跤。清康熙年间（1662—1722），天桥中幡、摔跤是“撂地”表演中最受游客欢迎的项目。天桥摔跤有各样的手法和门路，如推、挤、倾、轧、绊、背等，并有扫堂腿、鸳鸯绊、野马分鬃等路数。

自20世纪20年代以来，天桥摔跤先后出现过沈三（沈友三）、宝三（宝善林）、张狗子（张文山）等著名摔跤健将。摔跤作为一种体育竞技运动，是具有对抗性质的比赛项目，而天桥摔跤则是说说练练、虚实结合的表演赛，既有功夫，也有趣味，让人赏心悦目。天桥摔跤在民间广泛地开展起来，成为群众性的体育活动。

中华人民共和国成立后，宝三执掌天桥宝三跤场，天桥摔跤第二代传人陈金权、马贵宝、傅顺禄、徐茂等人个个身怀绝技，轮流上场献艺。宝善林则把单一摔跤表演逐渐演变成艺术摔跤形式，同时吸收了相声表演的艺术形式，摔跤表演翻打跌扑精彩激烈，解

天桥摔跤（2007 年）

连丽如在天桥艺术大厦表演北京评书（2016 年）

说语言丰富、滑稽幽默，吸引了大批观众，每天开场前座无虚席，人们争相观看。

2008 年，天桥摔跤被国务院列入第二批国家级非物质文化遗产名录。

北京评书 源于唐宋，兴于明清，流行于北京、天津、河北、辽宁、吉林、黑龙江等北方广大地区。宋代以后“说话”艺术的兴盛在一定程度上推动了长篇白话小说的形成，为北京评书的最终出现奠定了坚实的基础。

北京评书表演时由一人坐于桌后，以折扇和醒木为道具，利用语言、手势和表情等手段交代情节、刻画人物，还常借助口技模拟风、雨、炮等声响，以增强节奏，渲染气氛。评书在长期的发展过程中形成了一套独有的程序规范，表现出“豪”“紧”“动”“热”等艺术特色。它以“书梁子”“回目”“关子”“拔口”等组织结构，以“赋”“赞”等形式描人状物，恰切精当，层次井然。其演述充满口语色彩，风格豪放质朴、热烈明快，说来娓娓动听、引人入胜。北京评书的传统书目主要有《东汉演义》《西汉演义》《三国演义》《岳飞传》《三侠五义》等，这些作品在传播过程中起到了普及历史知识、彰显传统美德的教育功能，具有不可低估的文化价值。近现代北京评书在天桥地区茶馆里颇有影响力，著名演员有双厚坪、品正三、王杰魁、潘诚立、连阔如等。

2016 年 11 月 12 日，北京评书重回天桥。评书大师连丽如创办的宣南书馆正式迁入天桥艺术大厦，并进行首场演出。连丽如、王玥波等北京评书的连派传人接连上台表演，演出近 3 个小时。时隔 60 年，原汁原味的北京评书终于重返其发源地天桥。

2008 年 6 月，北京评书被国务院批准列入第二批国家级非物质文化遗产名录。

北京皮影戏 又称“皮影”“驴皮影”。北京皮影戏是中国西派皮影戏的一个分支流派，始形成于明正德年间（1506—1521）。北京皮影唱腔具有高亢与委婉相结合的特点。人物造型设计吸收了京剧脸谱、服饰特色，突出了人物的情感和神态的塑造。天桥北京皮影剧团前身为清嘉庆年间（1796—1820）皮影艺人路广才之曾孙路宗于光绪三十一年（1905）创建的“德顺皮影班”。北京皮影戏与天桥地区关系密切。

北京皮影戏

中华人民共和国成立后，皮影剧团、木偶剧团合并组建为北京宣武皮影木偶剧团。1953 年参加赴朝鲜慰问团，为中国人民志愿军演出。1955 年起长期在天桥演出，剧目有《打口袋》《大过会》《金钱豹》《哪吒闹海》《无底洞》《芭蕉扇》等。1964 年，排演现代戏《飞夺泸定桥》《奇袭奶头山》《智取威虎山》等。

2019 年 11 月，北京皮影剧团被公布为国家级非物质文化遗产代表性项目保护单位。

民间曲艺

相声 曲艺曲种之一，是以语言为主要表演手段的一种喜剧性曲艺艺术。天桥地区是相声艺术的摇篮，许多相声表演艺人继承相声艺术的传统，早年大都在此从事相声艺术表演实践，并形成了各自的艺术风格。

相声起源于周秦时期的俳优戏和唐代参军戏。明代以后，被称为“象声”的隔壁戏和说笑话，发展得非常普遍。此后，其内容也由模拟形态和声音逐步过渡到现代的“说、学、逗、唱”兼备的艺术。讽刺是其主要功能，既可鞭挞腐朽事物，又可讽刺落后现象，还能表现真、善、美的事物，具有干预生活、评议时政的传统。现代形式的相声形成于清乾隆年间（1736—1795）的北京、天津等地区。相声在形成的过程中，从口技、莲花落、把式（武术）、戏法儿、说书等艺术中广泛汲取营养并融汇了其他艺术之长，寓庄于谐，运用轻松诙谐的形式表现严肃主题。传统相声分单口、对口、群口三种表演形式。单口相声由一人表演；对口相声由两名演员表演，通常有“一头沉”（即以一人说为主，一人为辅）和“子母哏”（即以两人争辩为主要表现形式）两类；群口又称群活，由三人以上表演。

清代中叶，唱八角鼓的张三禄创造单口相声，在天桥“撂地”演出，表演“说、学、逗、唱”，其内容故事性强，语言和谐生动。张三禄不愿称自己的表演是八角鼓，而愿称之为相声，此说法逐渐被人们认可。自此，相声被确立为一种艺术形式。之后，朱绍文（艺名“穷不怕”）、阿彦涛、沈春和各自开辟了相声的一片天地，把相声艺术传承下去，并发扬光大，形成了相声界的三大派，即朱派、阿派、沈派。三大派中属朱派最为兴旺，影响颇深。20 世纪 50 年代初，由侯宝林等组织的“相声改进小组”在老舍、

20 世纪 50 年代，著名相声演员侯宝林（左）、郭启儒（右）表演现场

罗常培、吴晓铃的帮助下，对相声进行了革新整理，在改北京方言为普通话的同时，将内容不健康的段子及庸俗的表演也进行了革新，创造出以幽默多变、含蓄精练、朴实高尚、明快犀利为特色的新相声，使相声艺术格调得到显著提高。天桥艺人中现存传统相声段子作品1000多段。新相声除保留讽刺特点外，为适应时代发展要求，还创造出了一批歌颂新人新事的优秀作品，为百姓所喜闻乐见。1983年，相声登上了中央电视台春节联欢晚会，推动了天桥相声艺术再上新台阶。1995年北京相声大会落户天桥，2003年更名为德云社，为天桥地区相声艺术再创辉煌奠定了基础。

北京琴书 是流传于中国北方地区的汉族曲艺剧种之一，形成于20世纪40年代，是北京、天津、河北等地的大鼓曲种之一，以三弦、四胡、扬琴等乐器伴奏。唱腔借鉴京韵大鼓说唱转圜自然的风格技巧，旋律简洁，创造了多板式、不同节奏的唱法，形成生动活泼的艺术特点。

北京琴书形式是一人站唱，以左手敲击铁片，右手执鼓楗击扁鼓，伴奏乐器为扬琴和四胡。它是“说似唱、唱似说”，唱腔中夹用说白，突出表现北京土言土语，板式有快、慢、架、散，极大地丰富表演和演唱效果，深受大众喜爱，并且具有极高的学术价值和教育价值。

清代，北京琴书的前身——以三弦、四胡、扬琴等乐器伴奏的五音大鼓在河北安次县一带及北京郊区农村中开始流行开来。19世纪末，逐渐有职业五音大鼓艺人在北京、天津演唱。1930年，通县乐亭大鼓艺人翟青山等在广播电台播唱时，改三弦为扬琴伴

2006年，原中国曲艺家协会理事、北京曲艺家协会名誉主席关学曾（中）在天桥曲艺茶社成立仪式上说唱琴书

奏演唱，唱腔曲调与乐亭大鼓近似，被称为单琴大鼓。20 世纪 40 年代，关学曾和琴师吴长宝合作在天桥演唱。他们改用北京语音演唱，伴奏乐器除扬琴外，又增加了一把四胡，进一步改革和发展了这一曲种。中华人民共和国成立后，正式定名为北京琴书，唱词注重口语化，并加了四胡伴奏，板式用一板三眼、有疾有缓，宜于现实题材的叙事。演员关学曾和琴师吴长宝长期探索，进行艺术革新，唱腔借鉴京韵大鼓说唱转圜自然的风格技巧，创造了多板式不同节奏的唱法。

2007 年 6 月，北京琴书被列入北京市级非物质文化遗产名录。

天桥双簧 是由天桥“大狗熊”孙宝才创作的一种表演形式，始于清朝末年。它属于曲艺的一种，需两人默契配合。一人在前面表演动作，其自身需具备戏曲的身段，方能将一些男扮女的动作做到位；另一人在其身后或说或唱，嗓音一定要好，因为“撂地”表演时人多声音杂，需要有一副好嗓子才能把声音放出来。

1992 年，天桥地区恢复双簧表演艺术。主要演员有孙宝才、田学明等。这种扎根于老百姓生活的表演形式，深受观众喜爱。

2007 年，天桥双簧被列入宣武区非物质文化遗产名录。

鼓书 天桥艺人的鼓书在艺术形式上有渔鼓、大鼓、竹板等。渔鼓由一人说唱，伴奏的乐器是渔鼓。渔鼓是用二尺多长的毛竹筒制作而成，打通竹节，下端用皮子蒙住。用时鼓面朝下，竖着用左手抱在怀里，右手打击鼓面。大鼓种类很多，说长篇的主要用梨花大鼓、木板大鼓、西河大鼓等。演员用的是一个三脚架架起的、直径约一尺的扁形

“大狗熊”孙宝才（前右）与徒弟表演双簧（2004 年）

西河大鼓（2006 年）

鼓。演员一手执铁或铜的半月板，一手拿鼓箭子，演唱时自己击鼓、打板，另有三弦和四胡伴奏。西河大鼓演员马连登、马增芬父女，京韵大鼓演员良小楼，滑稽大鼓演员老倭瓜，梅花大鼓演员金万昌、花莲宝，奉调大鼓演员魏喜奎，乐亭大鼓演员王佩臣，山东大鼓演员李雪舫等著名鼓书艺人曾先后在天桥献艺。

单弦　曲艺曲种之一，又称“单弦牌子曲”，是一种曲牌联套体的演唱形式。原为八角鼓中的一种演唱形式，以一人操三弦自弹自唱而得名。起源于清乾隆年间（1736—1795），流行于北京、天津及东北各地。光绪六年（1880），旗籍子弟随缘乐（本名司瑞轩）自编曲词在茶馆里演唱，对原有内容和唱腔进行改革，遂形成独立的曲种。单弦除自弹自唱形式外，还有一人站唱的演唱形式，以敲击八角鼓为节拍，另一人用三弦伴奏，称“双头人”。后又创出“单弦联唱”的演唱形式。单弦表演常在曲头、岔尾之间缀以数唱和若干曲牌。单弦曲牌众多，曲调丰富，常见的曲牌有“太平年”“云苏调”“南城调”“怯快书”等。初期单弦的曲目多为长篇大书，后逐渐改为短篇。天桥艺人创作的《穷大奶奶逛万寿寺》《青草茶馆》等，系前期反映北京社会生活的曲目。传统曲目多由《三国演义》《水浒》《红楼梦》《西游记》《聊斋志异》《今古奇观》等古典名著改编而来，如《凤仪亭》《翠屏山》《高老庄》《黛玉葬花》《杜十娘》等。旧时，天桥是单弦艺人的主要献艺地之一，自随缘乐后，常在天桥演出的名家有德寿山、全月如、荣剑尘、谭凤元、谢芮芝、常澍田、曹宝禄等。他们演唱形式各异，形成不同的单弦流派，推动了单弦艺术的发展。

20世纪50年代，单弦演员曹宝禄（左）表演现场

民俗表演

天桥穆派戏法 戏法出现在中国汉朝，距今已有两千多年的历史。清末民国初，穆文庆创立“穆派戏法”在天桥“撂地”表演。“穆派戏法”主要内容包括古彩戏法、罗圈献彩、吞宝剑、吞铁球、仙人摘豆、九连环。而且变出来这些东西还要再变回去，叫作“回托”。清末民国初，天桥西市场发展很快，先后出现了许多戏园书场，还有很多“撂地”表演，天桥穆派戏法也有一席之地。

20 世纪初，大部分戏法艺人参加“义和堂”（戏法魔术行的一个民间组织），他们主要表演传统戏法。穆文庆和日本的魔术师切磋技艺，取长补短，并将日本的一些魔术手法融入戏法带回国内，形成“天一”派，“天一”的名字也就由此而来。此后，穆文庆在天桥、东安市场及各地的演出红火，一些爱好戏法的年轻人纷纷拜师学艺，于是就有了穆派的传人，当时称为“小天一”，主要有徐剑秋、杨小亭、杨发卿、陈亚南、陈亚华、万子信等。

中华人民共和国成立后，中国的戏法、西洋的魔术在穆派的门内又有了更大的发展，两种技艺互相学习，取其精华，逐渐创出穆派的一些看家绝活和绝技，在长期的表

天桥穆派戏法“仙人摘豆”（2010 年）

老天桥绝活“赛活驴”（2018 年）

演中，得到广泛传播。穆派戏法“大天一”主要有“二十四孝”（24种表演形式），即旱地拔葱、仙人摘豆、倒包子、空碗变酒、一粒入地、万粒归仓、栽种、空碗变鱼、饮不尽的水、变鸡蛋、变雏鸡、变蛇、变青蛙、罗圈献彩、九连环、线棒子、炒米、吞宝剑、吞铁球、古彩戏法、七星子、三件子、垛葫芦、七星杯。

2007年，天桥穆派戏法被列入宣武区非物质文化遗产名录。

天桥“赛活驴” “赛活驴”作为一种集曲艺、杂技、舞蹈于一身的表演项目，在20世纪30年代轰动一时。它是关德俊夫妇独有的表演项目。技艺危险性较强、难度较大。关德俊被誉为第三代“天桥八大怪”之一，他靠自己制作的一副驴形道具，在天桥“撂地”表演各种驴的动作，如“驴子撒欢儿”“驴尥蹶子”等。表演时，他的妻子乔金凤化装骑在驴背上，手打一副三寸长、一寸宽的竹板唱莲花落，引得观众纷纷喝彩。因关德俊把毛驴表演得活灵活现，如同真的一般，故取艺名为“赛活驴”。关德俊与其妻子因表演“赛活驴”在京城名声大作，一举成名，被传为佳话。1992年，北京民俗艺术团成立，田学明在团里学习并熟练掌握“赛活驴”表演中的各个动作技巧后开始上台演出。2001年，在宣武区文化委员会的支持下，北京学明艺术团传承并发展了这项艺术项目。

2007年，天桥“赛活驴”被列入宣武区非物质文化遗产名录。

老北京叫卖 也称为“吆喝”，是天桥“撂地”表演的一种民俗文化。声音中带有一定的韵律和别有情感的叫卖调，从语言、内容和所反映的民俗风情来看，具有强烈的京味特征。旧时有钱的人家很少有人走出去买东西，并且女人都讲究“大门不出、二门不迈”。这就促使小商小贩到胡同里吆喝卖东西。“香菜辣青椒，沟葱嫩芹菜来，扁豆茄子黄瓜、架冬瓜，买大海茄、萝卜、胡萝卜、卞萝卜、嫩芽的香椿，蒜来好韭菜呀。”一字一词都有韵有辙，字正腔圆，悠扬悦耳。只要听到这种吆喝，大家就知道卖菜的来

老北京叫卖（2004年）

街头的拉洋片流动摊位（2004年）

了，纷纷出门买菜。1992 年，田学明在天桥乐茶园（现德云社）演出，为了把老北京叫卖这种濒临灭绝的艺术形式拾起来，下了很大功夫。由于条件有限，没有录音设备，田学明只能一一向老一辈人请教、学习各种形式的吆喝。通过日积月累地挖掘，大部分老北京叫卖得到了恢复。从此，老北京叫卖艺术团成为学明艺术团的一个组成部分。2004 年，厂甸庙会恢复，光叫卖就有 29 个行当，使老北京叫卖声又重新原汁原味地展现出来。

2007 年，老北京叫卖被列入宣武区非物质文化遗产名录。

天桥“拉洋片” 拉洋片是北京地区民间传统艺术之一，也是天桥文化的重要组成部分。拉洋片是京城旧时的俗名，也称“西洋景”“拉大画”“拉大片”，是天桥“撂地”表演的一种民间曲艺形式，起源于清同治年间（1862—1874）。表演者通常为 1 人。使用道具为四周安装有镜头的木箱。箱内装备数张图片，并使用灯具照明。表演时表演者在箱外拉动拉绳，使图片卷动。观者通过镜头观察到画面的变化。通常内置的图片是完整的故事或者相关的内容。表演者同时配以演唱，解释图片的内容。拉洋片也有叫“西湖景”的。箱内装有 8 张以“西湖十景”或历史、民间故事为题材的画面，演员用绳索上下拉动替换。木箱旁装有用绳牵动的锣、鼓、钹 3 件打击乐器，演员每唱完一段唱词后，都以打击乐器伴奏。自清末民国初始，天桥等集市上均能见到拉洋片的表演。随着时代的变迁，画面的内容多有更换，题材更为广泛。20 世纪 30 年代，北京拉洋片的演员最有名望的是天桥地区的焦金池（艺名“大金牙”），是当时天桥地区“八大怪”之一。因他面部表情丰富，眼神、口型、形体动作都很滑稽，被称为“形象怪”；因他的讽刺唱词非常幽默，唱腔的腔调高低变化较大，同时带有浓厚的乡音，又被称为“声音怪”，招引观众喝彩叫绝。此后，拉洋片除原有的形式外，也时以单纯的演唱形式出现在观众面前。后有“大金牙”之徒罗沛霖（艺名“小金牙”），其演唱亦深受广大观众欢迎。

2007 年，天桥拉洋片被列入宣武区非物质文化遗产名录。

天桥盘杠 盘龙杠子简称“盘杠”，起源于汉朝，名为缘橦技。这

天桥盘杠（2010 年）

是一项古老的传统民间艺术项目，是老北京文化尤其是老天桥文化的精华部分。盘杠所用的杠为木制，制作工艺精湛，造型美观。杠上图形有盘龙和百鸟朝凤，讲究雕刻之美。盘杠中所表演的动作，综合起来共有108种动作（后发展到200多种动作），每种动作都具有惊、险、奇、特、绝的特点。

2009年，天桥盘杠被列入宣武区非物质文化遗产名录。

爬竿 爬竿起源很早，爬竿技艺一直流传在民间。老北京天桥的于正明练就爬竿绝活，"爬竿于"叫响天桥，其创演了双爬竿、飞跃过竿、过竿穿跳、云里翻过竿等动作，这些技巧将爬竿技艺推向了一个新的高度。

于正明爬竿（20世纪50年代）

2009年，爬竿被列入宣武区非物质文化遗产名录。

踢花毽 是中国独有的一项历史悠久、流传广泛的民族体育运动，也是一种优美的艺术表演项目。在北京，踢毽子起源于汉代，盛行于南北朝、隋、唐时期。至清末，京城踢花毽达到鼎盛。北京使用的毽子羽毛短小而少，毽托重量较沉。踢法特点是刚劲有力，动作要求脆快，掌握起来较难。天桥地区踢毽子运动，除了盘踢、磕踢、拐踢、绷踢这四种基本踢法外，还创造了许多花样踢法，使踢毽子运动成为一种优美的技巧运动。

宋惠玲踢毽子（20世纪50年代）

2009年，踢花毽被列入宣武区非物质文化遗产名录。

天桥杂耍 北京的历史上，在天桥地区卖艺的杂技民间艺人数不胜数，这些形形色色的艺人各有师承、各具特色，逐渐形成了天桥地区的民俗文化精彩传统，留下了宝贵的人文资源。天桥被人们称为“北京民间艺术的摇篮”，是杂技的发祥地。天桥市场的杂耍表演是一大特色，不但项目繁多，而且技艺高超。其中空竹、花盘、柔术和顶碗等就是在老天桥发展起来的。

天桥杂耍（2004 年）

2009 年，天桥杂耍被列入宣武区非物质文化遗产名录。

彩蛋绘制 中国彩蛋绘制技艺是融绘画、书法、刺绣、手工艺等多种艺术于一体的手工艺术品。它是在鸡、鸭、鹅以及蛇、鸽、鸵鸟等的蛋壳上进行彩绘的工艺画。最早的记载可追溯至战国时期。明清时期，彩蛋绘制在北京开始流行，北京的彩蛋上不光有民族传统技法，还出现了西洋画的技巧。到了清末民国初，彩蛋绘制技法已经十分成熟了。中华人民共和国成立后，天津的赵国良又在彩蛋绘制中融入了杨柳青年画的吉祥图案。天桥彩蛋绘制始于 20 世纪 50 年代，由赵国良的女儿赵伟将其发扬光大。彩蛋的加工制作，要经过挑选、抽空、清洗、风干、堵洞、配座、切割、绘制、题款、罩光、包装等工序。从工艺上看，有雕花式彩蛋、镂雕式彩蛋、刮刻式彩蛋、刺绣彩蛋等。其中尤以刺绣彩蛋最为精湛。

2009 年，彩蛋绘制被列入宣武区非物质文化遗产名录。

彩蛋绘制艺术作品（2009 年）

毛猴 发源于清同治年间（1862—1874）的北京南城庆仁堂中药店，由王子丰首创。王子丰早年在千芝堂中药店做学徒，在学制药的同时研究制作毛猴。制作毛猴的原料主要是四味中药：蝉蜕、辛夷、木通、白及。蝉蜕是制作毛猴的主要材料。蝉蜕的头用来做毛猴的头，前爪做毛猴的下肢，后爪做毛猴的上肢。木通切成片做毛猴的草帽。白及起到的是黏结的作用，将其煮成粥状，用来粘毛猴。在老北京的庙会上，“买猴料，粘毛猴”曾是必有的一景。

民间毛猴制作人朱大中历时10个月创作出“毛猴版”老天桥。他打造的这个“老天桥”，浓缩在长70厘米、宽30厘米的场景中，里面包含了电影、照相、杂耍、戏曲、曲艺、气功、戏法、摊贩等20余项曾活跃于天桥一带的市井文化。

2009年，毛猴被列入宣武区非物质文化遗产名录。

口技 行话叫“暗春”，是一种以口腔发音来模仿鸟、兽、虫或器械等声音的表演艺术。天桥地区的代表人物有“百鸟张”“人人乐”等。“百鸟张”本名张昆山，是清光绪末年的口技艺人，他善用唇、齿、喉、舌与鼻腔，通过腹腔的共鸣，模仿各种鸣禽发声，所模仿的鸟鸣不下二三十种。其间巧妙连接，听众犹如身临其境。

口技分南派、北派。有一种说法叫“南孙周，北二成”。“孙周”指的是孙泰和周志成，“二成”指的是成连玉和成连贵。南北两派区别不大，南派口技以专长模仿小鸟叫声居多，北派口技以专长模仿大鸟叫声为多。成氏一门的口技绝活起自天桥老艺人成月川。成氏的第二代传人，是中国杂技团成氏五兄妹中的成连玉和成连贵，有口技的北派大师美誉，是中国杂技团第一批口技演员。成氏五兄妹是20世纪50年代至60年代天桥地区有名的杂技演员，以擅长口技、魔术、耍坛子、小武术、狮子舞等多门技艺在当时的北京名噪一时。

2013年，口技艺术家牛玉亮在天桥剧场演出

2013年10月28日，天桥剧场的一场口技专场演出吸引不少观众，国家级非物质文化遗产口技传承人牛玉亮携弟子冀勇、佐思、赵广镇等人上演了全新编排创作的8个节目，观众大饱眼福、耳福。牛玉亮经过60多年继承创新，形成自己独特的表演艺术风格。在口技专场中，他和弟子将

天桥老艺人后代表演抖空竹（2014 年）

赵柏贞表演舞叉（2014 年）

口技与诗歌结合，创作《念奴娇·赤壁怀古》；与马头琴结合，创作《草原情》；与沙画结合，推出“口技作品演绎画中景色”的全新表演形式。

抖空竹　空竹是北京的民间玩具之一。清光绪年间（1875—1908），一名叫德子的人，因生活困难，来到天桥市场“撂地”表演抖空竹。为了满足广大观众需要，他研究出很多新的招数。人们因而称他“空竹德子”。据说单头空竹就是他的创造。后来天桥又有一名叫常立全的艺人，不仅抖空竹，还将此技巧发展为抖嘟噜（即长脖大肚的黑陶盛酒容器）、抖壶盖等。

舞叉　是中国民间的传统节目。过去在北京走会队伍前面大多数都有舞叉的，起开道作用，故北京人又把舞叉叫作“开路”。20 世纪 30 年代至 40 年代，天桥市场舞叉花样最多的要数贾俊川，人称“飞叉贾俊川”。

“撂地”表演　2005 年大年初一至初二，天桥街道民俗艺术团在厂甸庙会“撂地”，由“天桥把式”马贵宝和沙广森连说带练展示天桥绝活，吸引了众多游客。老天桥的摔跤表演现场，摔跤手们在寒冬时节赤膊上阵，马贵保边说边教还兼任裁判，将旧天桥跤场景象形象地展示在众人面前，掌声、笑声、叫好声不断。有“叫卖真人”之称的张振元，将家中的宝物——十几件老北京叫卖用的响器展示出来，介绍一件吆喝一段。刚从北京人民大会堂参加民俗文化展示活动回来的空竹艺人王丽云和儿子朱志刚同台献艺，表演抖空竹，各种惊险绝活动作不断。天桥艺人于建表演驯小狗，小狗憨态可掬、滑稽搞笑，深得小朋友喜爱。天桥“飞叉赵”第三代传人赵柏贞表演飞叉，动作干净利落，不落俗套。两天时间，天桥街道民俗艺术团共演出 10 场，观众近万人次。

演艺社团

北京付氏天桥宝三民俗文化艺术团 成立于1985年，原名北京天桥老艺人演出团，是全国唯一一家民营专业民俗文化团体，2000年更名为北京付氏天桥宝三民俗文化艺术团。艺术团演出内容丰富多彩，真正再现了“原汁原味”的老天桥艺术，其演出形式体现出“惊险奇特、滑稽幽默”的特点，并将中华民族传统艺术“天桥中幡”及“天桥摔跤”成功申请为国家级非物质遗产保护项目，被评为“北京市优秀品牌团队”。

北京学明艺术团 成立于2000年5月，驻地禄长街甲头条2号。是北京第一家民营专业文艺团体，其宗旨是弘扬民族文化，挖掘整理传统民族民间艺术。演员来自全国各地，平均年龄20岁。该团曾多次随国家、北京市、宣武区代表团出访演出，多次参加中央电视台、北京电视台的节目录制。艺术团演出节目内容丰富，包含京剧、传统南北狮、歌舞、魔术、杂技、天桥绝活、硬气功、“赛活驴”、双簧、古彩戏法、老北京叫卖、中国功夫等。

天桥街道评剧团 成立于2002年，驻地北纬路9号。团员50余人，包括社会活动

北京付氏天桥宝三民俗文化艺术团表演天桥中幡（2009年）

北京学明艺术团表演魔术舞台话剧《平升三级》（2010年）

天桥评剧团演出评剧《啼血杜鹃》（2005 年）

家、退休干部、军人、工人、国家专业演出团体退休演员、私人企业家、下岗职工、社区居民，行当包括生、旦、净、丑。剧团成立以来，在宣武区文化委员会的指导和天桥街道党工委办事处的领导下，着眼于满足百姓需求，扎根社区，不断锐意进取，开拓创新，连续 10 年举办周末、月末演出。创编的《咱老百姓》等现代评剧和《花为媒》《刘巧儿》《杨三姐告状》《秦香莲》等传统戏，深受广大观众喜爱。

天桥曲艺茶社 成立于 2006 年，坐落在天桥街道社区服务中心三层，由天桥街道投资 10 万元与北京曲艺家协会联合组建，目的是搭建鼓曲非物质文化遗产保护平台，使天桥真正成为北京的鼓曲表演传播基地和人才培养基地。曲艺茶社经常举办名家传艺示范讲座、票友交流活动和经典曲目展演，并在北京新世纪小学开设北京琴书和相声培训班。2009 年，被北京市教委命名为中小学生社会大课基地，成为北京中小学生社会大课基地中唯一传承曲艺类、民俗文化类的公益免费社会组织。中国曲艺家协会主席刘兰芳、姜昆，北京曲艺家协会主席李金斗多次到天桥曲艺茶社参加活动。

琴书泰斗关学曾弟子王树才表演北京琴书（2009 年）

吴家班天桥女子绝活艺术团 成立于2007年，由老天桥绝技艺人吴长印之子吴松友创立，旨在弘扬天桥传统文化，保护非物质文化遗产。驻地禄长街甲头条2号。十几年来多次参加中央电视台、北京电视台节目录制和大型活动演出，并代表中国民间文化团体两次出访日本。该团主要有丹田吸碗、大刀剁腹、踩钢刀、手捋宝剑、卧叉旋转、耳朵提水、口吞宝剑、变脸、高车踢碗、凳大缸、转盘等节目。

金玲艺术团 成立于2007年，驻地禄长街甲头条2号。在杂技理论家傅起凤、魔术大师傅腾龙、天桥杂技世家"大刀张"传人张少杰、成氏五兄妹之一成连贯以及一大批老一辈杂技艺术家的大力支持下，逐步建立了编、创、教学、制作、演出策划一整套完善的文化产业体系。该团于2009年创作的《城南旧事忆天桥》系列节目，陆续在前门大栅栏商业街的广德楼戏院和朝阳区文化馆举办的系列周末专场晚会活动上演出，为北京市民和游客带来纯正的老北京文化享受。

演艺剧场

天桥杂技剧场 位于天桥市场95号，为杂技专用演出场所，原为天桥公平市场内的茶棚摊。1931年，玉英山筹建创立万盛轩剧场，专演评剧。花淑兰、李文舫、曹芙蓉、曹金福、新凤霞、赵丽蓉、王度芳、邢韶英等著名评剧演员曾先后在此演出。1949年后，新凤霞主演的《刘巧儿》在此首演。文学艺术界的老舍、赵树理、欧阳予倩、周扬、洪深、郑振铎、吴组缃、侯仁之、叶盛掌、叶盛兰、梁益鸣等先后到万盛轩剧场观看演出。北京实验评剧团长期在此演出。1964年剧场改建后，可容纳观众950人。1965年春改称万胜剧场，老舍为剧场书写牌匾，郭沫若题字祝贺。1978年至1980年再次扩建，在原建筑基础上增加二楼观众厅，总容纳观众达1100多人，陆续接待北京及外省市的京剧、河北梆子、评剧、河北丝弦、歌舞等文艺团体的演出。1997年翻建，成为北京杂技团的专用演出场所。建筑面积1250平方米，舞台深14.7米、宽16米、高8米。后台化妆室120

天桥杂技剧场外貌（2018 年）

德云社戏台（2009 年）

平方米。观众厅设软席沙发座椅 285 个，二楼有 5 间老式包厢，每间包厢设 5 个座席，构成适合杂技观演的“大舞台、近观赏”的独特效果。2004 年，改名天桥杂技剧场。

德云社剧场 位于北纬路甲 1 号，全称北京德云社文化传播有限公司德云社剧场，是以弘扬民族文化、培养曲艺人才、服务大众为主旨的曲艺演出团体。1995 年，相声演员郭德纲创建北京相声大会，后改名德云社。剧场为 1931 年建设的单体全木质结构建筑，时名天乐戏院。1977 年，天乐戏院翻建后改名天桥礼堂。1981 年，改为天桥文化站。1993 年后，改为天桥乐茶园，总建筑面积 1016.4 平方米，其中礼堂 622.8 平方米、地下室 205 平方米、包厢 188.6 平方米，可同时接待 261 名观众。20 世纪 70 年代进行舞台朝向及部分内装改造，80 年代进行内装修，加建包厢及灯光等设施，剧场主体建筑结构基本保持 1931 年原样。德云社以演绎传统相声、鼓曲等曲艺类节目为主。德云社剧场年平均演出 416 场，观众近 10 万人次。

天桥剧场 位于北纬路 30 号，始建于 1953 年，是中华人民共和国成立后第一家大型剧院，为中央芭蕾舞团专用剧场。1955 年起，天桥剧场成为重要的经典歌舞剧演出、国际文化交流项目展示场所。“文化大革命”期间，天桥剧场成为样板戏演出的专用剧场。改革开放后，天桥剧场迎来了舞台演出与文化交流的又一个春天，成为中国改革开放进程在舞台演出上的缩影。1991 年，国家投入巨资，在原址上重新翻建天桥剧场，2001 年竣工。场所建筑面积 22261.13 平方米，为专业演出芭蕾舞、歌剧、交响乐的剧场。剧场自东向西分为文化广场、大堂、观众厅、舞台及演员公寓 5 个部分。观众厅分为3层，共设1215个软席座椅。一层设座席719个；二层为露台包厢席，设包厢9个、座席159个；三层设座席337个。

天桥剧场自开业以来，国内近200个艺术团体及国际上60多个国家近百个艺术团先后到剧场演出。以演出歌剧、芭蕾舞剧、歌舞为主要内容，还有各剧种剧目演出。截至2019年，共演出7600余场，吸引中外观众和嘉宾840余万人次。宾客中，有党和国家领导人及一些国家元首，还有国内外各界、各阶层知名人士。

梨园剧场 位于永安路175号前门饭店内，是1990年北京前门饭店和北京京剧院联合开办的京剧演出剧场，舞台高6米、长12米、宽6米。两侧有戏剧家翁偶虹、书法家刘炳森书写的对联；观众席周围有8个大型京剧脸谱和14出戏目的京剧人物彩绘屏风，设3个票区共800个席位，与传统老戏园习俗相近，观众可在欣赏戏曲表演的同时品尝到各种小吃和名茶。展示厅内有京剧艺术200余年发展史的陈列。展卖厅内可选购京剧工艺品和纪念品，并可着戏服，勾画脸谱摄影留念。剧场的主要观众为外国旅游者，剧目以折子戏为主。

梨园剧场是北京旅游的一张名片，是到北京旅游不容错过的特色项目。十余年来，梨园剧场共演出3800余场，上百万人次的观众在此留下足迹，包括韩国前总统金大中、日本前首相海部俊树、爱沙尼亚总统伦纳特·梅里等外国政要。

1998年起，梨园剧场7次获北京旅游紫禁杯“最佳晚间活动”殊荣。

天桥剧场（2018年）

梨园剧场（2016年）

民俗节庆活动

2005年至2019年，天桥街道举办“天桥民俗文化节”等节庆活动，以“品味非遗，乐在天桥”为主题，开展内容为“展天桥绝技、尝天桥小吃、忆天桥往事、赛‘天桥杯’鼓曲、赏传统曲艺杂技、拜老艺人为师、露手工艺绝活、议天桥未来”的各项活动。

鼓曲是天桥民间艺术的主要表现形式之一。清朝末年，一批大鼓、单弦艺人来到天桥，在一些书茶馆、落子馆演出。据统计，当时天桥地区为鼓曲演出提供场地的书茶馆、落子馆多达50余家。先后涌现出京韵大鼓创始人刘宝全、北京琴书泰斗关学曾、西河大鼓马派创始人马连登父女、奉调大鼓演员魏喜奎等一批鼓曲艺术大师。2000年后，天桥街道组织力量挖掘、整理民间鼓曲文化，历经多年努力，终于让鼓曲艺术重现天桥舞台。

“猜灯谜”又叫“打灯谜”，是北京历史上最早的灯谜活动，起源于天桥地区鹞儿胡同的“北平射虎社”，至今已有百年历史。灯谜活动的传承开展，丰富了天桥民俗文化的内涵，彰显了天桥特色文化的魅力。

舞狮表演（2007 年）

民俗文化节

2005 年开始，天桥街道经过挖掘、整理当地民俗文化，在国庆节前后举办天桥民俗文化节，吸引社会各界人士广泛参与，传播优秀民俗文化。至 2019 年共举办 9 届，成为天桥地区文化品牌项目。

首届天桥民俗文化节　2005 年 9 月至 10 月，天桥街道在天桥盛金商城广场举办首届天桥民俗文化节。以“忆老天桥往事、寻老天桥遗迹、听老天桥鼓曲、展老天桥绝技、拜老艺人为师、看老艺人评戏”为主题，开办忆老天桥往事系列讲座；在盛金商城广场举办老天桥民间绝技绝活表演，老艺人评剧团演出评剧；在香厂路小学举办天桥空

2007 年，第二届天桥民俗文化节

竹老艺人王丽云收徒（弟）仪式；在开展保持共产党员先进性教育活动期间，天桥老艺人评剧团创编评剧联唱《我是共产党员》。连续 2 个月露天展演天桥绝活绝技，观众达 3 万余人次。一些“老北京”从四面八方赶来，直呼“老天桥又回来了”。

第二届天桥民俗文化节 2007 年 9 月，举办第二届天桥民俗文化节。文化节以“新天桥，老民俗”为主题，开展系列活动。票友冒雨演唱评剧《天河配》，河北农村狮子队专程到此表演绝活，高跷队表演鹞子翻身，赢得观众阵阵掌声。

第三届天桥民俗文化节 2009 年，举办第三届天桥民俗文化节。在文化节优秀节目表演现场，天坛歌手张文友，街舞寿星武英，评书才俊王玥波，青年相声演员李然、甄奇，“天桥杯”鼓曲擂台赛金奖获得者、河南坠子青年演员杨娇等，为天桥百姓献上了精彩节目，他们成为发展和丰富天桥民俗文化内涵的文化新星，“雅俗共赏，社区互动，居民参与，其乐融融”成为天桥民俗文化节的亮点。

第四届天桥民俗文化节 2010 年，举办第四届天桥民俗文化节。为期 1 周的文化节以“融合、传承、超越”为主题，开展丰富多彩的群众文化活动。在天桥剧场举办以天桥民俗节目、时尚精品节目、群众文化节目为主要内容的大型开幕式，包括杂技、绝活、芭蕾舞、器乐合奏、耍中幡、相声、鼓曲等。邀请市区有关领导、专家学者、天桥名人之后、天桥老艺人等参加开幕式。8 个社区居委会以“我的社区我的家”为主题开展多项文化活动。组织居民观看天桥老电影、天桥杂技，同时邀请天桥老艺人、社区居民召开“回忆老天桥、畅谈新天桥”座谈会。举办“展天桥绝技，亮‘八大怪’绝活”天桥传统节目专场演出。文化节期间，北京杂技团为辖区居民表演杂技节目，天桥曲艺茶社、天桥评剧团进行专场演出。

第五届天桥民俗文化节 2011 年 11 月 11 日，在第五届天桥民俗文化节开幕式上，天桥街道办事处为“天桥宝三”弟子马贵宝、著名天桥杂技老艺人金业勤、空竹老艺人王丽云、古彩戏法老艺人“小荷花”班秀兰等北京市近百位老艺人及传人颁发“弘扬天桥民俗文化特殊贡献奖”。国家级非物质文化遗产项目天桥摔跤传承人付文刚作为领奖代表发言：“我们一定珍惜这份荣誉，继续为天桥演艺园区发展建设尽最大的努力，使老天桥焕发新的青春。”

第六届天桥民俗文化节 2015 年 9 月 28 日，天桥街头艺术专场活动暨第六届天桥民俗文化节在天桥剧场门前广场拉开帷幕。此次活动不仅有天桥中幡、天桥气功、天桥杂耍、古彩戏法等民俗传统艺术表演，还邀请乌克兰舞蹈家、韩国在京留学生进行富有异国风情的街头舞蹈和器乐表演。活动由展示、展演和达人秀三部分组成，每个部分划分单独区域进行集中表演，涵盖了非物质文化遗产项目展示、时尚街头艺术人物展示、传统艺术及国外特色艺术展演、民间绝技表演达人秀等，体现了天桥街头传统文化与现代流行、国际多元化的街头艺术表演形式相结合。

周仁喜表演顶坛子（2014 年）

第七届天桥民俗文化节 2017 年 9 月 20 日至 22 日，为期 3 天的第七届天桥民俗文化节在天桥斜街南口广场开幕。此次文化节秉承“精、绝、俗、新”的宗旨，以精彩纷呈的民俗展演、富有天桥特色的技艺绝活、丰

育才学校学生参观天桥印象博物馆，体验老北京传统叫卖（2018 年）

富多彩的群众文化活动，集中展现近年来民俗文化继承和创新的优秀成果。其间天桥街道办事处在北京东方饭店举办天桥民俗文化创新发展座谈会，邀请社会各界民俗艺术专家学者 40 余名，围绕《北京市“十三五”时期加强全国文化中心建设规划》，展望未来 3 年的发展建设，以权威专业、严肃认真的学术态度进一步挖掘天桥民俗文化精髓，提升天桥文化品质。

第八届天桥民俗文化节 2018 年 10 月 22 日至 26 日，举办第八届天桥民俗文化节。开幕式在天桥市民文化广场举行，有老天桥绝活表演、街道文体团队展演等。其间举办相声、鼓曲等专场演出 6 场。闭幕式暨天桥民俗文化研讨会在天桥印象博物馆举行，30 余名专家、学者对天桥民俗文化深入探讨，为传承天桥文化精神建言献策。

第九届天桥民俗文化节 2019 年 10 月 22 日，“品天桥文化、享民俗盛宴”——第九届天桥民俗文化节在天桥艺术中心开幕。此次文化节历时 4 天，内容包括惠民演出、“非遗”体验、文化市集、天桥绝活等系列文化体验活动，展示天桥民俗文化。10 月 25 日上午，闭幕式以“百花齐放、推陈出新”为主题，邀请首届天桥杯文艺大赛的获奖队伍进行惠民展演。来自 8 个社区的群众文艺团体为居民献上了精彩节目，天桥街道诗社、天桥街道太极队、天桥街道舞蹈队、天桥街道老男孩合唱队等团体登场表演。

鼓曲赛

首届鼓曲赛 2004年，举办首届“天桥杯”社区鼓曲票友邀请赛，受到广大北京票友热烈欢迎。此次参赛的40余名选手来自北京市10个区县，他们当中年龄最大的85岁，最小的12岁。比赛最终评选鼓曲名票8名，优秀奖（集体）2个，新苗奖1个和热心奉献奖1个。此次比赛曲种包括京韵大鼓、梅花大鼓、西河大鼓、单弦、京东大鼓、北京琴书、什不闲、河南坠子、天津时调等多种演唱形式。担任比赛评委的有北京曲艺家协会副主席汪保琪、中央人民广播电台说唱团国家一级演员赵玉明、北京曲剧团国家一级演员孙砚琴及北京曲艺家协会副主席、北京曲艺团常务副团长种玉杰，评判长为北京曲艺家协会秘书长贾德丰。

第二届鼓曲赛 2005年，举办第二届“天桥杯”社区鼓曲邀请赛，邻近省市票友积极参与。担任本届评委的有北京群众艺术馆贾乃鼎，著名单弦表演艺术家赵玉明，北京歌舞剧院有限责任公司副总经理、京韵大鼓表演艺术家种玉杰，著名节目主持人曲艺作家崔琦，北京曲艺家协会副主席小品表演艺术家李绪良，北京曲艺家协会副主席和秘书长贾德丰。共有11个区县和北京残疾人艺术团选送的30名选手、13个曲种参加决赛，其中天津、唐山、沧州、保定等城市选送了10名选手参加决赛。选手中年龄最大的74岁，最小的13岁，共评出金奖9名、银奖9名、铜奖7名。

第三届鼓曲赛 2006年，举办第三届“天桥杯”北方五省市（山西、河南、河北、天津、北京）鼓曲邀请赛。北京赛区和北方赛区共85名选手参赛，表演70个节目。选手包括学生、工人、农民和记者等。《风雨归舟》《花唱绕口令》《赵云截江》等传统名段以及《歌颂奥运五福娃》《常回家看看》《歌颂新密云》《文明社区好》《江姐》等新段子均在赛场上大放异彩，其中新创作编写的作品占全部参赛节目半数以上。李金斗、赵玉明、李丹书、马玉萍、贾德丰、李绪良、张蕴华、种玉杰等曲艺名流担任评委。“天桥杯”的影响力通过北方赛区的比赛，扩大到全国。

第四届鼓曲赛 2007 年，举办第四届“天桥杯”京津冀少年鼓曲邀请赛。北京市 18 个区县 30 多所中小学校、少年宫的中小学生以及来自天津、河北的选手共 230 人报名参赛，包括鼓曲、相声、快板、快书、评书、山东快书等多种曲艺形式，决出金奖 14 名、银奖 20 名、铜奖 16 名。李金斗、梁厚民、李增瑞、宋德全、李绪良、赵玉明、种玉杰、李立山等曲艺名家，天津市文联副秘书长、剧作家王永良，河北省文联副秘书长、曲艺作家陈小平等担任评委。

第五届鼓曲赛 自 2009 年 6 月 19 日起，第五届“大桥杯”北京鼓曲擂台赛，每周日在天桥曲艺茶社举行，历经 3 个月，来自河北、天津、湖北等各省市的上百名鼓曲演员、票友和爱好者积极报名参赛。赛事共设 20 场初赛、复赛，44 名选手进入决赛，决出金奖 16 名、银奖 20 名、铜奖 8 名。参赛曲种包括京韵大鼓、北京琴书、京东大鼓、单弦、西河大鼓、梅花大鼓、河南坠子、乐亭大鼓、铁板大鼓、岔曲和苏州评弹等。选手中年龄最大的 78 岁，最小的 10 岁。在评委的设置上，推出了“专家评委、票友评委和观众评委三方评判”的新模式，由曲艺名家组成的专家评委、鼓曲票友组成的票友评委和现场抽签产生的观众评委共同对参赛选手进行评分。本次比赛的新作品有梅花大鼓《岁月如歌 60 年》、京东大鼓《歌唱密云》《情系西柏坡》《邻里情》、京韵大鼓《大爱无

2007 年，小选手在第四届“天桥杯”京津冀少年鼓曲邀请赛上表演节目

2010 年，第六届“天桥杯”鼓曲邀请赛

存》、北京琴书《娘儿俩看鸟巢》《赞英雄》、单弦《地震无情人有爱》《北京小吃赞》。

第六届鼓曲赛 2010 年，举办第六届“天桥杯”（北方）国家级非物质文化遗产鼓曲邀请赛，邀请河北、天津、山西、内蒙古、河南、山东等地的国家级非物质文化遗产曲种参赛。曲种包括内蒙古自治区曲艺家协会选送的斯琴等 7 人表演的群口好来宝《圣茂泥赞》、哈斯宝利道等 4 人表演的《玛格塔拉刀》《西林乌云卡》、格根珠格等 3 人表演的《江戈尔赞》，河北曲艺家协会选送的西河大鼓《许仙游湖》、乐亭大鼓《嫦娥望长空》、沧州木板大鼓《劝善谚语》，山西曲艺家协会选送的潞安大鼓《醋为媒》《襄垣古

2012 年，第八届“天桥杯”曲艺比赛颁奖仪式

书》，天津曲艺家协会选送的京韵大鼓《丑末寅初》、乐亭大鼓《京韵情》、单弦《探晴雯》，河南曲艺家协会选送的河南坠子、三弦书、河洛大鼓，北京曲艺家协会选送的单弦《聪明的羊》、京韵大鼓《圣人论道》《花木兰》、北京琴书《鞭打芦花》、河南坠子《宝玉哭黛玉》《老实人》。本次比赛有近百人参赛，有民间艺人、专业演员，也有非物质文化遗产传承人，是北方地区鼓曲艺术的大聚会，具有浓厚的地方特色。

第七届鼓曲赛 2011年，举办第七届“天桥杯”鼓曲邀请赛。比赛集中了京韵大鼓、梅花大鼓、单弦、北京琴书、河南坠子等多种曲艺形式。参赛演员平均年龄仅32岁，最小的只有9岁；青年男演员比重显著上升，占参赛演员的30%以上。演唱水平较往届有很大提升。参赛节目中不仅有传统经典的曲艺节目，也有宣传当代北京道德模范的优秀创新节目。比赛中首次设置了伴奏奖，一方面肯定了乐队的艺术水准和他们为曲艺付出的努力，另一方面也平衡了演和奏之间的关系。

第八届鼓曲赛 2012年，举办第八届“天桥杯”鼓曲比赛。比赛在原有以鼓曲为主的基础上，增加了小品、快板（书）、数来宝、评书等群众喜闻乐见的曲艺形式，共有来自北京市各区县的节目90个。参赛演员上至80岁高龄的老人，下至7岁的儿童，他们当中既有工人、农民，也有军人、学生。颁奖仪式在前门饭店梨园剧场举行。李金斗、赵玉明、马增慧、李增瑞等著名曲艺家出席颁奖仪式，并为获奖选手颁奖。

第九届鼓曲赛 2013年11月26日，由北京市文联、天桥街道办事处主办，北京曲艺家协会协办的第九届“天桥杯”鼓曲比赛在前门建国饭店正式启动，为期3天，每天1场。首场展演特邀相声演员跨界演唱鼓曲，熟悉的面孔、亲切的嗓音，让鼓曲唱段直入人心。第二场展演让与“天桥杯”鼓曲赛一起成长的历届获奖演员，向广大票友展现自己的精品力作，靓丽的外形、曼妙的曲声，呈现出历届“天桥杯”鼓曲赛的累累硕果。第三场展演邀请众多见证“天桥杯”鼓曲赛发展的老艺术家们在“曲韵流金 薪火传承”专场演出中，与自己的得意门生共同献唱。老艺术家平均年龄近80岁，仍然不辞劳累为鼓曲艺术的传承、发展培育人才，让这门源远流长的曲艺艺术再现辉煌。

此后连续举办了数届“天桥杯”鼓曲赛，在全国尤其是北方地区颇有影响。

灯谜大会

“猜灯谜”又叫“打灯谜”，是中国独特、富有民族风格的一种文娱形式，是从古代流传下来的元宵节特色活动。灯谜是以传统的文学形式，利用汉字音、形、义的变化特点，创作出的供人们猜解的智力游戏。北京历史上最早的灯谜活动，起源于天桥地区鹞儿胡同的“北平射虎社”，至今已有百年历史。灯谜活动的传承开展，丰富了天桥民俗文化的内涵，彰显了天桥特色文化的魅力。天桥街道元宵猜灯谜活动自 2007 年至 2019 年每年举办一次，每年均编排新主题，如“猜灯谜，赶花会，天桥闹元宵”“天桥谜面真人秀，老北京响器众人猜”“金牛天桥面貌新、元宵灯谜市民百姓欢”等。猜灯谜活动是天桥街道居民正月里不可缺少的一项新年风俗活动，既增长知识，又增进睦邻友善。

“猜灯谜、赶花会”活动 2007 年 3 月 4 日，天桥街道在天桥市民文化广场举办以

2007 年，“猜灯谜、赶花会”天桥闹元宵活动

2016 年，居民踊跃参加猜灯谜活动

“猜灯谜、赶花会”为主题的首次闹元宵、猜灯谜活动。活动现场人潮涌动，百盏灯笼高高悬挂。耍狮子、扭秧歌、划旱船的锣鼓声此起彼伏。由北京市灯谜协会选送的千条灯谜，吸引了千余名游客赶来竞猜，猜中者可得到德云社相声观摩票、稻香村元宵、天桥传统手工艺品等奖品。北京市民俗开发委员会理事、北京谜友联谊会会长翟鸿起亲临现场，为游人介绍赏灯谜的传统，讲解猜灯谜的技巧。

“猜灯谜、闹元宵”活动 2016 年 2 月 19 日，“猜灯谜、闹元宵”活动在天桥街道多功能厅举行。“良好结局在庙中，打西城名胜”“有心一同到宣南，打一字”“古长城脚下，打一西城地名”“就喜欢待在家里，打一北京小吃”等 800 条灯谜的多彩卡片挂满大厅。所有灯谜都是精心编写的原创作品，不仅涵盖了社会主义核心价值观、反腐倡廉、生活知识、名人名句等，还紧密结合了天桥民俗文化特色和风俗民情。灯谜应时应景、斗智斗巧，细细思来，回味无穷。来自天桥街道 8 个社区的 150 余名居民参加活动。

“猜灯谜、打擂台、赏民俗、闹元宵”活动 2017 年 2 月 9 日，由天桥街道工委办事处主办，宣南文化研究会承办的“猜灯谜、打擂台、赏民俗、闹元宵”活动在天桥街道社会治理创新空间举办。西城区社会科学联合会、天桥街道工委办事处领导，宣南文化研究会、灯谜文化专家，以及社区居民等 200 余人参加活动。活动现场设置了特色猜灯谜打擂环节，灯谜文化专家赵春林向居民介绍猜灯谜的方式、方法和流程。同时，现场还设有剪纸、捏面人、做香包、制作宫灯等非物质文化遗产项目，烘托喜庆祥和的节日气氛。

“猜灯谜、品非遗、忆天桥、闹元宵”活动 2019 年 2 月 19 日，天桥街道居民、青少年 200 余人齐聚天桥印象博物馆，参加“猜灯谜、品非遗、忆天桥、闹元宵”活动。活动分为参观天桥印象博物馆、品尝老天桥茶汤、观看演出及灯谜竞猜四大板块。在“老天桥茶汤李”摊位，茶汤李第四代传人李跃将一碗碗热腾腾、甘甜香醇、色泽杏黄、细腻耐品的宫廷小吃——茶汤送给居民们。在万胜轩舞台，演员表演单弦、大鼓、岔曲、快板、相声等精彩节目。“当官一身正气、离任两袖清风”“党心连民心，上下一条心”“卫生大比拼”……猜灯谜活动现场悬挂 1000 余条五颜六色的原创灯谜，北京谜友联谊会老师现场给社区居民讲解灯谜的特点，介绍猜灯谜的方法，并和大家竞猜打擂互动。

天桥演艺区

进入 21 世纪以来，在上级政府的支持下，天桥演艺区从规划入手，经过设计建设、组建演艺联盟等精心运作，已拥有北京天桥艺术中心、北京天桥艺术大厦、天桥汇等演艺场馆，成为北京文化产业的重要支柱之一。演艺区组建演艺联盟，集聚优化国内演艺资源，助力首都文化产业繁荣发展，成为北京艺术文化的新名片、世界文化艺术的大舞台。

北京天桥演艺联盟成立于 2014 年，主要使命是依托天桥演艺区的人文环境和一流设施，整合优质资源，打造符合天桥文艺品牌发展需求的软环境。北京天桥演艺联盟贯彻“内容为主”的理念，打造演艺交流平台和艺术文化普及平台，宣传演艺版权法律和知识，提高会员演艺版权保护意识，以此提倡文化创新，培育优秀文化人才，打造符合时代潮流和中国形象的文化精品，推动文化事业的蓬勃发展。中国国家话剧院、中国交响乐团、中央芭蕾舞团等诸多国家顶尖和著名的文艺团体加入了北京天桥演艺联盟。

2015 年，天桥演艺区核心场馆——北京天桥艺术中心的建成并投入运行，为国际著名剧团提供了表演场所，让观众在天桥能欣赏到国际一流剧团演出的剧目。2016年末，北京天桥艺术中心成为丝绸之路国际剧院联盟的首批成员单位之一。2015 年 11 月至 2019 年末，天桥演艺区共演出来自 30 多个国家和地区的各类舞台剧 800 部，累计演出 3420 场，观众 196 万人次，票房销售 4.44 亿元；累计举办各类公共艺术活动 1013 场，参与观众 18 万人次。在“改革开放 40 年·加油中国音乐产业”致敬中国音乐产业盛典上，北京天桥艺术中心获“突出贡献演出机构奖”。2018 年 12 月 19 日在第六届中国国际音乐产业大会上，北京天桥艺术中心凭借在音乐类演出、艺术推广上的突出成就，获大会颁发的“音乐产业贡献奖”。2019 年获得北京品牌计划文化品牌新势力上榜单位 30 强、2019 年北京文化消费品牌榜“十大文化消费地标”，艺术中心童声合唱团获得加拿大中加合唱节金奖。开业几年的天桥演艺中心，以出乎意料的“天桥速度”，为北京打造了一个新的演艺文化地标，为北京作为中国政治、文化中心增添几分魅力。

源远流长

有中国“曲艺之乡”“杂技之乡”美誉的天桥，历史上是民俗文化的发祥地、聚集地，几百年来一直是北京首屈一指的艺人演艺集聚区。

“撂地”萌发 明清时期，处于京都外城核心地段的天桥，是商贸往来的必经之地。随着物流、人流的增多，这里逐渐出现茶肆、酒楼、小吃摊和杂耍卖艺、说书唱曲的娱乐场所，各种身怀绝技的民间艺人在这里聚集。

清光绪三十二年（1906），逛天桥的人猛增，原有市场、娱乐场地已无法容纳，有些商人和艺人就到西龙须沟北岸的香厂（今香厂路）一带搭棚设摊、经商卖艺。

清宣统二年（1910）至1935年间，天桥除有“撂地”露天卖艺场地外，还先后建有专供河北梆子、京剧、评剧、哈哈腔和皮影戏等演出的戏园20余家。早期为席棚，后期改建为砖瓦结构。

土洋交辉 1913年，香厂路一带出现了规模宏大的综合性游艺场所——新世界，招来西方文娱，中国的戏曲、曲艺、杂技等各门类表演艺术也纷纷在新世界亮相，艺人和演艺场所更为密集。20世纪20年代初，北纬路以北、东经路与西经路之间的开阔地出现了集剧院、影院、舞厅、曲艺场、杂技场、旱冰场、保龄球场等游乐设施于一体的城南游艺园，吸引了众多戏曲、曲艺界名家到这里演出。1925年，游艺园戏场发生塌楼事件，于数年后关闭，为后人在创建和经营综合性游艺场所提供安全方面的警示。这一时期的天桥文化娱乐既有在简陋地摊上耍把式的“下里巴人”，又有豪华剧院里唱名曲的“阳春白雪”，出现了雅俗共赏、中外融合的态势，被世人称为“土得掉渣，洋得冒尖”。

雏形初现 中华人民共和国成立后，随着社会主义改造的进行，活跃在天桥的民间艺人得到国家的关怀和培养，一批艺人进入国家专业文艺团体；聚集于天桥的游乐场所得到政府部门的统一管理，有的得以改善，有的因各种原因关停或转为他用，而北纬路与天桥南大街交会地段的剧场、影院、茶园等则得到较完整地保留且持续火爆，一些留在民间身怀绝技的艺人在这一地段“撂地”卖艺的现象一直延续 10 年左右。人型剧院——天桥剧场于 1953 年在北纬路落成，使这片演艺区域接纳古今中外表演艺术的舞台迅速提升拓展。天桥剧场与附近的万胜剧场、天桥乐茶园、中华电影院（今中华电影娱乐宫）等演艺场所交相辉映、连成一片，有的场所之间相距只有几步之隔，其密集程度在京城实属罕见，形成了天桥“演艺区”雏形。这些固有的硬件设施与历史悠久的天桥民俗文化和人文基础一起，为“天桥演艺区”的建立提供了丰厚的资源。

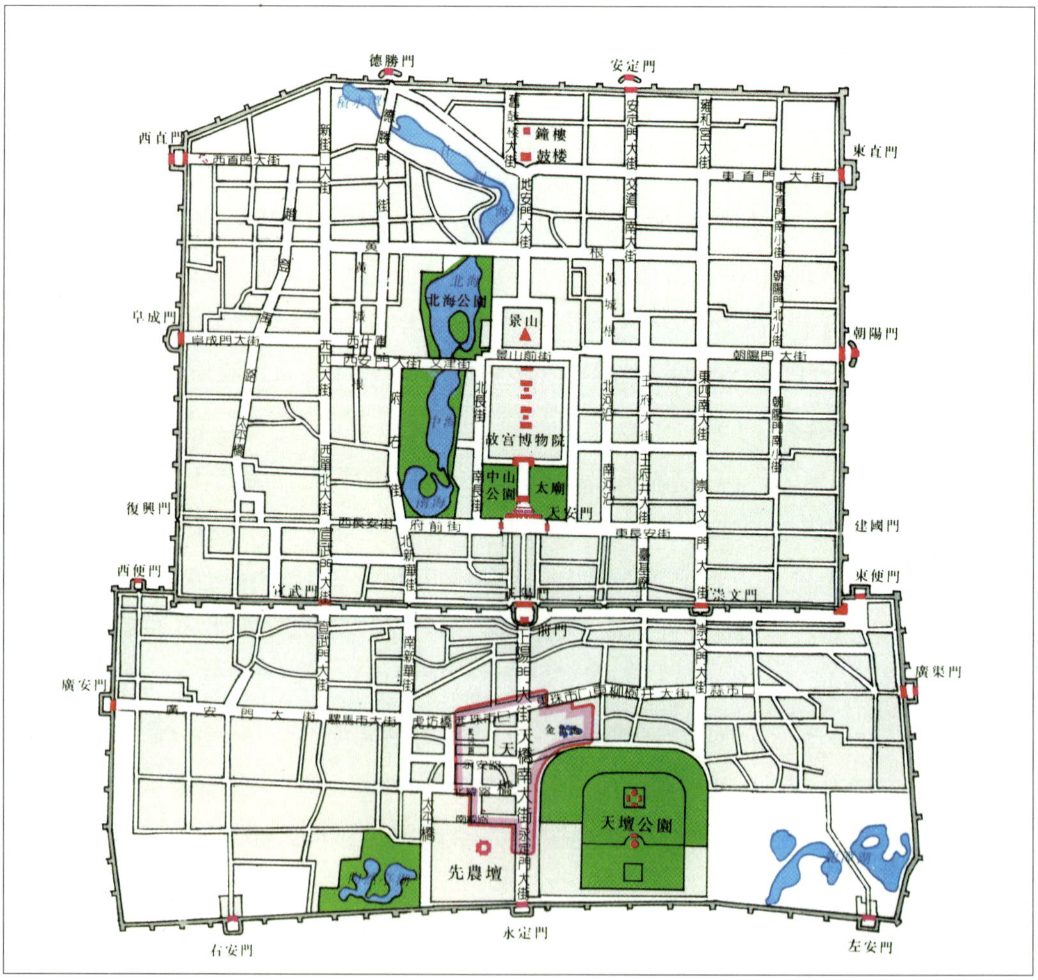

北京老天桥位置图（20 世纪 40 年代）

场馆建设

北京天桥艺术大厦 位于天桥南大街1号，是北京天桥演艺区建设的首批重点项目之一，于2013年6月落成，占地1.05万平方米，建筑面积4.6万平方米。北京天桥艺术大厦按照天桥演艺区战略规划建造装修为甲级写字楼，地上5层、地下2层，定位为天桥演艺区的演艺文化产业办公总部基地，具有文化演艺产业公共服务平台功能。至2019年，北京天桥艺术大厦已入驻中国版权保护中心、北京春秋鸿文化投资有限公司等多家文化企业，以及戏剧团体龙马社，导演田沁鑫、音乐家李盾、作曲家叶小钢工作室等。

北京天桥艺术大厦（2019年）

北京天桥艺术中心 位于天桥南大街西侧，建设用地面积16961平方米，总建筑面积74861平方米，2012年3月开工建设，2015年11月20日正式对外营业。北京天桥艺术中心是一个现代化的剧场群，包括一个1600座的综合性大剧场、一个1000座的中剧场、一个400座的小剧场和一个300座的多功能剧场。

天桥艺术中心的总体设计确立了三条故事线索，分别为“云中鸟”“水中鱼”“丛中花”。

1600座的综合性大剧场（歌剧舞剧院）以“云中鸟”为线索，以“云”为主题，采用耳朵形状的轮廓线，表现出一个天桥老式屋檐剪影的效果，从具象的天桥轮廓逐渐幻化为抽象的声学界面。曲线GRG（玻璃纤维增强石膏成型品）吊顶将整体动势与面光等要素结合，波纹状的GRG墙面构成吸声与反射交互的墙面，曲线优美如流云。这是北京市第一座音乐剧专业剧场，以上演国内外音乐剧为主，辅以综艺晚会、话剧、舞剧、小型演唱会、芭蕾、歌剧及交响音乐会等演出。玫瑰酒红色的墙壁、香槟金色的顶面，将整个剧场营造出西式剧院的华丽氛围。中国元素在剧院中仍然随处可见，在观众入口处的檐口，巧妙地借用了中式传统建筑的元素。

1000座的中剧场（戏剧话剧院）以“水中鱼”为线索，以“雨”为主题，采用两段式处理，用竖线条表现雨丝的肌理。第二层池座部分是天桥古屋檐与古琴的渐变幻化形态。该剧场主要用于话剧、儿童剧的演出，也可兼做戏曲、中小型歌舞、普及教育音乐

北京天桥艺术中心（2018年）

会等演出的场地。剧场墙面上凸出的一个个方块使这里显得有些别致。这些小方块的尺寸和间距，都是经过精心计算的，除了能够营造出最佳声场效果外，还藏着一个秘密，即这些方块的造型其实是天桥“撂地”艺人行走江湖时随身戏箱的变体。

400 座的小剧场（亦称实验剧场）和 300 座的多功能剧场以“丛中花”为线索。400 座的小剧场定位为黑匣子剧场，在简洁、工业化的设计手法下，体现出实验剧场的特质。在室内设计中反复出现的窗棂格元素在小剧场集中使用，使内外建筑语素产生互动，为实验剧场增添了北京的地域标识性。这两个剧场可以满足小型演唱会、室内乐、实验话剧、小型儿童剧等演出，兼做时装秀、新闻发布、演出彩排之用。

北京天桥艺术中心东面主入口大厅中的古戏楼是天桥艺术中心公共区域室内景观的核心点，是天桥艺术中心的标志物。

北京天桥艺术中心北面主入口与大厅之间有一条南北向的通道，为“天桥文化内街”，是一处体现天桥文化风韵的空间，展示天桥悠久的历史文化。挑高逾 13 米的石墙上切割出南中轴线上经典建筑的剪影，有天坛祈年殿、前门大牌楼、紫禁城的门楼……就像是将历史立在了人们的面前。

北京天桥艺术中心是以音乐剧、戏剧、家庭秀为主的“国际化演艺舞台”，也是国际艺术文化的交流与创新平台，是首都演艺文化的又一亮点。

天桥汇 位于北纬路与天桥南大街交界处，在北京天桥艺术中心与北京天桥艺术大厦之间。由天桥杂技剧场、中华电影娱乐宫等共同组成，建设特色小剧场群，引入戏曲、杂技等中国传统艺术形式，同时配套现代化的多厅电影院、特色化的戏剧主题餐厅、品牌茶馆等。

演艺联盟

中国国家话剧院 北京天桥演艺联盟成员单位之一，是中华人民共和国国家话剧表演最高艺术团体，于 2001 年 12 月 25 日在中国青年艺术剧院和中央实验话剧院基础上

中国国家话剧院《中华士兵》剧照（2015 年）

“半世琴音半世歌”——中国国家交响乐团音乐会（2016 年）

组建成立，拥有雄厚的艺术创作资源和辉煌的历史传承。两个剧院的合并工作于 2000 年开始酝酿，2001 年正式决定且在年底完成，2002 年一批作品向社会亮相。

中国国家话剧院汇聚一批国内优秀的戏剧艺术家和戏剧管理家，形成了实力强大的艺术创作和艺术管理团队，他们的杰出工作使剧院获得了众多戏剧类国家级奖项。剧院坚持以原创剧目为主导，倾情演绎现当代剧作家的精品力作，秉承传统、依托实力打造三大戏剧品牌系列：正剧系列、喜剧系列和先锋实验系列。剧院坚持以经典传统为基础，展现戏剧文化的人性魅力，同时也追求以新的实验探索引领戏剧创作新潮流。

中国国家交响乐团　北京天桥演艺联盟成员单位之一，是中华人民共和国文化和旅游部直属的国家级音乐表演团体，是中国最优秀的职业交响乐团之一。其前身是在 1956 年成立于黑龙江省哈尔滨市的中央乐团，1996 年重组后更名为中国国家交响乐团。

中国国家交响乐团由国内一流演奏家组成，他们训练有素、技艺精湛，其中不乏国际比赛获奖者。历经几代音乐家的努力，乐团演奏水平始终保持着最优秀的传统。中国著名音乐家李凌、李德伦、韩中杰、严良堃、秋里、陈佐湟、汤沐海等为乐团建设做出了重要贡献。

中国国家交响乐团还拥有一个具有同样悠久历史的合唱团，其成员均是国内高等音乐院校的优秀毕业生。合唱团从 20 世纪 50 年代起先后荣获世界青年合唱比赛金奖、银奖，始终代表着中国合唱艺术的最高水平。半个多世纪以来，中国国家交响乐团成功地演奏、演唱了大量古典主义、浪漫主义和近现代交响乐及合唱等中外经典作品，其中许多作品由乐团在中国及世界首演。中国国家交响乐团经常在国内进行广泛的巡演，足迹遍及全国绝大部分大、中城市，为弘扬中外交响乐经典名著做出了历史性的贡献，使乐团赢得了亿万听众的喜爱。许多在世界上享有最高知名度的音乐大师同中国国家交响乐团进行了合作演出和艺术交流。中国国家交响乐团在多次世界性巡演中出访了美国、英国、德国、奥地利、西班牙、葡萄牙、荷兰、墨西哥、日本、韩国、澳大利亚等国。

中央芭蕾舞团 北京天桥演艺联盟成员单位之一，国家级芭蕾舞表演团体，隶属于中华人民共和国文化和旅游部，长期以天桥剧场为其排练演出基地。1959 年建团时附属于北京舞蹈学校，1963 年改为中央歌剧舞剧院芭蕾舞团，1980 年改为中央芭蕾舞团。全团演职人员 270 人，其中一级演员 60 人、二级演员 109 人，有编导李呈祥、将祖惠、王希贤、王世琦、栗承廉，演员白淑湘、钟润良、薛菁华、郁蕾娣、武兆宁、唐敏、张卫强等，舞蹈服装设计师李克瑜。建团初期曾得到俄罗斯著名舞蹈家古雪夫等专家及中国音乐家赵枫、舞蹈家戴爱莲、指挥家黎国荃等老一辈艺术家的指导，上演了多台外国优秀芭蕾作品。中央芭蕾舞团先后出访过缅甸、南斯拉夫、罗马尼亚、阿尔巴尼亚、德国、奥地利、美国、英国、日本、俄罗斯等国家和地区。

中央芭蕾舞团《红色娘子军》剧照（2016 年）

北京京剧院 北京天桥演艺联盟成员单位之一，是由中华人民共和国文化部评定的全国京剧重点院团。成立于 1979 年。其前身是北京市京剧团。剧院阵容强大、流派纷呈、剧目丰富，在国内外享有盛誉。剧院所属剧团有一团、梅兰芳团、青年团；还设有艺术处、音像图书资料室、演出处、京剧辅导普及中心及行政后勤等办事机构。共有人员 700 余人。剧院有以梅葆玖、赵葆秀、迟小秋、燕守平、杜镇杰、李宏图、王蓉蓉等

北京京剧院《智取威虎山》剧照（2018 年）

为代表的国家一级演员和演奏员30余名。建院以来，相继上演了各流派代表剧目和传统剧目300余出。其中名家创演的保留剧目在京剧舞台上广泛流传。剧院在博采众长、不断创新的思想指导下，遵循艺术发展规律，在不同时期推出新创剧目。这些剧目在体现“古为今用”的方针和艺术表演等方面，有大胆尝试和创新。剧院的艺术家们活跃在北京的舞台上，并经常到全国各地巡回演出。为使中国京剧艺术走上世界舞台，剧院曾先后应邀出访美国、英国、法国、日本、朝鲜等国家和地区，赢得了广泛的赞誉。

中国国家京剧院 北京天桥演艺联盟成员单位之一，成立于1955年1月，是中华人民共和国文化和旅游部直属的国家级剧院，位于北京市西城区平安里西大街22号。其前身是1942年在中共中央的关怀下成立的延安平剧研究院。后该院几经变化改组，先是与华北军区六纵队前锋评剧团和冀南军区民主剧团合并，改称华北平剧研究院；中华人民共和国成立后改组为文化部戏曲改进局所属京剧研究院，中国戏曲研究院所属京剧实验工作一、二、三团。京剧艺术大师梅兰芳任首届院长。

建院以来，剧院汇集了一大批杰出的表演艺术家和剧作家、导演、作曲家、舞台美术家等，组成了精英荟萃、实力雄厚的京剧艺术表演团体。其中表演艺术大师李少春、

中国国家京剧院《穆桂英挂帅》剧照（2017年）

袁世海、叶盛兰、杜近芳、李和曾、张云溪、张春华、李世济，著名导演阿甲，著名剧作家翁偶虹、范钧宏等，享誉海内外。剧院继承、创编、上演了500多部不同题材、体裁的优秀传统、新编历史剧和现代京剧，基本形成了善于继承、精于借鉴、勇于创新、精于塑造人物形象的艺术精神以及思想内容丰富、艺术严谨、舞台清新、流派纷呈、阵容齐整的艺术风格，具有广泛影响，并赢得了观众的喜爱。在艺术创作和国际、国内的演出评比中，剧院有40余个剧目、100余人次荣获各种奖项。奖项包括“文华奖”“‘五个一工程’奖”“中国京剧节金奖”“国家舞台艺术精品工程”“梅兰芳金奖”“梅花奖”等。国家京剧院担负着重要的对外文化交流任务，不断派出艺术团到世界各地演出。曾出访50多个国家和地区，赢得了良好的国际声誉。

中国歌剧舞剧院 北京天桥演艺联盟成员单位之一，成立于1951年，其前身可追溯到延安鲁迅艺术学院，隶属于中华人民共和国文化和旅游部。该院是规模最大、历史最悠久的国家级艺术剧院，集多种艺术门类于一体，设歌剧团、舞剧团、民族乐团、交响乐团、创作部及舞美部等。第一任院长为著名艺术家周巍峙。

半个多世纪来，剧院创作演出了百余部歌剧舞剧作品，其中《白毛女》《小二黑结婚》《宝莲灯》《红楼梦》《原野》《篱笆墙的影子》等剧目已成为中国歌剧舞剧史上划时

中国歌剧舞剧院歌剧《小二黑结婚》剧照（2016年）

代的作品和舞台艺术的象征。毛泽东、周恩来、邓小平、江泽民、胡锦涛、习近平等党和国家领导人以及诸多外国首脑多次观看剧院演出并给予高度评价。中国歌剧舞剧院秉承继承与创新的理念，创作了一批舞台艺术精品力作。剧院多次应邀赴欧洲、美洲、亚洲、非洲、大洋洲的许多国家出访演出，促进了国际文化交流，增进了中国与世界各国人民之间的了解和友谊。

中国歌剧舞剧院以其经典的舞台作品、精湛的表演艺术和一流的人才队伍，获得了国内外观众的广泛好评及社会各界的高度赞誉。中国歌剧舞剧院舞剧团是唯一一支国家级民族舞剧团。建团以来，汇集了全国舞蹈界最具实力、享有盛誉的赵青、陈爱莲等一大批老一代优秀舞蹈艺术家和叶建平、叶波、杨奕、唐诗逸等优秀青年舞蹈艺术家。经过几代艺术家的辛勤耕耘，该团创作出大量优秀舞剧作品，形成了独有的民族舞蹈风格。舞剧团以独特的民族舞剧教学大纲培养、锻炼新的一代优秀舞剧演员，在复排大量舞剧片段的同时，全力创作新的中国民族舞剧，为中国民族舞剧事业谱写新的篇章。

中国儿童艺术剧院 北京天桥演艺联盟成员单位之一，是中华人民共和国文化和旅游部直属的国家级艺术院团。其前身是1941年在延安成立的延安青年艺术剧院附属儿童艺术学园。后几经易名，1949年成为中国青年艺术剧院儿童队，1953年改建为中国少年儿童剧团。1956年6月1日，由中华人民共和国文化部正式命名中国儿童艺术剧院，沿用至今。首任院长任虹。

中国儿童艺术剧院演出剧照（2005年）

剧院以广大少年儿童为主要服务对象，努力创建有益于少年儿童身心健康并为他们所喜闻乐见的社会主义戏剧和民族戏剧。同时也介绍世界优秀名著，以崇高的精神、优美的艺术陶冶观众情操，提高审美情趣。在艺术形式上，剧院继承民族传统，借鉴国外艺术，探索富于民族气派、儿童情趣、时代感的体裁、风格与样式。其经典剧目，首屈一指的是得到过周恩来亲自指导的大型经典童话音乐剧《马兰花》。该剧赢得了中华人民共和国成立后几代观众的喜爱，不仅是中国儿童艺术剧院的代表作，也是新中国儿童戏剧事业的第一块光彩的里程碑。该剧荣获全国专业舞台艺术“首届全国优秀保留剧目大奖”等奖项。中国儿童艺术剧院的“中国儿童剧场”由宋庆龄题字命名。2005 年在中国儿童剧场四楼创建“假日经典小剧场”，大小剧场交相辉映，成为当代中国儿童戏剧的艺术殿堂。

中央民族乐团 北京天桥演艺联盟成员单位之一，是国内规模最大、艺术最完备的综合性国家级民族音乐表演团体之一，是中华人民共和国文化和旅游部直属的国家艺术院团，由大型民族管弦乐队、民族合唱队、音乐创作中心等部门组成。乐团成立于 1960 年，由国务院总理周恩来主持创建，第一任团长为前中国音乐家协会主席、著名作曲家李焕之。

乐团以弘扬中国传统民族音乐为宗旨，创作演出了一大批优秀音乐作品，涌现了一大批民族音乐家，为继承和发扬中国文化精神做出了卓越贡献。毛泽东、周恩来、邓小平、

中央民族乐团《丝绸之路》民族音乐会演出剧照（2017 年）

江泽民、胡锦涛、习近平等党和国家领导人及诸多外国首脑曾多次观看演出并给予高度评价。长期以来，乐团足迹遍布世界30余个国家和地区，积极参与国际文化交流活动，宣传中国文化和民族音乐，取得了一系列令人瞩目的成就。乐团先后到美国、俄罗斯、英国、法国、德国、澳大利亚、丹麦、西班牙、挪威、哥伦比亚、墨西哥、秘鲁、厄瓜多尔、波兰、匈牙利、斯洛伐克、埃及、以色列、日本、韩国、新加坡、马来西亚等国访问演出。同时经常与香港、台湾、澳门等地区开展文化演出交流活动。

中国爱乐乐团 北京天桥演艺联盟成员单位之一，成立于2000年5月25日，是在中国广播交响乐团基础上组建的国家级交响乐团，直属于中国国家广播电影电视总局。由中央电视台管理。

乐团自成立以来，相继举行纪念德沃夏克逝世100周年、莫扎特250周年诞辰、肖斯塔科维奇100周年诞辰、门德尔松200周年诞辰、海顿逝世200周年、肖邦200周年诞辰、马勒逝世100周年、瓦格纳200周年诞辰、威尔第200周年诞辰、理查·施特劳斯150周年诞辰系列音乐会以及纪念指挥大师卡拉扬百周年诞辰音乐会等；举行包括交响乐、歌剧、清唱剧、戏剧配乐、芭蕾音乐、室内乐等多种艺术形式在内的近千场音乐会，演奏近3000部作品，观众累计百余万人。

2012年，中国爱乐乐团发行了一套乐团在过往音乐季演出中的现场录音合集。这套100张唱片套装收录了乐团在过往105场音乐会中演奏的213部中西方经典作品，其中不少作品系第一次由中国的交响乐团录制发行，包括瓦格纳歌剧《特里斯坦与伊索尔德》全剧，亨德尔歌剧《塞魅力》全剧，马勒第一、第三、第五、第六、第七、第九交

中国爱乐乐团演出剧照（2017年）

响曲，以及布鲁克纳第四、第八、第九交响曲等。2014 年 7 月，中国爱乐乐团受英国逍遥音乐节邀请赴伦敦演出，成为第一支登上世界顶级夏季音乐节舞台的中国乐团，完成中国第一部交响乐艺术电影小提琴协奏曲《梁山伯与祝英台》的录制。

中央歌剧院 北京天桥演艺联盟成员单位之一，始建于 1952 年，前身是延安的中央管弦乐团和鲁艺文工团。隶属于中华人民共和国文化和旅游部，是中国及亚太地区具有规模优势和实力的国家歌剧院。1942 年在延安创作演出秧歌剧《兄妹开荒》、歌剧《白毛女》。

中央歌剧院有歌剧团、合唱团、交响乐团和舞台美术部。歌剧团聚集众多优秀的歌剧表演艺术家，大都获得过国内外声乐大赛的重要奖项，并一直活跃在中国及世界歌剧舞台上。合唱团绝大多数成员是全国各高等音乐学院的佼佼者，他们具有良好的音乐修养和声音表现力，使合唱团成为国内具有实力和影响力的合唱团体，演唱曲目广泛，涉及中外著名歌剧和声乐作品。交响乐团以擅长歌剧音乐演奏而闻名，并积累了大量曲目，经常参加国内外大型演出，是国内活跃并受欢迎的交响乐团之一。舞台美术工作部实力广受好评，除常年高质量完成剧院歌剧、音乐会演出的舞美工作外，还广泛参与中外重大演出和各类大型活动的舞美制作。剧院还聚集着一批颇具实力的作曲家、指挥家、导演、剧作家及舞台美术家。

经过几代艺术家的不懈努力，剧院先后在中国首演、推出并保留了一批世界歌剧经典剧目。改革开放以来，剧院的国际艺术化交流活动得到广泛拓展。剧院合唱团、交响乐团连续 10 年参加中国澳门国际音乐节的重要演出，得到音乐节组委会、观众的肯定

中央歌剧院演出剧照（2004 年）

和高度认同。1986 年，剧院与世界著名男高音歌唱家帕瓦罗蒂合作上演歌剧《波西米亚人》，获得成功；1999 年，与世界著名男高音歌唱家卡雷拉斯合作演出，获得成功；2001 年 6 月，与帕瓦罗蒂、多明戈、卡雷拉斯成功合作“世界著名三大男高音紫禁城广场音乐会”，为北京申办奥林匹克运动会出力、为民族增彩；2004 年 11 月 26 日，经过一个多月的精心准备，中央歌剧院“意大利歌剧周”在北京大学百周年纪念讲堂隆重开幕，歌剧周活动取得圆满成功。剧院一直保持着新人辈出的繁荣局面，青年艺术家在国际国内比赛中频频获奖，在国际艺术交流活动中保持着高水准，赢得了广泛的赞誉。

中国评剧院　北京天桥演艺联盟成员单位之一，成立于 1955 年，曾是中华人民共和国文化部领导下的艺术团体，前身是 1953 年组建的隶属于中国戏曲研究院的中国评剧团。中国评剧院的建院方针是“以演现代戏为主的示范性剧院，同时上演新编历史剧和经过整理的优秀传统戏”。1958 年，剧院划归北京市。

中国评剧院拥有一批优秀表演艺术家，最具代表性的有白派艺术的第二代传人小白玉霜、新派创始人新凤霞、喜派创始人喜彩莲、花派创始人花月仙，以及李忆兰、魏荣元、马泰、张德福、席宝昆、陈少舫、赵丽蓉等。中国评剧院还有一支以剧作家胡沙，作曲家贺飞，导演张玮，舞台美术家苏丹、张尧为代表的创作能力极强的队伍。长期以来，党和国家领导人给予剧院极大关怀。毛泽东主席在第一届政协会议上亲切接见中国评剧院的小白玉霜；周恩来、宋庆龄、邓颖超、彭真、李先念、李瑞环等党和国家领导人分别接见过中国评剧院不同时期的艺术家，并多次观看中国评剧院的演出。20 世纪 70 年代后期到 21 世纪初期，中国评剧院以谷文月、刘萍、李惟铨、戴月琴为代表的新

中国评剧院原创评剧《母亲》演出剧照（2018 年）

一代艺术家们，承前启后，为评剧艺术的发展做出了新的贡献。之后，中国评剧院形成以剧院五朵“梅花”（戏剧梅花奖获得者）——李惟铨、宋丽、马惠民、韩建光、刘惠欣为领军，以齐建波、高闯、王冠丽、李金铭、张文鹏、恒红、张秀芸、孙路阳等新一代评剧优秀人才为核心代表的演职员队伍，为评剧艺术更好地活跃于新时代的舞台立下汗马功劳。中国评剧院有一团、二团、白派团和影视部；有现代化的演出场所——中国评剧大剧院。

北方昆曲剧院 北京天桥演艺联盟成员单位之一，成立于1957年6月22日，是中国专业昆曲表演艺术团体之一。剧院以保护、继承、发展、革新昆曲艺术为根本宗旨，以古今相因、革故鼎新为艺术创作思路，以弘扬北昆之豪放、取法南昆之绵长为艺术特色，传承、整理、改编、移植、新创了一大批在国内外有一定影响的优秀传统戏、新编历史戏和现代题材的剧目；培养了一批能够承担各类昆曲剧目创作演出、在海内外有影响力的优秀专业昆曲演员。

剧院先后培养了以李淑君、丛兆桓、洪雪飞、蔡瑶铣、杨凤一、王振义、史红梅、魏春荣、马宝旺、董萍等为代表的百余名专业昆剧演员。毛泽东、周恩来、陈毅、江泽民、朱镕基、李瑞环等党和国家领导人曾多次观看剧院演出并亲切接见演职人员。在国家级的文艺赛事和会演中，剧院先后有15个剧目获创作演出奖，20余人次获优秀表演奖和特别奖，50余人次获表演奖。其中侯少奎、洪雪飞、蔡瑶铣、杨凤一、刘静、王振义、史红梅、魏春荣等分别获全国戏剧“梅花奖”。由蔡瑶铣、王振义主演的《琵琶记》荣获1995年中华人民共和国文化部颁发的“文华新剧目奖”。

北方昆曲剧院演出折子戏《昭君出塞》（2006年）

2000年以来，剧院新排剧目《宦门子弟错立身》荣膺“第七届中国艺术节文华新剧目奖”“2004—2005年度国家舞台艺术精品工程30名初选入围奖”“第四届北京市文学艺术奖”等多项奖励。剧院以不同形式30余次出访美国、日本、芬兰、俄罗斯、瑞典、意大利、丹麦等国家和地区，受到海内外各界人士的高度称赞。

北京交响乐团 北京天桥演艺联盟成员单位之一，是中国著名交响乐团，成立于1977年10月，著名指挥家谭利华先生现任乐团音乐总监、首席指挥。长期担任乐团艺术指导的老一辈指挥大师李德伦先生和黄飞立先生为乐团的发展做出了巨大的贡献。

北京交响乐团拥有一大批艺术造诣深厚的音乐家，其中部分音乐家在国内外各种比赛中获奖，在长期持续不断的演出活动中，乐团以其深厚的音乐修养、严谨的技艺、丰富广泛的曲目，成为中国最受欢迎的大型音乐团体之一。

北京交响乐团演奏的曲目十分广泛，涉及不同历史时期、诸多国家著名作曲家的作品，乐团在国内首演了近百部世界著名作曲家重要作品。在1996年首届八达岭长城交响音乐会中，通过卫星向全世界展现中国古老的文明与现代文化，给很多外国朋友留下了极为深刻的印象。自2007年起，北京交响乐团与世界著名唱片品牌EMI唱片公司在全球发行了6张唱片。

2010年8月，指挥家谭利华执棒北京交响乐团在青海省格尔木市海拔4300米的昆仑山口玉珠峰举行“圣殿般的雪山——献给东方最伟大的山脉”昆仑山交响音乐会，获得成功，并创造了“海拔最高的交响音乐会”的吉尼斯世界纪录。北京交响乐团将发展和推动民族音乐交响化视为己任，每年都举行数场中国交响乐作品的专场音乐会。乐团不断推出各种戏曲与交响乐相结合的音乐会，在国内率先走出了一条戏曲与交响乐嫁接之路，为中国民族交响乐事业的发展做出了贡献。

北京交响乐团多次代表中国及北京市参与大型对外文化交流活动，博得赞誉。乐团定期为青年学生和市民演出免费普及性音乐会，并多次参加中央电视台的现场直播音乐会。乐团以自身的演奏实力成为北京新年音乐会的主体演奏团体，参加了全部的北京新年音乐会演出。

北京人民艺术剧院 北京天桥演艺联盟成员单位之一，是一个具有独特表演风格中外闻名的专业话剧院，始建于1952年6月，院址设在东城区史家胡同56号（20号）。成立大会上时任北京市副市长吴晗宣布北京人民艺术剧院成立，并宣读曹禺为北京人民艺术剧院院长，焦菊隐、欧阳山尊为副院长，赵起扬为秘书长的任命书。

作为中国第一家专业话剧院，北京人民艺术剧院在艺术发展道路上，形成鲜明的演剧风格，通过长期艺术实践与美学理论的积累，在现实主义与民族化、体验与体现及再现戏剧美学的内涵上，均达到了完美融合，创建了著名的“北京人艺演剧学派”。老舍的名剧《龙须沟》是北京人民艺术剧院的奠基之作，不久又接连演出了曹禺的《雷雨》《日出》《北京人》以及郭沫若的名剧《虎符》。剧院得到郭沫若、老舍、曹禺、焦菊隐的精心培育，拥有舒绣文、于是之、英若诚等一批艺术家。剧院始终坚持现实主义创作道路，重视从中外各种戏剧流派特别是中国戏曲传统中吸取营养，形成了真实、深刻、质朴、含蓄及人物形象鲜明、生活气息浓郁、舞台形象和谐统一、具有民族特色的北京人艺风格。

至 1977 年，北京人民艺术剧院共上演大小剧目 121 部。改革开放后，北京人民艺术剧院的舞台再现辉煌，推出新戏 80 余部，恢复上演保留剧目 12 部，许多戏久演不衰、场场爆满。1988 年底，北京人民艺术剧院带着“五台大戏”到上海市作汇报演出。21 场戏的 4 万张戏票在公演前预售一空，上海各报争先报道多年不见的“五台大戏，万人空巷”盛况。2007 年，展示北京人民艺术剧院发展历程的北京人民艺术剧院戏剧博物馆落成。2012 年，集创作、制作于一体的北京人民艺术剧院艺术创作中心在北京怀柔区正式落成。

北京人民艺术剧院《龙须沟》演出（2015 年）

北京人民艺术剧院的演出活动遍及31个省、自治区、直辖市和香港、台湾地区，其鲜明的“人艺演剧风格”已扎根于广大观众之中。几十年来，北京人民艺术剧院先后应邀赴德国、法国、瑞士、日本、加拿大、新加坡、韩国等国家的20多个城市访问演出，开创了中国话剧走出国门的先河。

北京杂技团 北京天桥演艺联盟成员单位之一，是北京市唯一的区属杂技艺术专业表演团体，隶属于京都文化投资管理公司。1957年，在天桥南大街21号原吉祥戏院旧址组建。1997年起，将万胜剧场定为正式演出场所。

该团杂技节目具有浓郁的北京民俗文化特色。改革开放以来，该团在传统节目的基础上创新、整理出80多个节目，有“柔术衔花”“空中飞人”“五花飞石”“神话杂技”等。1980年，该团成员魏红表演的“滚杯造型”获北京市“创新节目”一等奖。1984年在第一届全国杂技比赛中，于斌等表演的车技“孔雀开屏”获银牌。1986年，由赵燕平、赵燕燕、赵燕祥主演的“三人车技”，在法国巴黎第九届“世界明日”国际杂技马戏比赛中，夺得金奖中的首奖——法兰西共和国总统奖；在全国第二届杂技比赛中，秦晓荣表演的“晃梯顶技”获特别奖；孙惠林、马希武、邢浩宇表演的“三人水流星”获优秀表演奖。1989年，在第13届世界青年联欢节中，王利民表演的“古彩戏法”获“国际艺术奖章”；在第二届吴桥国际杂技节中，李进、陈亚南、杨军、张英华、史磊、凌励灏表演的“双爬竿”获优秀表演奖。1991年，在第三届全国杂技比赛中，于斌表演的

北京杂技团《超越爬竿》剧照（2010年）

“古彩戏法”获铜狮奖；在第三届吴桥国际杂技比赛中，“转碟”获铜狮奖。1994 年推出的“神话杂技”，在庆祝中华人民共和国成立 45 周年文艺创新剧节目评选中获创新奖，1995 年 1 月在巴黎举办的世界杂技大赛上获得“未来”金奖。1996 年推出杂技艺术改革节目“娃娃风”，强化了表演的韵律美，其中“玩空竹的小妞妞”在与加拿大太阳马戏团世界巡回演出合作中，被评为观众最喜欢的节目。杂技团多次在全国、省市及国际杂技大赛中获奖。

北京风雷京剧团 北京天桥演艺联盟成员单位之一，剧团前身为京剧班社“民乐社”，建于 1937 年，曾长期在北京天桥公平市场的天乐戏院演出。是北京市唯一的区属专业京剧团，位于板章胡同 14 号，隶属于京都文化投资管理公司，有一级演员 6 名。马（连良）派老生梁益鸣和武生张宝华为“民乐社”的核心主演。曾先后率班赴天津、青岛、上海等地演出。20 世纪 40 年代，梁益鸣曾先后邀请萧长华、侯喜瑞、姜妙香、刘连荣、马富禄、孙毓坤、张春彦、林秋雯等名宿相佐，在长安大戏院演出。1952 年更名鸣华京剧团，团名取梁益鸣、张宝华两人名字中各一字。1954 年参加北京市第一届戏曲观摩演出时，梁益鸣、张宝华分别主演的《反徐州》《挑滑车》双双获奖。1958 年，新排现代戏《半夜鸡叫》受到北京市政府嘉奖，剧团被评为北京市文化系统“五面红旗”之一。同时，张宝华排演的现代戏《无名岛》，参加北京市文化系统现代戏专场演出。1960 年末剧团迁至大栅栏庆乐戏院。此后，吴吟秋、陆蕊芬、吴纪敏、吴素秋、姜

北京风雷京剧团演出剧照（2017 年）

铁麟等先后进团。1964年改名为北京新燕京剧团，1967年改为北京风雷京剧团，沿用至今。1971年改为国营剧团。1984年参加北京市专业艺术团体中青年会演，吴纪敏获得特别奖、于荣光获优秀表演奖。新创作剧目《三探圆明园》《萍踪侠影》《运河儿女》等在北京市新剧目演出评比中获奖。1992年，剧团参加了在天桥乐茶园举行的“天桥民俗节目大串演”。1993年至2017年，随着国家市场经济体制的建立和发展，剧团进行了不断的改革，组成了以中青年艺术骨干为主、适应市场需要的精干演出队伍。演职人员通过艰苦拼搏，用渊源的传统艺术与现代绚丽文化的融合，创作出《金翅大鹏》《武松》《长征路上》《猴王闹乾坤》等优秀作品，被中央电视台录制，并多次播出，以此开拓了更多新的市场，从而成为京剧界中演出场次最多的剧团之一。剧团还出访美国、英国、俄罗斯、日本、澳大利亚、芬兰、瑞典、加拿大、西班牙、爱沙尼亚、马来西亚、新加坡等国家和地区，受到观众热烈欢迎。北京风雷京剧团的团址已打造成了一个京剧传统班社风格，具有办公、参观、演出、教学等多种功能的文化场所，成为京剧完整展示区，并建成古典小剧场，将一个具有古典清丽、独特品位风格的京剧团呈现在天桥的文化街景中。

北京皮影剧团 北京天桥演艺联盟成员单位之一，位于琉璃厂东街29号。是皮影艺术专业表演团体。隶属于京都文化投资管理公司。其前身为德顺皮影班，由清末艺人路宗有于清光绪三十一年（1905）创办，班址设在西单堂子胡同。路宗有在继承传统皮影演唱艺术的基础上，融民歌、京剧演唱艺术于影戏之中，逐渐形成具有地方特色的北京皮影。1950年后，以路家成员为主，组成皮影演出团体。1957年由政府接收，更名

北京皮影剧团经典演出剧目《龟与鹤》（2017年）

为宣武皮影剧团。“文化大革命”中剧团解散。1979 年恢复，改为北京皮影剧团。剧团有演职员 22 人，设演员队、乐队和皮影制作室。1983 年，剧团参加了在奥地利米斯特尔巴赫县举办的第五届国际木偶艺术节。1985 年应美国洛杉矶万国博览会邀请，参加演出，并表演制作、雕刻影人技艺；在正式展出的 17 天中，共演出 145 场，观众达 4 万多人次，剧团获博览会“明星奖”。1988 年，赴日本东京协助日本影法师皮影剧团演出《西游记》，担任剧中孙悟空、猪八戒、唐僧 3 个主要角色，时间长达 1 年多，在日本各大城市演出近 500 场。1991 年应德国柏林电视二台邀请，与德国登巴登木偶剧团合作演出。德国博物馆将《龟与鹤》《哪吒闹海》《三打白骨精》《水漫金山寺》的全部影人作为珍品收藏。2015 年，剧团赴温哥华参加了由中华人民共和国文化部、中华人民共和国驻温哥华总领事馆共同主办的“欢乐春节”皮影戏巡回展演活动；18 天 25 场的演出让 2 万多名观众欣赏到了中国传统的艺术精品。2017 年，在北京皮影剧团成立 60 周年之际，剧团上演了《长腿的鸡蛋》《寒号鸟》《哪吒闹海》《猪八戒太空奇遇》等剧目。观众们既可以观看专业的皮影演出，又可以亲自体验皮影的制作和操作流程。活动现场充满了欢声笑语，参与非物质文化遗产夏令营活动的家长和孩子们不仅观看了皮影戏的独特表演，还亲身体验了皮影的表演和制作过程，了解了皮影的历史渊源。

演出活动

2015 年，北京天桥艺术中心的建成并投入运行，为国际上著名的剧团提供了场所，让周围观众在天桥就能欣赏到国际一流剧团演出的剧目。2015 年 11 月至 2018 年末，天桥演艺区共演出来自 30 多个国家和地区的各类舞台剧 581 部，累计演出 2490 场，观众 142 万人次，票房销售 2.92 亿元；累计举办各类公共艺术活动 695 场，参与观众 10 万人次。2019 年，共演出 219 个剧目、930 场，举办艺术活动 318 场，接待观众 61.51 万人次（观演 53.63 万人次、参加活动 7.88 万人次）。全年票房达到 1.52 亿元，成为全国屈指可数的亿元剧场。策划举办第四届华人春天艺术节、第三届老舍戏剧节、第四届新经典艺术节、林兆华戏剧邀请展、第十二届北京舞蹈双周等演出季和艺术节。强化音乐剧、戏剧、儿童剧的演出品牌特色，演出的音乐剧剧目包括《摇滚莫扎特》《摇滚学校》《绿野仙踪》《阴阳师》《巴黎圣母院》《泰坦尼克号》《故宫里的大怪兽之吻兽使命》，共演出音乐剧 15 部、152 场；戏剧剧目包括《奇幻乐园》《叶甫盖尼·奥涅金》《奥德赛》《伪君子》《第十二夜》等，儿童剧剧目包括《美术馆奇妙夜》《你是演奏家》《物理秀》等。全年举办公益类文化艺术活动 149 场，吸引 6.28 万人次参与。“周末艺聚”系列艺术推广活动，继续获得 2019 年北京文化艺术基金扶持，为辖区及北京市民提供了丰富的艺术体验活动，受到广泛好评。第三届诗意生活节、“酒旗戏鼓天桥市”端午节开放日活动持续举办，吸引市民到北京天桥艺术中心享受艺术生活。2019 年 11 月，举行北京天桥艺术中心开业四周年“致成长”开放日，标志着艺术中心开启常态化的对外开放。

世界音乐剧之王《剧院魅影》天桥首秀　2015 年 11 月 20 日，首次来京演出的世界音乐剧之王《剧院魅影》成为北京天桥艺术中心开业庆典的开幕大戏。

音乐剧大师韦伯的代表作——大型音乐剧《剧院魅影》是纽约百老汇舞台上演时间最长的剧目，全球票房总收入超过 56 亿美元，高于历史上任何一部电影和舞台剧。此外，它获得了 50 多个主要戏剧奖项，包括 3 项奥立弗奖、1 项伦敦标准晚报奖、7 项托尼奖。迄今已在 27 个国家的 145 个城市演出。该剧讲述的是一个毁容的音乐天才在巴黎歌剧院的地下墓穴里神出鬼没，还经常出来闹一闹鬼；当他爱上了可爱的年轻女演员

《剧院魅影》剧照（2015 年）

《窈窕淑女》海报（2016 年）

克莉丝汀之后，发生的种种故事。这部经典之作曾三次到中国演出，均因剧场设备无法满足演出条件等原因而遗憾地与北京擦肩而过。拥有京城第一座国际水准音乐剧专业剧场的天桥艺术中心终于让《剧院魅影》首次与北京观众见面。一票难求的《歌剧魅影》在北京天桥艺术中心连续演出了 8 周共 64 场，吸引观众近 10 万人次，票房达 7200 万元，占当年北京整体音乐剧票房的 60%。

美国百老汇原版音乐剧《窈窕淑女》 2016 年 6 月，美国百老汇原版音乐剧《窈窕淑女》在其诞生 60 周年之际首次进入中国，在北京天桥艺术中心演出 13 场，观众 1.52 万人，票房销售 634 万元。故事见证了卖花女成为窈窕淑女的历程，直男癌与独立女性思想上的精彩碰撞夹杂其中。这部 20 世纪 50 年代的作品，讲述了霸道总裁与逆袭灰姑娘式的经典剧情，反映了当时社会的男女问题，各种看点、槽点、笑点总是出人意料。该剧本身也是一部经典传承之作。50 年代《窈窕淑女》问世之初，就赢得了包括“最佳音乐剧”在内的 6 项戏剧最高奖“托尼奖”。

韩国音乐剧《洗衣服》 2016 年，韩国音乐剧《洗衣服》首次进入中国，8 月在北京天桥艺术中心登台。该剧将目光聚焦在几名为寻找梦想来到首尔生活的平凡打工族身上，展现了挣扎在大城市底层市民们的生存艰辛及他们面对梦想逐渐褪色的生活现实仍积极向上的人生态度。天桥演艺区上演的音乐剧演员阵容强大，参与演出的 17 名演员均是韩国音乐剧之星，在多部优秀音乐剧作品中出演重要角色。该剧演出 8 场，观众 3350 人次，票房销售 33 万元。

法语原版音乐剧《罗密欧与朱丽叶》 2016 年 12 月 9 日，法语原版音乐剧《罗密欧与朱丽叶》在北京天桥艺术中心的大剧场首次亮相。该剧演出 13 场，观众 1.75 万

《罗密欧与朱丽叶》剧照（2016年）

人，票房销售797万元。威廉·莎士比亚名剧《罗密欧与朱丽叶》家喻户晓，自问世以来转战于舞台剧、芭蕾舞剧、电影甚至百老汇音乐《西区故事》等艺术表现领域，且版本不断翻新。法国乐坛教父级大师特拉尔·普莱斯居尔维科费时两年，在吸取了其他类型演出的精华外，更以法国音乐剧惯有的演出场面豪华、舞台设计恢宏、极富现代感的音乐、华丽的服饰、炫目的舞蹈等多种时尚与流行的元素，奢华却忠实地还原了《罗密欧与朱丽叶》，使古典与现代感完美结合。音乐元素不仅有优雅的管弦乐，还有电子合成音乐，通俗流行。剧中舞蹈演员的深厚芭蕾舞根基及特技表演，与音乐配合得天衣无缝，给观众的视觉和听觉带来了强烈的震撼。整部剧自始至终洋溢着青春气息，令人印象深刻。特拉尔·普莱斯居尔维科尤为重视他的这部得意之作在北京的第一次亮相，他不仅亲自随团监督，为艺术水准加持发力，还跟随北京天桥艺术中心工作人员“赶通告”，为音乐剧卖力“吆喝”。首场演出结束时，观众掌声不断，演员不得不返场表演了剧中《20当头》《世界之王》《维罗纳》的精彩段落。

百老汇殿堂级音乐剧《魔法坏女巫》 2017年5月，北京天桥艺术中心为京城观众献上一部百老汇殿堂级音乐剧。该剧亦堪称国际经典音乐剧，此次在京售票情况十分火爆，喊出了“百老汇请你向东看”的口号。该剧演出27场，观众36200人次，票房销售1627万元。《魔法坏女巫》是百老汇舞台近些年来的热门剧目之一，上映以来平均每周可以收入140万美元的票房。故事根据《西方女巫的命运与一生》改编，以《绿野仙

《魔法坏女巫》剧照（2017 年）

踪》中邪恶的西方女巫为主人公，讲述了她与北方女巫相互纠缠的人生。在剧情发展中，这两个站在世界两端的女性居然走到了一起，建立起牢不可破的友谊。除了美好的剧情外，该剧的音乐也博得乐迷的喜爱。

德国柏林喜歌剧院和英国 1927 剧团版莫扎特歌剧《魔笛》 2017 年 7 月，德国柏林喜歌剧院和英国 1927 剧团共同呈现的莫扎特歌剧《魔笛》作为北京天桥艺术中心的年度大戏之一，在天桥演艺区精彩亮相。歌剧《魔笛》演出 3 场，观众 3926 人次，票房 350 万元。《魔笛》是莫扎特在生命中的最后一年创作出的。当时莫扎特的生活已经处于贫病交加的状态，但是他仍然谱写出这部完全嗅不到生活苦痛的作品，并将精致的音乐与戏剧手法完美融洽地合二为一。该版本《魔笛》由德国柏林喜歌剧院联合英国 1927 剧团，在新任德国柏林喜歌剧院艺术总监巴里·科斯基的导演和制作下完成。剧作凭借大胆的视觉创意和演员精湛的表演，一经问世就大获成功，获得 2015 年“年度歌剧”称号，也让德国柏林喜歌剧院赢得了“年度歌剧院”的最高殊荣。

百老汇经典音乐剧《金牌制作人》 2017 年 12 月 12 日，风靡全球 16 年的百老汇经典音乐剧《金牌制作人》登上北京天桥艺术中心舞台。《金牌制作人》的首场演出，现场星光熠熠，蓝天野、姜昆、雷恪生、李玲玉、张越等人现身观看。该剧演出 17 场，观众 1.6 万人，票房销售 552 万元。《金牌制作人》曾经荣获 12 座“托尼奖”，得奖数量至今保持最高纪录，是百老汇最卖座的音乐剧之一，在百老汇演出超过 2500 场，并多

《金牌制作人》剧照（2017 年）

《天鹅湖》海报（2017 年）

次在世界范围内巡演。英国《每日邮报》评价该剧：“笑声不断，绝对欢乐！”《纽约时报》的评价是“叹为观止的出奇之作”。此次巡演是该剧首次来华演出，主办方尤为重视，邀请到了全球最佳的伦敦西区驻场演绎班底，工作人员几乎都来自百老汇和伦敦西区。为了保证演出质量，为观众献上最原汁原味的百老汇风格，演出的全套音响设备也是特地从美国纽约空运而来。在排练和演出过程中，演员们表现出的专业和敬业精神，让人由衷敬佩。

立陶宛国家歌剧芭蕾舞剧院《天鹅湖》 2017 年，北京天桥艺术中心第二届“国际新经典艺术节”迎来了来自立陶宛国家歌剧芭蕾舞剧院的《天鹅湖》。该剧演出 2 场，观众 2500 人次，票房 41 万元。《天鹅湖》由天才编舞家马里乌斯·彼季帕与列夫·伊万诺夫合作创作。该版《天鹅湖》中，浪漫隽永的童话故事、唯美飘逸的经典舞段受到世界无数观众的钟爱。

“一带一路”共建国家演出团体到天桥演出 2017 年，作为丝绸之路国际剧院联盟的成员，天桥艺术中心接待了来自近 30 个国家和地区的 64 个演出团体，共计场次 449 场，接待外国艺术家上千人。其中特别邀请了俄罗斯、立陶宛、意大利、德国、芬兰、法国、以色列、塔吉克斯坦等 11 个“一带一路”沿线国家的演出团体和艺术家到北京天桥艺术中心参加“国际新经典艺术节”的演出，获得了良好的社会反响。俄罗斯演出团队带给北京观众的是大型民族舞蹈秀《科斯特洛玛》；立陶宛演出团队带来的是经典芭蕾舞剧《天鹅湖》；德国带来了弗洛兹默剧剧团的看家大作《梦幻剧团》以及天后级爵士巨星乌特·兰帕演绎她的经典名曲合集《柏林最后的探戈》；法国国宝级女演员伊莎贝拉·于佩尔带来了杜拉斯的经典作品《情人》；芬兰带来的是由目前世界上历史最悠久的专业合唱团体——赫尔辛基男声合唱团表演的“芬兰赫尔辛基男声合唱团音乐会”。2018年1月11日至14日，俄罗斯莫斯科州俄罗斯国家芭蕾剧院演出芭蕾舞剧《天鹅湖》4场；2月19日至21日，乌克兰国家交响乐团新年音乐会演出3场。2019年5月16日至19日，俄罗斯话剧《叶甫盖尼·奥涅金》演出4场；10月19日至20日，波兰羊之歌剧团演出歌剧《李尔之歌》2场。

艺术论坛

亚洲音乐剧发展趋势论坛 2016年12月，由天桥演艺联盟主办的“2016亚洲音乐剧发展趋势论坛”在北京天桥艺术中心举行。众多国内及亚洲其他地区音乐剧制作人、演员、专家针对中国音乐剧如何发展的问题进行了讨论。论坛分为嘉宾主题演讲、圆桌

2016亚洲音乐剧发展趋势论坛

对话沙龙、李盾先生音乐剧经典音乐赏析等多个环节，天桥演艺联盟代表、联盟副主席杨秀兰发布了《2016 中国音乐剧指南》，对国内外音乐剧市场现状进行了理论研究和大数据分析，博得与会者的好评。本次论坛有利于亚洲音乐剧的进一步繁荣，对中国音乐剧的成长、成熟和影响力的提升产生积极的影响。

国际音乐剧产业高峰论坛 2018 年 11 月 21 日，国际音乐剧产业高峰论坛在北京天桥艺术中心小剧场召开。本次论坛由北京天桥演艺联盟主办，道略演艺产业研究院承办，北京天桥艺术中心协办，中国音乐剧协会、北京市西城区文化委员会、北京天桥演艺区建设指挥部、北京天桥盛世投资集团有限责任公司提供支持，400 多名音乐剧行业人士参与。论坛重点分析和探讨中国音乐剧产业在创作、营销、教育环节的现状，共同为天桥演艺区的生态构建出谋划策。论坛邀请了来自英国、美国、日本、马来西亚的知名专家，各自分享了国际音乐剧制作、运营、营销和人才培养的领先经验。

2018 国际音乐剧产业高峰论坛

风土民情

天桥地处老北京外城，是民俗文化的发祥地和聚集地，风土民情历史悠久，因时而生，秉持着京腔京韵。随着社会的进步、文化的发展，风土民情在扬弃的基础上，增加了新的内涵。在岁时节俗、礼仪习俗、饮食风俗、美食小吃、方言土语等方面深深地留有老北京的印记。

岁时节俗

春节 俗称“过年”。时间为农历正月初一。一年伊始，万象更新，古人常在此时举行朝贺，参加各种娱乐活动，迎神祭祖，占卜气候，祈祷丰收，逐渐形成内容丰富的新春佳节。从古至今，天桥市民春节期间的主要活动从上年腊月开始，直到新年正月十五结束，除夕为最高潮。春节期间，阖家团聚，拜望尊长，吃团圆饭，贴春联，放爆竹等。正月初一天明之际，亲友邻居之间互相拜年，作揖行礼，说吉祥话，共贺新年。

元宵节 时间为农历正月十五。因应节食品是元宵而得名，是春节活动的又一高潮，也是春节活动的尾声。旧时，节日当天天桥地区的大街小巷、民居、店铺均悬挂花灯供人观赏，有的在灯上贴谜语，增添赏灯的娱乐性。夜晚，市民不分男女老幼、贫富贵贱，都到街头观灯赏月和猜灯谜，俗称“逛灯”。燃放烟花是元宵节另一项娱乐活动，品种繁多的烟花爆竹与各色彩灯交相辉映，热闹非凡。民间花会在灯市表演舞狮子、踩高跷、耍中幡、跑旱船等，载歌载舞，锣鼓喧天，鞭炮通宵达旦，俗称“闹元宵”。正月十五吃元宵取团圆和美之意。至今仍有赏灯、吃元宵的风俗。

春节贴春联（2008 年）

元宵节灯谜会（2018 年）

清明节“祭先农、识五谷”活动（2012 年）

端午节包粽子活动（2016 年）

清明节 清明是二十四节气之一，一般在公历 4 月 4 日或 5 日。清明节的主要活动是扫墓。旧时，天桥居民清明扫墓，但祭扫仪式并不在清明当天，而是在临近清明的“单”日举行。清明前后天气转暖、草长莺飞，人们祭扫完毕，往往在野外踏青，悲伤而来、欢乐而归。至今仍留有清明节扫墓的习俗，祭扫活动以打扫、献花为主。

端午节 时间为农历五月初五。又称端阳节，俗称五月节。始于春秋战国时期，起源于江南。其由来有多种说法，民间流传最广、最有影响的是纪念屈原的说法。自古以来，端午节时南方人多举行“龙舟竞赛”活动，而明清两代的北京则讲究“熙游避灾”。五月初五上午，天桥区域的居民来到天坛，企望仰仗天神之力以避毒瘴，俗谓“避毒”。过午，到金鱼池、高梁桥、满井、草桥、积水潭“饮醵熙游”。端午节的应节食品是粽子，古称角黍、筒粽。角黍是因粽子的形状有棱有角，内包黄米而得名。筒粽是根据屈原投汨罗江后，人们用竹筒贮米祭祀而得名。天桥传统粽子是江米小枣粽和江米豆沙粽，外包竹叶或苇叶，折成菱形，用马蔺叶捆好，煮熟蘸白糖吃。糕点铺还卖枣泥、奶油、腊肉、火腿馅的粽子以及五毒饼、玫瑰饼、藤萝饼等。时令水果是樱桃和桑葚。端午节期间，各家在街门的两旁插菖蒲、艾草，谓之“蒲剑”“艾虎”，以辟邪驱瘟。小姑娘用硬纸条叠成菱形“粽子”，缠五彩丝线，戴在身上，到五月初五午时之后摘下来，扔到门外，谓之“扔灾”。还有在小孩头上用雄黄酒画“王”字的习俗，以期夏日避虫。至今仍有端午节吃粽子的传统。

中秋节 时间为农历八月十五，俗称八月节。因八月是秋季中间的一个月，而十五又在八月中间，故八月十五被称为“中秋”。八月十五月正明，象征人间团圆，故又称“团圆节”。有祭月、拜月、赏月、吃月饼之俗。节前，天桥地区各大糕点铺均应时出售中秋月饼，一般以“自来红”和“自来白”为主。其他月饼如提浆月饼、翻毛月饼、广东月饼等均有出售。此外还有特制的大月饼，直径一尺左右，上刻桂殿蟾宫、玉兔捣药图案，专为供月而用。八月十五夜晚，人们在庭院设香案，摆供桌和供品（月饼、水果等），全家团聚一起拜月。拜月结束后，全家围坐在一起吃“团圆饭”，外出不能回家的也留席位。正餐时，全家共食一个象征团圆的大月饼，称“团圆饼”，饮酒称“团圆酒”。中秋节应节的玩具是兔儿爷，即一种以兔子为原型的泥塑玩具，一般是人身、兔脸、长耳，有的顶盔束甲骑在猛虎身上，有的短衫担物，有的饮酒跳舞，姿态各异。小孩在八月十五前后供兔儿爷玩，是旧时北京特有的风俗。中秋节吃月饼的风俗保留至今。

重阳节 《易经》将“九”定为阳数，农历九月初九两九相重，故称“重阳节”。重阳节已有千余年的历史。古时，天桥地区的重阳节活动内容丰富，有登高、赏菊、饮菊花酒、插艾草等。清代，重阳节有登高、饮菊花酒、吃花糕等习俗。《燕京岁时记》载：“京师谓重阳为九月九。每届九月九日，则都人士提壶携榼，出郭登高。南则在天宁寺、陶然亭、龙爪槐等处，北则蓟门烟树、清净化城等处，远则西山八刹等处。赋诗饮酒，烤肉分糕，洵一时之快事也。”旧时北京的重阳花糕，有的是糕铺用烤炉烤出的酥饼，有的是用发面蒸出来的蒸饼，上“金”下“银”，中间夹上诸果。花糕上都插着五色小旗，以为标志，人们买去供于佛堂、祠堂，或作为礼品馈送亲友。重阳节也是女儿节之一，凡有出嫁的女儿者都备有糕点、水果等接女儿回家，谓之“归宁父母”。此外，重阳前后家家栽种菊花（也叫九花）。民国以后种种风俗渐淡，而登高的习俗相延至今。1989年，中华人民共和国政府将每年农历九月初九定为老人节。自此，天桥街道办事处每年逢此节均开展敬老慰问活动。

腊八节 时间为农历腊月初八。传统腊月初八为佛祖释迦牟尼得道之日，是佛教节日“成道节”。节日期间佛门弟子举行诵经活动，并用干果、杂粮煮成粥敬佛，称“腊八粥”，后流传于民间。天桥地区民间“腊八粥”种类很多，配料一般有芸豆、豌豆、小豆、豇豆、绿豆、小米、大米、高粱米等，加上小枣、栗子之类干果，熬成粥后再加上红糖、白糖等甜料。还有泡“腊八蒜”，腊月初八将米醋和蒜瓣一同放入坛子里，封上坛口，到除夕夜吃更岁饺子时食用，泡好的蒜呈碧绿色，配上深红米醋，给家宴添了节日色彩。天桥地区喝“腊八粥”、泡“腊八蒜”的习俗流传至今。

礼仪习俗

婚嫁喜庆

自元建都以来，天桥地区渐成为五方杂处之地，蒙古族的婚姻礼制也随之传入域内。长期交融，婚嫁中礼仪习俗逐渐形成，一般是男女双方订婚之后，男方要给女方一笔钱财，作为聘金。办喜事的前一天，新娘还要沐浴、剃面等，一切费用均由男方支付。成亲之日，双方还要大办筵席，广宴宾朋好友。

说亲习俗 按照传统的方式，天桥地区人士说亲时，要先托媒人往女家问名，将男女生年属相相合，只要双方生肖并无相冲，即可合婚。婚约确定后，男家便要择吉日，带备红柬（婚书）举行订婚礼。男家要给女家送上衣物、首饰、洋酒及果饼等礼物，叫“过礼”。但这只是“小定礼”，婚期前一个月，还得送“大定礼”，一般是吃穿用品、洋酒及活鹅，样样俱全。至吉日临近，男家还要给女家送上“催妆礼”，有猪羊肉、干面、年糕等。其中“肉”的含义是要女家割离骨肉，让女儿出嫁；年糕则是女儿出嫁后步步登高之意。女家在男家“催妆”后，便要立即将嫁妆送往男家，以装设新房。

聘礼 天桥地区旧时男女双方家长说媒、相亲、订婚后，男方送彩礼至女家，表明聘定女方为妻。聘礼多为具有象征意义的物品。聘礼是婚礼前最后也是最重要的环节。

陪嫁 旧时，女方收到男方送来的聘礼后，在出嫁前一天下午将娘家陪送的嫁妆送往男家。中等人家陪嫁一般为 24 抬或 32 抬。有的人家陪嫁有相应还礼之意，原则上以男方聘礼增一倍还礼。20 世纪 90 年代后一般都是男方准备新房，女方的陪嫁一般则是新房的家具电器，独生子女家庭一般是两边做新房。

娶亲 旧时，娶亲吉期一到，喜轿执事上门，娘家忙着打发上轿，夫家忙着迎娶进门，排场大且隆重，礼数也多。“娶亲太太”相当于媒婆，扮演着重要角色，随喜轿执事上门迎亲，引导行礼，并主持婚礼仪式。另有傧相指导新郎、新娘完成婚礼礼节。

洞房坐帐 新人拜过天地后，上炕抓盖头，夫妇才算正式见了面。拜堂后要“闹新房”。新婚夫妇进行同吃“子孙饽饽”、喝交杯酒、撒床、上头等仪式。其中贯穿着祝愿新人称心如意，家道发达兴旺的主题。

回门 洞房花烛夜后第二天一早，新婚夫妻要一同祭拜神、佛和宗亲三代，并拜见父母等长辈，定名分，认大小。婚礼举行后的第三天，通常新娘要回娘家与父兄亲友行回见礼。这就是所谓的“回门”，也叫“回酒”。一般是一大早娘家便派人赶着马车来接新娘，新娘临行前，向公婆叩头，然后与新郎坐马车到娘家会亲。到娘家后，新郎、新娘要向家堂中的神、佛及宗亲牌位行礼，然后给女方父母及长辈们行叩首礼。见完礼后，女方父母便摆开宴席，请新郎、新娘及亲友喝酒。饭后，新郎独自回家，新娘则要到晚上才能回家。现今“回门”习俗尚存，因多为独生子女，许多人家新郎也有“回门”的。

生子 天桥地区居民生子包含大量满族习俗。不少人家在家里供奉着“送子娘娘”。无子者供之，是为了求子；有子者供之，是为了保佑孩子健康成长。依旧俗，生子满三天必须“洗三”，这是满汉合璧的混合习俗。现今，天桥地区居民生子习俗主要是给孩子做“满月”“百天”“周岁”。孩子过“满月”“百天”“周岁”，父母多是到照相馆或自己亲自给孩子拍纪念照，并在照片上写上纪念的字句。也有的父母将婴儿的出生庆贺仪式录成音像、制成光盘，还有的用婴儿的胎发制成毛笔，以作纪念。

丧葬哀悼 旧时，天桥地区人死后的停丧日期因家境不同而有长有短。除“四天接三五天埋”和极贫之家不计时日外，有七天、九天、十一天、十三天和三七、五七、七七（四十九天）种种日期，都是三日接三，出殡前一天伴宿，其中念多少棚经并不设限。早年人死后很少借庙宇移灵办事，都是在本宅搭棚办事。人死的当天一方面准备棺殓，一方面招棚铺搭棚。搭棚是平地立杆，顷刻便成楼台。所搭的棚按不同季节区分质料：冬日搭“暖棚”“布棚”；夏日搭“凉棚”“席棚”。

以形式分：大富人家可搭“起脊棚”“三殿两卷棚”“一脊一平棚”，有脊棚只能用在丧事上。中等人家都搭“平棚”，上素玻璃。下等人家好的可以搭“一撒竿凉棚”，次的只能支“布帐子”。丧事灵前应有月台，并有头号、二号、三号之分。头号月台上有天井，可以由前、左、右设阶。二号月台稍小一点，三号月台设天井，只前方一阶。穷家没有月台，可以平地安栏杆，再穷也可不安栏杆。有身份的人家，棺木例加红锦“落地罩”，左右设幔帐，由外看不见守灵的丧家妇女。灵前扎素花灵帏，前挂白布灵帏，棺前设红锦大座椅，椅前设灵桌，桌上设“闷灯”和“五供”。旗籍世家还在桌前设矮桌，上放“锡奠池”，池左设“执壶”和“奠爵”，备来宾奠酒致祭。如遇皇帝赐奠或尊长上辈致奠，即改设高茶几，以便立奠。汉人不设奠池，体统的人家设高茶几，预放香炉燃炭，备檀香，备来宾拈香致祭。次一等的在“五供”内高香炉中放五炷高香或白素锭，白纸黏妥，来宾举香后，仍插入炉中。月台中心设蓝布拜垫，上罩红毯，表示丧家不敢请来宾跪素垫，而由来宾自行揭去红毯以示谦逊。1985 年，天桥地区实行殡葬改革，由土葬改为火葬。

拜师收徒 从晚清到民国，对天桥一带的民间艺人来说，拜师的根本动机是为了养家糊口。拜师仪式意味着自己成了一个宗派的传承者。民间艺人拜师十分讲究，举行仪式的同时还立拜师帖。一般拜师帖明确规定授业内容、学艺等。

在天桥演艺圈里，拜师收徒仪式从古至“文化大革命”前都有。“文化大革命”期间对拜师收徒仪式明令禁止。20 世纪 80 年代后，拜师收徒仪式开始恢复，21 世纪开始逐渐规范。

2016 年 7 月 21 日，为纪念全国第十二个非物质文化遗产日、推动民间文化艺术的传承，由天桥民俗文化协会、中国老教授协会民俗专家委员会主办的天桥民间艺术家集体收徒仪式在天桥街道办事处举行。北京民俗协会秘书长高巍、北京天桥民俗文化协会顾问姚振声作为见证人，和老天桥民间艺术参与者、爱好者以及辖区居民一起参加仪式。收徒仪式上，中国古彩戏法穆派第四代传人、天桥古彩戏法老艺人班秀兰（小荷花）女儿吕云收张利、刘壮为徒，张利、刘壮正式成为中国古彩戏法穆派第五代传承

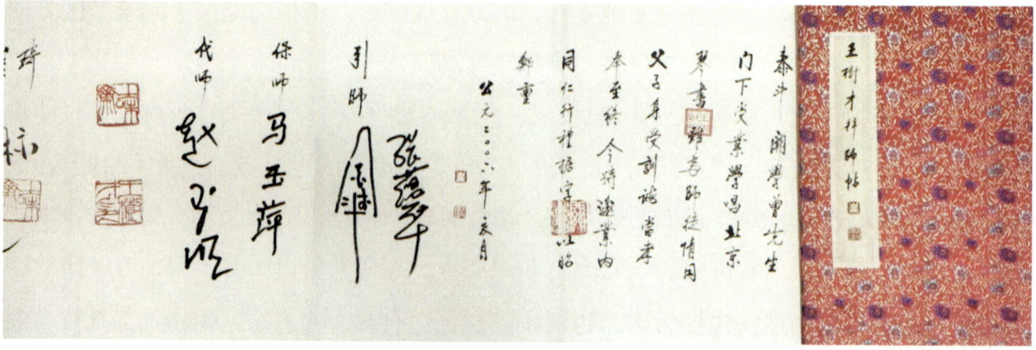

王树才拜师帖（20 世纪 40 年代）

天桥艺人集体收徒仪式（2016 年）

人。1978 年考入天桥老艺人评剧团，曾拜老艺术家金砚霜、马征为师的天桥评剧团团长王蓓，喜收第四个弟子——年方 4 岁的唐沁琳。著名戏曲化妆师崔广社，自愿毫无保留地把从老艺人身上学到的戏剧容妆艺术，传给蔡庭、杨志永两位爱徒。徒弟们给师傅行磕头礼后，师徒互赠纪念品，向见证人、观众行礼三鞠躬礼，仪式见证人、民俗专家向拜师徒弟们颁发了证书。

饮食风俗

餐桌礼俗 饭桌上的文化，就是“饮馔文化”的通俗叫法。在天桥，不同的家族或家庭在社会、经济、习惯、环境的影响下，形成了各自特色的饭桌文化，众多家族在饭馔方式上有家宴、宾宴和便宴。家宴是指家族自己为过节和各种喜庆活动而设的宴席；宾宴是指宴请亲戚朋友的宴席；便宴是指家常便饭。

旧时，天桥饭桌上各种礼仪十分讲究，折射出老北京的价值观念，构筑了以“礼”“孝”“德”“教”为内容的饭桌文化。“礼”是指饮馔的礼节和礼仪，它反映了家族的道德观念、风俗习惯形成的礼节、仪式和个人的礼貌要求。家宴、便宴要以“长”（家长、长辈）为主，宾宴要以“客”为主。“孝”是指家宴时要尊重长辈，要尽孝道。入席时大家按排行顺序入座，年纪小的孩子要另桌而食，长辈不动筷子晚辈不能先夹菜。“德”是一种品行，在家族的饮馔中有“让、度、俭”的要求。“让”是要求大家相互谦让，不要好吃的抢着吃，要先让别人吃，哪怕都被别人吃光了也不能有怨气，要做到让为先；“度”是要求喝酒、吃饭要有度，不能暴饮暴食，更不能劝酒无度、置人于醉；“俭”是要节俭，不能浪费，尤其要求孩子不能浪费粮食，不要铺张奢侈。“教”是指通过口传身教、耳濡目染，潜移默化地继承家族中的老规矩和礼俗，养成较好的饮食习惯，进而形成礼重形式、孝重心理、德重行为的饭桌文化。

旧时，天桥人用餐规矩颇讲究，反映其朴素的心理和千百年来养成的饮食文化风俗习惯。吃饭时不能将筷子插在盛着米饭的碗里，特别是家中有七八十岁老人的，绝对不允许将筷子插在盛满米饭的碗里。这是因早年间家里死人后要摆供品，其中“倒头饭”就是将筷子插在盛满米饭的碗里。如果将筷子插在盛着米饭的碗里，是对家中老人的最大不敬。吃完米饭后，碗里要一干二净，不能有剩余的米粒粘在碗上。老辈人常对年轻人说，碗上粘着米粒，将来就要娶个麻脸的媳妇，实际上是告诫年轻人要养成珍惜粮食和勤俭持家的好习惯。吃米饭不够时不能说“要饭”或“再要一碗”，要说“再来一碗”或“再盛一碗”，因过去老北京人将街上的乞丐称为“要饭的”。吃饭时不能吧唧嘴，喝汤时不能出声音，要用勺一下一下轻轻地喝，不能端起碗大口大口地喝，如果声音过大，会被视为对旁边吃饭人的不尊敬和没有教养。不许用筷子敲打饭碗，饭菜没端到桌子上时，孩子们要静静地坐在桌前等待。如果哪个孩子不懂事用筷子敲打饭碗，大人会马上训斥：“我这儿不收要饭的。”因为过去街上的乞丐多是一边敲打饭碗一边乞讨。吃饭时不能闲聊，过去老北京人讲究“食不言”“餐不语”，特别是大户人家的家人坐在一起吃饭时，不许随便说话。尤其是孩子，吃饭就是吃饭，谁要是吃饭时随便说话，轻者会受到大人的训斥，重者会被大人用筷子打上两下。吃饭时不能随便换座位，不能端着饭碗一会儿坐这儿，一会儿坐那儿。因为只有街上的乞丐才是要了一家又一家，不断变换“位置”。吃饭时，若是谁不小心失手将饭碗、菜盘子等打碎了，要连忙说一声“碎碎（岁岁）平安”，以缓和气氛。

饮食习俗

立春吃春饼 立春，有时在农历十二月，有时在农历正月，民间亦称其为“打春”。一过了“立春”，就意味着冬季结束，进入了春天。为庆祝新一个四季轮回的开始季节，天桥地区自古便有吃“春饼”的习俗。每年立春这天，都要吃“春饼”，并且还为这个习俗起了个生动的名字——“咬春”。

春饼名“饼”，其实由好几种食物组合而成。做春饼的时候，须用热水烫面，这是为了增加面饼的韧性，以防止烙好的饼卷上菜之后裂开或者被撑破。然后加上香油，在饼铛上烙成双合饼（即由上下两片组成，揭开则成为两张薄饼）。饼的个头比一般的烙饼小，但又比吃烤鸭用的面饼大，自家做的春饼一般和盛菜用的碟子大小相当，直径20厘米左右。因为面饼很薄，只有两层，烙的时候要注意控制火候，以求烙的饼色泽金黄、香软可口。

春饼的配菜一般由三样菜搭配而成，分别是炒和菜、熟肉丝（或肉片）和摊鸡蛋。其中又以炒和菜尤其重要，俗有“春饼和菜”之称。炒和菜是用新鲜的豆芽菜和干粉丝一起烹炒而成。豆芽菜须是绿豆芽，且一定是当年新长成的芽菜，这样才有“春”的味道。这道菜讲究的做法是拌和菜而非炒，将豆芽菜过水焯好，将干粉丝煮熟，浇上用淀粉、醋、老抽、生抽勾兑成的汁，再倒入蒜泥拌匀，即成。熟肉丝（或肉片）是用“熏”“酱”的手法做出熟肉制品，切丝（或切片）入菜。摊鸡蛋的做法是油热后向锅中放入葱花爆香，然后将打散的鸡蛋倒入翻炒至金黄即可出锅，由于这道菜色泽金黄，又叫“摊黄菜”。饼和配菜做好后，将配菜卷入饼中，两头封口，即可食用。

天桥人吃春饼没有特定的规矩，将饼和配菜都准备齐全后，还可以根据食者的喜好自行添加其他食材，如吃肉的时候就可以先把肉蘸上黄酱（或甜面酱）再卷入饼中，也可以在卷饼时加入葱丝提味。或者，也可以加入炒菠菜、炒韭菜、炒黄花木耳等。另外，吃春饼时也

春饼

头伏饺子

二伏面

三伏烙饼摊鸡蛋

少不了喝粥，随吃随喝。立春时节，全家老少围坐一桌，吃着春饼，满怀希望地憧憬着下一季，浓浓饼香，融融亲情。

三伏天食俗 天桥三伏天食俗讲究头伏饺子二伏面，三伏烙饼摊鸡蛋。因伏天时炎热，汗流浃背的人们都愿在此时吃一些简单少油又清淡爽口的食物，所以就衍生出伏天吃饺子、面条、烙饼的食俗。天桥人一年四季都爱吃饺子。在伏天吃的饺子品种及用馅也多种多样，有水煮饺子、烫面饺子、油煎饺子、锅贴饺子等；饺子馅有肉的，有肉拌南瓜、倭瓜、西葫芦的，有韭菜的，还有用鲜藕、木耳、鸡蛋、口蘑制成的；许多人家还喜欢制作瓜馅的锅贴饺子。

立秋“贴秋膘” “一场秋雨一场寒，十场秋雨就穿棉”，这是一句京城俗谚，意思是说，随着秋天的到来，天气将会慢慢显出凉意。在天桥，秋天到来还有一个习俗——“贴秋膘”。

天桥人通常选择在立秋这天“贴秋膘”。所谓“贴秋膘”，其实是关于在秋天补充营养的一种很形象的说法。“膘”就是“膘肥体壮”的“膘”。之所以选择在秋季“贴膘”，是因为夏季天气闷热，暑气旺盛，人的胃口一般不太好，饮食上多以清淡为主，再加上体力消耗比较大，往往会造成大量营养流失。过去，人们通常选择在立秋这天“悬秤”称人，将称得的体重与立夏时相比，倘若体重减轻了，便被称作“苦夏”。立秋一到，天高气爽，温度开始下降，苦夏之痛即将过去，“贴膘”的时候也就到了。这样做，一来是为了滋养身体，补充营养；二来也通过改变饮食内容使人们在意识上

立秋“贴秋膘”之酱肘子

确认秋天的到来。

“贴秋膘”食材首选是肉类。一般家庭最常见的做法是炖猪肉。随着时代的发展变迁，天桥人为“贴秋膘”赋予了科学的内涵。进入21世纪，诸如五花肉一类的高脂肪高蛋白的食物已开始逐渐远离人们的餐桌，取而代之的是低脂肪高蛋白的食品。“贴秋膘”的“膘”也已不再仅仅局限于肉类。

传统风味

美食

天桥地区有许多著名的饭店、宾馆。这些饭店、宾馆在长期的经营中形成了独特的饮食文化，相继推出北京烤鸭、京酱肉丝、老北京炸酱面等京味佳肴名菜，备受顾客青睐，部分菜肴还获得了中国饭店协会等颁发的证书，弘扬了京城饮食文化，传承了老北京精髓。

北京烤鸭　具有世界声誉的北京著名菜式。用料为优质肉食鸭，果木炭火烤制，色泽红润，肉质肥而不腻，外脆里嫩。烤鸭的制法可分为两种：焖炉烤鸭和挂炉烤鸭。焖炉有炉门，使用秫秸为燃料。待烤炉内壁烧热到一定温度后灭火，然后将鸭子放入烤炉内，关闭炉门，凭借炉壁的热力将鸭子烘烤而熟。挂炉没有炉门，使用果木（多用枣木或梨木）为燃料。挂炉烧制时炉膛是开放的，鸭子入炉后，要用挑杆有规律地调换鸭子的位置，以使鸭子受热均匀，周身都能烤到。挂

北京烤鸭

炉烤鸭和焖炉烤鸭片法不同。挂炉烤鸭讲究每一块肉上都必须有皮，焖炉烤鸭是皮肉分离的。烤制完成的鸭子用刀削成小片，叫作“片鸭”，配以大葱丝、黄瓜丝、甜面酱，用薄饼卷着食用。

京酱肉丝　北京著名菜式。该菜品在制作时选用猪瘦肉为主料，辅以甜面酱、葱、姜及其他调料，用北方特有烹调技法“六爆”之一的“酱爆”烹制而成。成菜后，咸甜适中，酱香浓郁，风味独特。制作步骤：里脊肉洗净切丝，将蛋清、酱油、淀粉、料酒加入肉丝中拌匀；干豆腐切小方块。锅内加油，加热后放入肉丝迅速滑开，待肉色变白后立即捞出。锅中留适量的油，大火烧热，放入甜面酱、白糖，改小火用锅铲翻炒，炒至酱香扑鼻，并冒出小泡，改大火加入肉丝快炒至入味。把炒好的肉丝码在盘里，放上小黄瓜段和葱丝，即可与干豆腐一起食用。

老北京炸酱面　北京传统吃食，由菜码、炸酱拌面条而成。炸酱面的特点是面筋道爽滑、酱香浓郁。比较常见的是猪肉丁炸酱面。讲究冷天吃“锅儿挑”热面，热天吃过水凉面，并且根据季节再佐以时令小菜，做“面码”。炸酱面里一般会配上芹菜丁、豆芽、黄豆、心里美萝卜丝、白萝卜丝、黄瓜丝等。由于菜码很多，一般不需要配凉菜，再来瓣蒜就够了。肥瘦相宜的猪绞肉，与洋葱爆炒后，再与甜面酱和豆瓣酱混合焖制。浓浓的酱香喷香扑鼻，与面条拌在一起，让每一根面条都裹满酱香浓郁的炸酱。制作炸酱时将油锅烧热，倒油。待油烧热后，放入肉丁，煸一煸；待肉丁八成熟时，把调好的酱倒入锅内，调成小火慢慢熬酱，用锅铲不断搅动，以免粘锅。同时视酱的稠稀添加适量的水，待酱出香味、色泽变成油亮的微黄色时关火，盛酱出锅。

京酱肉丝

炸酱面

爆肚

炖吊子

爆肚 北京风味传统美食。多为回族居民经营。爆肚早在清乾隆年间（1736—1795）就有记载，北京的清真餐馆和摊贩经营爆肚。北京天桥以“爆肚石”最为出名。爆肚有羊爆肚和牛爆肚。牛爆肚分牛百叶和牛肚仁，羊爆肚分9种。爆分为油爆、水爆。油爆是饭馆、饭庄的做法。水爆是小吃店的做法。所谓水爆肚，就是把羊肚或牛肚（包括千层百叶）切成细丝，放入开水中焯一下，将其爆熟，时机恰到好处就能保持肚丝的鲜、脆、嫩、爽口。吃爆肚时，必须要趁热蘸佐料吃，才能品尝到其特有的风味。佐料置放于小碗内，其中有芝麻酱、醋、生抽、辣椒油、香油、味精、白砂糖、白酒、豆腐乳和虾油等，将其调匀，撒入香菜末、小葱末，边吃边蘸，滋味醇厚。水爆肚不仅风味独特，还有健脾养胃的功效，因此深受群众欢迎。

炖吊子 北京传统吃食。其清淡鲜美，亦汤亦菜。它以猪肠为主，加猪心、猪肚、猪肺等，独不加猪肝，以炖的方法制熟。制作时将猪肺、猪肠、猪心、猪肚洗净，先用开水焯5分钟捞出用净水漂洗，然后再下锅，煮两至三小时，捞出控干，晾凉。所有原料分别改刀，切成2厘米见方的块。将所有料块加高汤上火煮开，改温火炖半小时，加葱、姜末、精盐、料酒、米醋、酱油，调好味即成。食用时加香菜末、葱丝、味精。

麻豆腐 北京特色传统吃食。其灰白红绿相间，口感香醇味厚，别有风味。麻豆腐的原料是雪里蕻、羊尾油、黄豆酱、青韭。炒麻豆腐时，加一些雪里蕻是为了让炒出的麻豆腐有筋骨；用切成丁的羊尾油炒，会更香，盛一勺炒好的麻豆腐放到嘴里，吃到羊尾油时会咬出一股油来。制作时，锅烧热倒油，将葱段、姜片倒入爆香，下麻豆腐翻炒，根据锅中情况再适量加点油以防粘锅。放入酱油不断翻炒，然后倒入大量热水，水要没过麻豆腐，大火煮开起泡。煮开后火调小一些，一边煮一边用铲子不断翻炒。炒至水与麻豆腐完全融合，盛出装盘。干净锅烧热倒入少许油，将干红辣椒倒入炸出香味关火，最后将辣椒和油一起倒在炒好的麻豆腐上即可。

小吃

天桥小吃几乎集北京风味小吃之大全，有110多种，如豆汁、焦圈、豆腐脑、卤煮、炒肝、羊霜肠、面茶、茶汤、灌肠、糖耳朵、糖火烧、驴打滚、艾窝窝、豌豆黄等。花样众多的小吃，给当地居民和游客带来极大的方便，满足了不同顾客的需要。

豆汁 老北京独具特色的传统小吃。根据文字记载已有300年的历史。豆汁是以绿豆为原料，将淀粉滤出制作粉条等食品后的剩余残渣进行发酵产生的，具有养胃、解毒、清火的功效。制作方法：将绿豆杂质筛净，淘洗干净，放入盆内用凉水泡十几个小时。待豆皮用手一捻就掉时捞出，加水磨成稀糊，把粉浆倒入大缸内。经过一夜沉淀，白色的淀粉沉淀到缸底，上面是一层灰褐色的黑粉，再上一层即是颜色灰绿、质地较浓的生豆汁，最上层是浮沫和浆水。撇去浮沫和浆水，把生豆汁舀出，在煮之前还需再沉淀一次，沉淀好后，撇去上面的浆水。锅内放入少许凉水，用旺火烧沸后倒入生豆汁，待豆汁逐涨并将溢出锅外时，立即改用微火保温，随吃随盛，并佐以辣咸菜同食。

焦圈 老北京传统特色小吃。其色泽深黄，形如手镯，焦香酥脆，风味独特。在老北京，男女老少都爱吃焦圈。北京人吃烧饼爱夹焦圈，喝豆汁时也爱就着焦圈。焦圈的制作，需用温水化开盐、碱和少许矾，加水拌和面粉成面团后，用手反复压揉面团，揉匀后放案板饧3个小时。然后把面团压扁，用刀切成5厘米宽的条，取成条面坯置案板，用一手按住一端，另一手托住面坯的另一端，捋成长扁片，厚约6厘米。用刀把面片切

麻豆腐

豆汁焦圈

成4厘米宽的剂，每两剂叠在一起，用小炸刀中间切一刀，两边不能切通，稍连一点。油烧至五成热时，用手拿住生焦圈坯的一头下油锅，随即用筷子从中间撑开，使之成手镯形，定型后翻过来，炸至枣红色出锅控油，即成香酥脆的焦圈了。

豆腐脑 北京传统小吃。其洁白软嫩，鲜香微辣，与烧饼同吃，别有风味。食用时，先将豆腐脑盛在碗内，在豆腐脑上浇浇卤、辣椒油，撒上蒜泥即成。豆腐脑制作步骤：将黄豆用凉水泡胀，加水磨成稀糊，越细越好。然后再加凉水搅匀后，装入布袋反复滤出浆水，直到豆渣不腻为止。撇去浆汁上的浮沫，用大火烧开，并用盆子盛起。将熟石膏粉放入木勺，加温水调匀，使浆汁与石膏在翻滚中充分融合，静置5分钟后，撇去浮沫，下面凝结起来的就是豆腐脑。浇卤的做法：将羊肉切成薄片。将口蘑洗净后用稍多的水泡出汁，取出口蘑切块。用泡口蘑的汁水、蒜泥、盐、菱粉及清水调成芡汁待用。用锅把凉水烧沸，放入切好的羊肉片，加上盐、酱油、味精再烧沸，将调好的芡汁边倒入边搅和，即成浇卤，撒上口蘑块，浇上用烧热麻油炸焦的花椒即成。

卤煮 北京著名的地方传统小吃。卤煮起源于北京城南的南横街。据说清光绪年间（1875—1908），因为用五花肉煮制的苏造肉价格昂贵，所以人们就用猪头肉和猪下水代替。经过民间烹饪高手的改进和传播，久而久之，造就了卤煮。卤煮在北京人当中很受欢迎。其中火烧切井字刀，豆腐切三角，小肠、肺头剁小块，从锅里舀一勺老汤往碗里一浇，再来点蒜泥、辣椒油、豆腐乳、韭菜花。热腾腾的一碗卤煮端上来，火烧、豆腐、肺头吸足了汤汁，火烧透而不黏，肉烂而不糟。其中味道最厚重的还是小肠，肠酥软，味厚而不腻，没有任何异味。因为是老汤的缘故，口轻的人如果觉得汤口有点咸，可以向店家要些白开水兑入汤中。

豆腐脑

卤煮

炒肝

煎灌肠

炒肝 北京特色传统小吃。其具有汤汁油亮酱红，肝香肠肥，味浓不腻，稀而不澥的特色。炒肝是由宋代民间食品“熬肝”和“炒肺”发展而来，以猪的肝脏、大肠等为主料，以蒜等为辅料，以淀粉勾芡做成。虽名为炒肝，但其实主料以猪肥肠为主，猪肝只占1/3。制作方法：先将猪肠用碱、盐浸泡揉搓，用清水加醋洗净后再煮。开锅后改用文火炖，锅盖盖好使肠子熟透而不跑油。猪肠烂熟后切成小段，俗称“顶针段”，再将鲜猪肝洗净，用刀斜片成柳叶形的条。在熬热的食用油中放入大料，炸透后放入生蒜，蒜变黄时立即放入适量的黄酱，炒好置于罐中备用。此外还要熬些上好的口蘑汤。将熟肠段放入沸汤，再放入蒜酱、葱花、姜末和口蘑汤，然后将鲜猪肝条放入锅中，以淀粉勾芡，最后撒上一层蒜泥即成。

灌肠 北京古老独特的传统小吃。其从明朝开始流传。灌肠分两种：一种为大灌肠，将猪肥肠洗净，以优质面粉、红曲水、丁香、豆蔻等10多种原料调料配制成糊，灌入肠内，煮熟后切小片块，用猪油煎焦，浇上盐水、蒜汁，口味香脆咸辣。另一种为小灌肠，用淀粉加红曲水和豆腐渣调成稠糊，蒸熟后切小片块，用猪油煎焦，浇盐水蒜汁食用。灌肠外焦里嫩，用竹签扎着吃，颇显特色。

面茶 北京传统小吃。面茶不是茶汤，是黍子面或小米面煮成的糊状物，表面淋上芝麻酱，芝麻酱要提起来拉成丝状转着圈地浇在面茶上。老北京讲究喝面茶不用勺不用筷，而是要一手拿碗，先把嘴巴拢起，贴着碗边，转着圈喝。面茶很烫，因此吸溜更为合适。

茶汤 北京传统小吃。相传茶汤源于明代，因用热水冲食，如沏茶一般，故名茶汤。茶汤用龙嘴大铜壶冲制，水烧开后，铜壶盖旁的小汽笛“呜呜”响着，冲茶汤的师傅一手端碗，一手掀起铜壶，壶嘴向下倾斜，一股沸水直冲碗内，水满茶汤熟。茶汤的主料是秫米面（高粱米面）、糜子面，调料有红糖、白糖、青丝、红丝、芝麻、核桃仁、什锦果脯、葡萄干、京糕条、松子仁。用滚开水把秫米面冲成稀糊状，加上各种调料，即可食用。吃起来又香又甜又滑爽，极为可口。

老天桥“茶汤李”

羊霜肠 北京传统小吃，也叫羊霜霜、羊肚。羊霜肠是用羊的小肠灌上羊血制成，因为羊小肠里多挂有肠油，翻过来后，白似秋霜，故名羊霜肠。其色泽洁白，软嫩利口，味道鲜香。制作时将羊肠洗净翻过来，去掉污物，冲洗干净。羊血加适量精盐和匀，灌入羊肠内，两头用绳扎紧，放入沸水中略烫。芝麻酱用凉开水调开，葱洗净切 3 厘米左右的段，姜去皮切片，香菜洗净切末，干红辣椒用芝麻油炸成辣椒油。锅内加清水烧沸，一手拿着羊霜肠的一头，一手用小刀每隔约 2 厘米宽割一刀，第一刀不要割断，深度为肠直径的 2/3，第二刀断下入沸水锅里。这样逐刀将羊霜肠割完为止。然后，加花椒、葱段、姜片同煮 20 分钟，撇去浮沫。食用时连汤一起盛入碗内，浇上芝麻酱、辣椒油，撒上香菜末即可。

羊霜汤

糖火烧 北京传统小吃。糖火烧香甜味厚、绵软不粘，外皮酥脆，内瓤层次分明，筋道利口。制作时先将红糖加面粉搓散烤熟，加入麻酱、桂花、油，和成芝麻酱馅；用干面粉加发面，发酵后兑碱。醒面后，将面分成 500 克一块并搓成长条，然后甩成栅子，抹上糖酱，随药随卷成筒形，揪成 50 克小剂，揉成圆形小桃，摁扁码入烤盘，放入烤炉烤熟即成。

糖火烧

糖耳朵 北京传统小吃。又称蜜麻花，因为它成形后形状似人的耳朵而得名。1997 年被评为“北京名小吃”和“中华名小吃”。糖耳朵棕黄油亮，质地绵润松软，甜

糖耳朵

驴打滚

蜜可口。制作时将一块面和好发酵上碱，另用一块面和上红糖。做时将发酵面分成两块，一块擀开后，将红糖和的面铺上，再擀另一块发酵面，铺在红糖面上面，这样就成了两层酵面、一层糖面。用刀切下5厘米左右的长条，将长条一边摁薄，成坡形，把薄边和厚边合到一起，再切成重40克左右的小块。在小块中间开一刀口，然后打开，将薄的一面往里翻过去，厚的一边一折就成了耳朵形的坯子了。花生油烧五成热，分批将坯子放入油中炸成金黄色后捞出，沥尽油，趁热放入温热的饴糖中泡一分钟，称“过蜜”。浸透后，捞在盘里晾凉即成。

驴打滚 北京传统小吃。成品黄、白、红三色分明，煞是好看。因其最后制作工序中撒上的黄豆面，犹如旧时北京郊外野驴撒欢打滚时扬起的阵阵黄土，因此得名“驴打滚”。驴打滚的原料有大黄米面、黄豆面、澄沙、白糖、香油、桂花、青红丝和瓜仁。它的制作分为制坯、和馅、成型三道工序。黄米面加水蒸熟，和面时稍多加水和软些。另将黄豆炒熟后，轧成粉面。将蒸熟发黄米面外面沾上黄豆粉面擀成片，然后抹上赤豆沙馅（也可用红糖）卷起来，切成100克左右的小块，撒上白糖就成了。制作时要求馅卷得均匀，层次分明，外表呈黄色，特点是香、甜、黏，有浓郁的黄豆粉香味。做好的驴打滚外层粘满豆面，呈金黄色，豆香馅甜，入口绵软，别具风味。

艾窝窝 一种历史悠久的北京风味小吃，颇受大众喜爱。制作时的主要食材包括糯米（江米）和面粉制成的外皮。其内包的馅料多样，有核桃仁、芝麻、瓜子仁、山药泥等营养丰富的天然食材，质地黏软，口味香甜，色泽雪白，常以红色山楂糕点缀，美观、喜庆。因其皮外糁薄粉，上作一凹，故名艾窝窝。

艾窝窝

豌豆黄 北京传统小吃。是北京春季的一种应时佳品。制作时通常将豌豆磨碎、去皮、洗净、煮烂、糖炒、凝结、切块而成。成品后，外观呈浅黄色，味道香甜，清凉爽口。

老北京冰糖葫芦 北京人喜爱的风味小吃。吃起来又酸又甜。制作方法：把山楂横切拧开，用小刀把核挨个取出。山楂去核后搁上一块豆沙馅，把另一块盖上，粘上芝麻，插上牙签。熬糖最关键，糖水比例是2∶1，一定要先放糖后放水，大火烧开，开锅之前要不停用筷子搅拌。烧开后改中小火慢慢熬，此时最好不要去搅动糖汁。当糖变成浅金黄色，泡沫看起来非常均匀就可以蘸糖葫芦了。

豌豆黄

老北京冰糖葫芦

方言土语

天桥属北京方言土语区，其方言土语极具代表意义。

俗语

点卯：到那儿报到或看一眼，打个照面。

炸了庙：惊愕，急眼。

练家子：练武术的人。

瞎了：倒霉了，完了。

摔咧子：发脾气。

大拿：能做主管事的人。

火筷子：老北京人捅火炉子的铁棍，也叫“通条”。

唏溜儿：说话用鼻子吸气，即不爽利。也可写作“吸溜儿”。

点儿背：不幸的遭遇、运气，即所谓的背时。

糟践：埋没、糟蹋。

一绷子：很长时间。有时也说一绷儿。

怯勺：不懂行，闹笑话。常说“露（读作漏）怯”。

怯底儿掉：知道对方的老底。

扫听：四处探听，扫听与打听不同，“扫”带有更为主动的意味。

逗牙签子：开玩笑。

消停：踏实。

端了：抄了。“端”即“连锅端”。

全须全尾：完整，整个身子。尾，读“以儿”。

应场：到某种场合参加活动。

翻扯：发急，发火。

把不住边：说话没谱，爱吹善侃。

掉腰子：耍花招。

熬头：心里烦恼，也写作“熬惱”。

睖：斜眼瞪。

哈着：央求。哈，有点头弯腰、巴结对方的含义，常说“哈着腰儿”。

上赶着：主动。

抻掇：批评，数落。

裹乱：从中插进干扰。

碎催：伺候人、为人奔走的人，带有贬义。

迟登：犹豫。

这会子：“会”字读“悔”。表示时间很长，即这么半天。此语是天桥流行的俗语。

忤窝子：生性怯懦，忸怩，胆儿小。

见天：天天，成天。

逗闷子：开玩笑。

满世界：到处。“界”轻读。

套瓷：拉近乎，搞好关系。

谁跟谁呀：表示关系特别好。

侃：吹牛。侃爷即能吹牛的人，能说的人。

各色：特别，与众不同，怪癖。含贬义。

把得紧：控制得紧。

棒槌：外行。

不老少：表示多。

兜圈子：有话不直说，顾左右而言他。

老：总，如同南方人说“好”代替“很”。

挑眼：指出礼节方面的缺漏，也称“挑礼”。

再说吧：不了了之。

嘴皮子：说话的功夫。

多新鲜呢：这事儿有什么值得奇怪的呢？

撂挑子：扔下事情不管了。

玩幺蛾子：耍花招儿。

搓：吃。

大概其：差不多。

得：行了，有时也做语气重词。

涮：骗，耍。

歇：休息，完。

没戏：不行。

起腻：男女之间亲热的样子。

逗：可笑，有趣。

门儿清：麻将术语演变而来，意为明白、清楚。

忒：特别，非常。

且：可得。

杵（三声）：站在那里，待在那里。

回头：有机会。

蔫儿坏：表面上没什么，心里特别坏。

蛄蛹：在地上蠕动的意思。

傍着：依附，傍家儿一词由此引申而来。

葛：脾气各色，古怪。有时也用作形容词，形容什么事或什么东西古怪。

把不住：管束不住自己。

拿大顶：倒立。

板儿锹：铁锹。

嘿儿喽儿着：让小孩骑在自己的脖子上。“嘿”读作“呵”。

完菜：完蛋。

光荣喽：光荣牺牲的简化。

概不论：一概不管。“论”读“吝”。

见天、渐天：天天。

走嘴：本来不想说，没留神说出来了。

走眼了：没看准人或事。

念央儿：跟人说自己，故意让旁边的人闻声。

半截儿：事情做到一半，尚未完成。

末了儿：最后，终极。

哪一出儿：什么事，是“哪一出戏”的简化。

咂么味儿：吃东西的时候认真品味道。

搭高儿：观察，常与“打远儿”连用。

老家雀儿：对上岁数人的谑称。

褙节儿：关键时刻。

麻利儿：赶紧，快点。“利儿”读轻声。

张八样儿：不稳重。

遛儿早儿：早晨起来散步。

颠儿了：撒腿跑了。

抖机灵儿：显示自己，特指轻浮表现，含贬义。

搓火儿：生气，憋气。

颠儿：走跑。

半熟脸儿：有些面熟。

死旮旯儿：旮旯，角落。

死心眼儿：实心，老实。

遛弯儿：散步。

下套儿：下圈套。

穿帮儿：露馅儿。

哥们儿：亲近的称呼，有时代指“那个人”。

鞋倍儿：鞋子。

事儿：麻烦，啰嗦。

能个儿：厉害，长本事。

老家儿：父母。“老家儿”读快了就成了“老尖儿”。

发小儿：从小一块长大的朋友。“发”读“fà”。

硌窝儿：鸡蛋、鸭蛋在出窝之前受到破损。

眼里见儿：眼里有活儿，不用别人提醒就能及时行动。

打小儿：从儿童时开始。

打明儿：从明天开始。

打气儿：给车轮充气，比喻给人鼓劲儿。

打昨儿：从昨天开始。

打来回儿：往返。

打今儿：从今天开始。

打呼噜：发出鼾声。

打趣儿：开玩笑。

打饭：买饭。

打盹儿：瞌睡。

打杂儿：干辅助性、不重要的工作。

打蔫儿：没精神。

打住：到此为止，别再说了。

谚语　谚语，在老天桥叫作“哩喽儿”（lī lou）。说这老爷子的哩喽儿最多，指的是这位老爷子知道的谚语多。哩喽儿包罗万象，是多年的经验之谈，是北京文化重要的一折。

早霞不出门，晚霞行千里。意思：一清早儿朝霞满天，今儿准是个雷雨天儿。头天看见晚霞，赶明儿一准儿是个大晴天，可以出远门儿。

先下牛毛没大雨，后下牛毛不晴天。意思：起初下的是毛毛雨，不打伞没关系，这雨下不大。一阵大雨过后下起毛毛雨肯定是连阴天。

八月十五云遮月，正月十五雪打灯。意思：当年八月十五阴天没赏着月，来年正月十五准下雪。

热极生风。意思：连续三天酷热，马上就要起风了。

风是雨的头，闪是雷的头。意思：下雨之前会刮风，打雷之前会闪电。

二八月出巧云。意思：阴历的二月和八月，天空会出现形象生动的类似人、动物及各种物件的云朵。

二八月乱穿衣。意思：阴历二月和八月季节交替，气温不稳定，因人的体质不同、经济条件不同，这两个时间穿薄、厚衣服的人都有。

天桥旧景（1990年） 王大观 绘

歇后语

天桥的把式——净说不练

纸糊的驴——大嗓门儿

打破砂锅——问到底（纹到底）

扇着扇子说话——疯言疯语（风言风语）

怀里揣小拢子——舒（梳）心

河边洗黄连——何苦（河苦）

剃头的挑子——一头热

嘴上抹石灰——白说（刷）

小葱拌豆腐——一清（青）二白

四两棉花——谈（弹）不上

黄鼠狼钻鸡笼——投机（偷鸡）

唱戏的骑马——不行（步行）

耕地里甩鞭子——吹牛（催牛）

酱缸里泡石头——一言难尽（一盐难进）

炒咸菜不放酱油——有言在先（有盐在先）

孩子的脊梁——小人之辈（小人之背）

脱了旧鞋换新鞋——改邪归正（改鞋归正）

吃饺子不吃馅——调皮（挑皮）

生花生——非吵不可（非炒不可）

卖布不带尺——存心不良（存心不量）

砖窑里失火——谣言（窑烟）

猴子学走路——假惺惺（假猩猩）

和尚的房子——庙（妙）

碗底的豆子——历历在目（粒粒在目）

十两纹银—— 一定（一锭）

皮匠不带锥子——真行（针行）

老母鸡抱空窝——不简单（不见蛋）

蜘蛛拉网——自私（自丝）

前门楼子搭把手——好大的架子

药王庙进香——自讨苦吃

七月十五吃月饼——赶先（鲜）儿

后脑勺留辫子——随便（辫）儿

皇家的祠堂——太妙（庙）

买鼻烟壶不闻——装着玩儿

枣树下面站岗——早（枣）班儿

屋子里开煤铺——倒（捣）霉（煤）到家了

艾窝窝打钱眼——蔫有准儿

名人与天桥

天桥物华天宝，人杰地灵。众多政治人物、文化名人和艺人在这里工作生活。清代文渊阁大学士李光地、内阁学士翁方纲、顺天府府尹周家楣在这里生活；著名交响乐指挥家李德伦、中国著名林业教育家汪振儒、著名京剧武生迟月亭等在这里度过了人生中最重要的时期。

近代、现代与天桥有关的知名人士数不胜数。文人墨客到这里游览、聚会、饮酒赋诗；齐白石、鲁迅、张恨水、老舍、张次溪等在这里避难、体验生活，写下了不朽的篇章。

天桥拥有一大批身怀绝技的民间艺人和著名的艺术家。他们既是奠基人，也是引领者。快板名家高凤山、琴书泰斗关学曾、评书大家连阔如、相声大师侯宝林、北京曲剧创始人魏喜奎、京剧名伶孟小冬、评剧名角新凤霞等长期在天桥学艺、表演，从天桥的露天场地走向全国乃至世界的大舞台。

天桥地区又是中国国民党、中国共产党早期领导人活动的地方，留下了许多重要印迹。

人物传略

翁方纲（1733—1818） 字正三，号覃溪，晚号苏斋，直隶大兴（今北京市大兴区）人，清代诗人、书法家、内阁大学士。翁方纲于清雍正十一年（1733）出生在正阳门外的罗家井（今崇文门外一带）。乾隆六年（1741），翁家迁到了城南的般若寺胡同（今九湾胡同）居住，坐南朝北的三间小屋成为一家的住所，而正中的一间堂屋，是翁方纲读书学习的地方。乾隆十七年（1752），翁方纲中进士，殿试改选庶吉士，从此步入翰林院。翁方纲精于考据、金石、书法，是清代“肌理说”诗论的创始人。其书法学欧体、虞体，谨守法度，尤善隶书。翁方纲与刘墉、梁同书、王文治齐名。他是乾隆、嘉庆时期少有的饱学之士，著有《十三经附记》《苏斋笔记》《两汉金石记》《经义考补正》《四库全书纂修提要稿》等，是当时著名的经学家、诗学家、金石学家、目录学家和书法家。他的一生任职大多为文教之职，曾任江西、湖北、江南、顺天等地乡试正副考官，会试同考官、殿试读卷官等。任广东、江西、山东学政，掌一省之文风，办理岁、科二试。另外，翁方纲供职于乾隆年间（1736—1795）最重要、影响最大的四库全书纂修馆，前后十余年间，或校读群籍，或考究学术。所到之处，奖掖后进，培育人才。在几十年的宦游生涯中，结交了众多学人才子，门生若桃李。

迟月亭（1883—1964） 京剧武生。谱名振源，乳名亮儿。原籍山东蓬莱，生于北京。寓所位于天桥校尉营胡同 36 号。为武老生迟遇泉（春祥）之三子。幼从崇富贵、丁俊练功，后入小天仙科班，与谭小培、阎岚秋等同科，先从贾丽川、沈三元习老生，后从杨隆寿习武生，以《花蝴蝶》《白水滩》《蜈蚣岭》《神州擂》《嘉兴府》《四杰村》《武当山》等短打武生戏见长，动作边式，武打严谨火爆，翻跌轻便敏捷。在客厅内能翻 4 个虎跳前扑，且不偏不倚；舞台上能连走 30 多个“旋子”，可见功夫之深。清光绪二十年至二十六年（1894—1900）进福寿班学艺、演出。曾先后与杨小楼、俞振庭、刘鸿声等同台于京津沪各地演出。他多演配角，如《骆马湖》的万昭君、《金钱豹》的孙悟空、《艳阳楼》的花逢春、《挑滑车》的岳飞、《战冀州》的马岱等。他扮相英俊，又能细心钻研，颇受主演器重。他与杨小楼前后同台长达25年之久，极尽绿叶衬托红花之美。1938年至1942年，曾在中华戏曲专科学校任教，傅德威、王金璐等深受其教益。后又随孙毓堃演出。1950年起，经奎富光、梁连柱介绍到中国戏曲学校任教。柏之毅、张春孝等均得过他的亲授。

汪振儒

汪振儒（1908—2008） 曾用名汪燕杰，笔名丁乙，祖籍广西桂林。树木生理学家、林业教育家，中国树木生理学的奠基者。清光绪三十四年（1908）汪振儒出生于北京天桥鹞儿胡同一个研究新学的知识分子家庭。父亲汪鸾翔，精于自然科学，长期从事动植物学教科书的审定工作，1930年曾任溥仪的家庭教师。汪振儒从小耳濡目染，对动植物感兴趣。在北京师范大学附属中学读书时，在生物课教师指导下，为校园中的树木花草编制了植物名录，并协助任课教师绘制了一些生理卫生课的教学挂图，受到师生们的好评。1925年，他中学毕业后，考取清华大学生物系。1935年，他进入美国康奈尔大学林业系学习，获得了理科硕士学位。后转入美国北卡罗来纳州杜克大学林学院从事森林生态学的研究，获得哲学博士学位。1939年回国，在广西大学任教。先后任森林系教授、系主任，农学院院长等职。1946年，到北京大学农学院任森林系教授兼系主任。1949年末，在北京农业大学森林系任教授兼系主任；1952年，到新成立的北京林学院（北京林业大学），参加建院筹备工作，先后任林业系主任、绿化系主任、科研部主任、学术委员会主任等职，为北京林业大学的发展做出了重大贡献。汪振儒热爱自然，倾尽全力探究植物的奥秘，奠定了中国树木生理教学研究的基础。他编写了中国第一部林业专业适用的《植物生理学讲义》，为全国林业院校提供了优秀的教材；翻译了包括《树木生理学》在内的多本颇有影响的植物生理学论著，推进了中国树木生理教学研究的系统化、前沿化。他潜心育人，是中国林学专业第一位博士生导师，培养出中国第一位林学博士。他重视知识传播，长期担任多种科技刊物的主编和副主编，并创立了《北京林学院学报》，为普及生物学和林业知识做出了重要贡献。

李德伦

李德伦（1917—2001） 北京人。知名指挥家，被誉为“中国交响乐之父”。他曾历任中国交响乐团顾问、中国音乐家协会副主席、中央乐团（中国交响乐团）常任指挥、北京交响乐团顾问等职。他的指挥刚柔兼备、热情洋溢，富有艺术感染力。1917 年，他出生于鹞儿胡同 31 号一个比较富裕的家庭，幼时家境逐渐兴旺，自小受到母亲音乐艺术启蒙以及良好的文化教育。1946 年毕业于上海国立音乐学院（上海音乐学院）。随后任延安中央管弦乐团指挥。中华人民共和国成立后，先后任北京人民艺术剧院、中央歌剧舞剧院指挥。1953 年后，到苏联莫斯科音乐学院阿诺索夫指挥班读研究生。1957 年回国，任中央乐团交响乐队首席指挥。他还先后指挥过苏联国家交响乐团、列宁格勒交响乐团等著名交响乐团的演出，并率中央乐团访问日本和朝鲜。曾指挥歌剧《赤叶河》《王贵与李香香》《长征》的首演，并在中国首演了世界名歌剧《蝴蝶夫人》以及首演贺绿汀、马思聪、吴祖强、陈培勋等中国作曲家的数十首交响乐作品。曾与国际著名演奏家梅纽因、奥依斯特拉赫、托泰里、斯特恩、马友友等合作演出。他于 1985 年任巴黎梅纽因小提琴国际比赛评委，1986 年任莫斯科柴可夫斯基国际比赛大提琴评委。1980 年中华人民共和国文化部授予他指挥荣誉奖，1986 年匈牙利政府文化部授予他李斯特奖章。他长期致力于交响乐的普及与发展。

名流履痕

政治人物

李光地宅地捐修安溪会馆 李光地（1642—1718），字晋卿，号厚庵，又号榕村，福建泉州人。清代著名清官，理学名臣。清康熙九年（1670），中进士，历任翰林院编修、吏部尚书、文渊阁大学士等。曾协助平定“三藩之乱”。奉命主编《性理精义》《朱子全书》等。李光地在易学方面著作丰富，除康熙的《御纂周易折中》由他主编外，其个人著述还有《周易通论》《周易观象》《周易观象大旨》《象数拾遗》等。天桥板章胡同的安溪会馆前身为李光地宅第。李光地过世后，宅第被捐为会馆。

周家楣宅地捐修宜兴新会馆 周家楣（1835—1887），字小棠，一作筱堂，江苏省宜兴宜城镇西门人。清咸丰九年（1859）中进士，入翰林，同治年间（1862—1874）任礼部郎中，总理各国事务衙门（外交部）章京，记名御史。光绪二年（1876）任四川乡试正考官，十二月任大理寺少卿。光绪四年（1878）任顺天府尹，兼总理各国事务衙门大臣。后陆续任礼、兵、户三部左右侍郎，左副都御史，吏部左侍郎。光绪十三年（1887）五月卒于任上。周家楣在任职期间以巩固国基、改善民生为己任。在顺天府尹任上，他弹劾贪官污吏、救灾施赈，百废俱兴，政绩斐然；他疏浚河道、以工代赈；他兴办教育，创修顺天府志书；他坚持原则性，又有灵活性，妥善解决四川教案纷争；他在对外交往中维护国家主权，有节、有度，使各国使节心悦诚服。周家楣为民操心，为国操劳，呕心沥血。他逝世后，京郊之地顺天府乡绅百姓念其德政，在通县（今北京市通州区）为他建专祠。周家楣的故居位于天桥街道校尉营胡同西部路南44号，有一座三房相连、中为广亮大门的门楼。周家楣去世之后，故居由顺天府下属24个州县集资扩成宜兴会馆新馆，用以接待宜兴进京赶考的举子同乡。

尼克松天桥听戏 1993年8月21日，美国前总统尼理查德·米尔豪斯·尼克松到天桥乐茶园听戏，欣赏包括牛骨数来宝节目在内的古都市井文化。他说自己一辈子爱吃牛肉，没想到中国还有用牛骨制成的古老乐器，打出的声音如此好听，并好奇地把它抱在胸前留影。他听戏后曾写道：我从来没有看过这么精彩的演出，为海内外游客和各国朋友架起了一座友谊的“天桥”。

文人墨客

齐白石漫步天桥逸事多 齐白石（1864—1957），湖南湘潭市人。原名纯芝，字渭清。后改名璜，字濒生，号白石，别号借山吟馆主者、寄萍老人等。中国书画家、篆刻家。早年曾为木工，后以卖画为生，57岁后定居北京。擅画花鸟、虫鱼、山水、人物，书工篆隶，善写诗文。曾任中央美术学院名誉教授、中国美术家协会主席等职。齐白石于1919年定居北京，曾住在天桥以西、陶然亭以北的龙泉寺内。龙泉寺离天桥较近，他每得闲暇常漫步于天桥，以为消遣。天桥的大小艺场、茶馆、酒铺，几乎到处都有齐白石的足迹。他曾经常陪同近代诗人易顺鼎前往水心亭内“天外天”和“藕香榭”两家落子馆听大鼓，因而对水心亭这一游乐场的兴衰历史、建筑格局以及周围的景致了如指掌；对清代黄景仁等诸多诗人登天桥酒楼宴并吟咏天桥风景的轶事，他也如数家珍。齐白石与北京历史学家、民俗学专家张次溪是忘年交。张次溪 12 岁时就认识齐白石，张次溪的父亲张篁溪与齐白石共同受业于王闿运夫子门下，他们两人是同门关系。1933 年，张次溪为撰写《天桥志》屡访天桥，齐白石数次陪同他采访。两人在茶社憩坐，在酒肆小酌，也曾在落子馆看过杂耍。张次溪曾向齐白石建议：“何不画图纪念？”齐白石说：“从前张船山画过《天桥春望图》，近人陈师曾也画过《天桥买醉图》，似可不必续貂了。”张次溪陆续写了好几种天桥的文稿，齐白石看过并提出意见，张次溪都采纳。

齐白石

鲁迅首倡天桥建公园 鲁迅（1881—1936），中国文学家、思想家和革命家。原名周树人，字豫才，浙江绍兴人。1918 年，首次用“鲁迅”的笔名，发表中国现代文学史上第一篇白话小说《狂人日记》，奠定了新文学运动的基石。鲁迅在北京前后生活了 15 年。北京的许多地方都留下了他的足迹，其中包括天桥。鲁迅在 1913 年作的《拟播布美术意见书》中，提出保护自然资源和在风景优美的地方有选择地开辟公园的主张。他提出“当审察各地优美林野，加以保护，禁绝剪伐，或相度地势，辟为公园。其美丽之动植物亦然”的建议，并亲自到天坛和先农坛考察。北京市皇家园林的对外开放，天桥地区就占了两个，即天坛公园和城南公园（先农坛）。可以看出鲁迅的《拟播布美术意见书》起了极大的推动作用。1926 年，鲁迅在东方饭店避难时写下了《纪念刘和珍君》等文章。

鲁迅

张恨水的天桥缘 张恨水（1895—1967），安徽潜山人，原名张心远，笔名恨水。长期从事新闻工作，是一位多产的小说家。他能将缠绵悱恻的言情小说和惊险紧张的武侠传奇熔于一炉；能将传统章回体小说和西洋小说、电影、戏剧新技法融为一体，因而赢得众多读者。张恨水是天桥的常客，每得闲暇必到天桥一游。他的代表作《啼笑因缘》，主要通过旅居北京的杭州青年樊家树与天桥卖唱姑娘沈凤喜的恋爱悲剧故事，反映了北洋军阀统治时期黑暗、动乱的一个社会侧面。小说故事从主人公樊家树乘车到天桥游玩写起，写了先农坛、水心亭，写了天桥的杂耍说唱、各种小吃，写了樊家树和沈凤喜在先农坛柏树林里相会。《啼笑因缘》的问世，让张恨水的声望达到了顶峰。

张恨水

老舍天桥采风创作 老舍（1899—1966），北京满族正红旗人，原名舒庆春，字舍予。著名作家。老舍的一生，总是在忘我地工作，他是文艺界当之无愧的“劳动模范”。他自己说：“我终年是在拼命地写，发表也好，不发表也好，我要天天摸一摸笔。”他勤奋笔耕，创作了《骆驼祥子》《四世同堂》《茶馆》《二马》《龙须沟》等大量文学作品，赢得了“人民艺术家”的崇高赞誉。“舍予”“老舍”，就是他一生忘我精神的真实写照。老舍喜欢乘“叮当儿车”（有轨电车）到天桥看戏，喜欢到小摊上吃各种小吃，喜欢坐在长板凳上看“拉洋片”，甚至喜欢进农民住宿的小客店，躺在大通铺上跟底层老百姓聊天。天桥给了他许多创作素材。1950 年，他以天桥旁一条臭水沟为背景创作了话剧《龙须沟》。《龙须沟》是一曲社会主义新中国颂歌，该剧描写了北京天桥地区一个小杂院 4 户人家在社会变革中的不同遭遇，表现了新旧时代两重天的巨大变化。晚年，他曾有意写一部以天桥为背景的长篇小说，可惜未能如愿。老舍生前最爱上天桥“万盛轩”听新凤霞唱戏，并劝新凤霞学文化，还介绍吴祖光和新凤霞认识。吴祖光、新凤霞结婚时，老舍自愿当女方的主婚人。1965 年春“万盛轩”改称万胜剧场，

老舍

老舍为剧场题写牌匾。老舍还深入调查天桥小店等。

李桦

李桦天桥人物画 李桦（1907—1994），广东番禺人。擅长版画、美术史论、美术教育。1927年毕业于广州市立美术学校。1934年在广州组织“现代版画会”，是响应鲁迅号召的新兴木刻运动的先驱者之一。1947年在国立北平艺术专科学校任教。1948年到天桥市场考察，创作了18幅天桥人物画，生动地再现了当时天桥劳动人民的生活，留下了极为珍贵的历史资料。徐悲鸿先生曾亲自写跋给予赞赏。

张次溪

张次溪情有独钟写天桥 张次溪（1909—1968），东莞篁村水围坊人，名涵锐、仲锐，字次溪，号江裁。中国著名的史学家、方志学家、民俗学家，20世纪30年代初毕业于北平孔教大学。曾在北平（北京）研究院史学研究会从事北平史籍整理研究工作。一生热衷于北京天桥的民间曲艺杂技、艺人及民俗生活的调查研究。中华人民共和国成立后，在北京师范大学历史系从事《辛亥革命》历史资料丛刊的收集整理和编辑工作。著有《人民首都的天桥》等，编有《北平天桥志》《天桥一览》《天桥志》及《天桥景物图录》《天桥丛谈》等著作。张次溪是写天桥各行各业最多的作者，这些作品都是他长期深入天桥调研后积累的结果，为后人留下宝贵的天桥资料。

王大观

王大观妙笔丹青画天桥 王大观（1925—1997），出生在北京东城芝麻胡同的一户贫苦的回民家庭。因生计所迫他在10年中搬了10次家。他对北京的市井生活，乃至每条大街、小巷、胡同，都了如指掌。他从小就爱看北京的城门楼子和城墙，用他自己的话说是“遛城根儿”。他有时间就去“遛城根儿”，因此昔日老北京的风尘岁月牢记在他的脑海里。王大观爱北京、爱老北京的民俗风情达到了痴迷的程度，他的画笔没有停过，总是画北京的城墙、画老北京的民俗风情。在他 70 岁那年，出版了老北京历史长卷——《旧京环顾图》画册。这是倾注他一生心血的传世之作，留下了一笔不可多得的展示老北京风俗民情的财富。《旧京环顾图》画册中的《旧京天桥一览图》展现在人们眼前的是一种深沉悠远、气势磅礴的雄浑气象。王大观抓住了天桥地区的特点，南处气势雄伟的永定门城楼和其左面古老的天坛祈年殿，使人一眼就能认出这是历史悠久的天桥地区。1987 年，他的北京风俗长卷《残冬京华图》被载入《中国美术之最》一书。1990 年，他被载入《中国当代国画家辞典》。1994 年，他参加“少数民族百花展”获荣誉金奖。1996 年，他在中国美术馆举办了“王大观 70 岁《旧京环顾图》回顾展”。

黄宗汉

“京都文丐”天桥情　黄宗汉（1931—2014），出生于浙江省瑞安市，当代著名文化活动家。黄宗汉出身名门，曾祖黄体芳与宝廷、张佩纶、张之洞有“翰林四谏”之称。父亲黄曾铭为清朝的“末代翰林”。黄宗汉晚年致力于研究开发北京天桥民俗传统文化，编辑出版了《天桥往事录》和《北京老天桥》画册，拍摄了反映天桥民俗文化的 30 集电视剧《天桥梦》。其开发建设的天桥乐茶园，京味十足，曾接待美国前总统尼克松等众多海内外宾客。著名表演艺术家于是之曾打趣黄宗汉：过去天桥有“八怪”，你现在就是那第九怪！并欣然提笔写下“京都文丐，艺坛怪杰”八字赠予他。

艺术名家

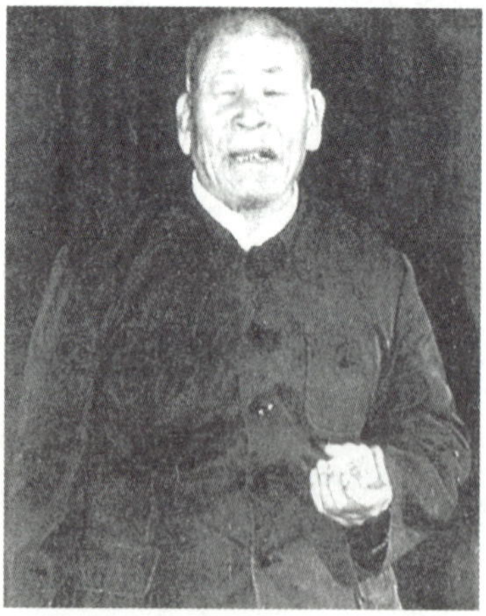
孙宝才

“大狗熊”天桥演双簧　孙宝才（1900—1991），是一位多才多艺非常有功底的演员。因为他身高体胖，膀大腰圆，而且憨态可掬，艺名“大狗熊”。他说、学、逗、唱样样精通，师承卢伯三。他的单口、对口相声说得好，而且以“双簧”闻名于曲艺界。他的演出特点是表情逼真细腻，富有喜剧的幽默而不粗俗，很有人缘。孙宝才的“双簧”代表作品有《罗成》《照花台》等，单口相声代表作品有《货声》等，对口相声作品有《八大改行》等。1949 年前后，孙宝才、高德亮、赵玉贵、赵连升等艺人在天桥“新民电影院”前表演相声、双簧、数来宝三种曲艺形式，场子上的观众总是挤得里三层外三层。1951 年，孙宝才曾任中国人民解放军赴朝鲜慰问团曲艺队队长，两次赴朝鲜，和著名相声演员“小蘑菇”（常宝堃）等多次在前线慰问表演，深受中国人民志愿军指战员的欢迎。20 世纪 50 年代初，孙宝才新编段子，内容健康，配合北京市政府工作，与高德亮合作表演。孙宝才 86 岁时还在“老舍茶馆”演出，大饱人们眼福。

连阔如

连阔如天桥说评书　连阔如（1903—1971），著名评书演员，原名毕连寿，号乐天居士，笔名云海客。满族。北京人。清光绪二十九年（1903）6 月 25 日出生在北京安定门外一个穷苦人家。他仅上了半年私学、两年小学，13 岁就当学徒。连阔如于 1927 年拜评书艺人李杰恩为师，学评书《西汉演义》。20 世纪 30 年代末期在东交民巷伯力威电台播讲《东汉演义》与《全本隋唐》，名声大振，后在天桥一些书馆中演出。听他说书的听众很多，他说书时都是座无虚席。连阔如在演出中全身心地投入艺术创作，他的说功、做功、打功出众，描述人物的神情、语言、声态，学用地方方言，表情状物绘声绘色。他能把书场说得鸦雀无声，使听众离不开座位。连阔如说书的特点是吸收京剧表演艺术。他的嗓音宽厚洪亮，马跑、马嘶口技堪称一绝。他说的马上书不仅把人说活了，还把宝马说得活灵活现。

中华人民共和国成立后，连阔如除了在天桥说评书外，还在电台播讲评书多年，每天两场。每当播出他的节目时，整个京城路上行人稀少，家家收音机旁聚集着男女老少，街上蹬车的都不拉客，形成了“家家户户听评书，净街净巷连阔如”的街景。1951 年初，连阔如担任中国人民第一届赴朝鲜慰问团服务大队长赴朝鲜演出。归国后，他又带队深入大西南演出，并创作了新评书《飞夺泸定桥》等。1953 年在中国文学艺术工作者第二次代表大会上，他被推选为中国曲艺研究会的副会长。他一生不吸烟、不喝酒、不讲穿戴，全部收入除养家外，都买了书刊，是琉璃厂的常客，著有《江湖内幕》等。

连阔如说评书自成一派，很有条理性、通俗性。文野相间，遇到费解的文言词，他会讲解其出处、来历，古时候怎么用、今又有什么含义，说得明明白白。他的口风很好，语言清新，语音清晰，吐字干脆，语调悠扬，节奏的把握平稳、舒展，形如游云，状若流水。他曾是曲艺界的领袖人物，也是乐善好施的慈善家，是一位德艺双馨的曲艺大家。

孟小冬游艺园里担台柱 孟小冬（1908—1977），又名孟若兰、孟令辉，原籍山东。出身于梨园世家，著名京剧女老生演员，有老生皇帝（冬皇）之誉。13岁从仇月祥学演老生。1923年进京，于大栅栏街三庆园首演《击鼓骂曹》，著名琴师孙佐臣为其操琴。位于天桥地区的城南游艺园邀其充任台柱两年。1938年，投入余叔岩门下深造，其出演的《搜孤救孤》等剧在余氏的悉心传授下，颇具乃师风范，为"余派"主要传人，是余门唯一的女弟子。孟小冬的表演扮相英俊，嗓音苍劲醇厚、高低自如、满弓满调、中气充沛，且无雌音。代表剧目有《捉放曹》《搜孤救孤》《洪洋洞》《盗宗卷》《击鼓骂曹》《乌盆记》《空城计》《珠帘寨》《御碑亭》《碰碑》《鱼肠剑》等。1925年8月，孟小冬结识梅兰芳，合演《游龙戏凤》。1949年春移居香港专心教授弟子。孟小冬并不随便挑选弟子，只有具有天赋、意志坚强又迷恋艺术的人才能有资格做她的学生。她有赵培鑫、钱培荣、吴必璋3位弟子。她教授弟子极为认真、严格，规定未经她的允可，弟子不能在外面随意吊嗓，更不准在外面唱尚未纯熟的戏。

孟小冬

"天桥马连良"梁益鸣 梁益鸣（1915—1970），本名梁大龙，戏剧演员。1923年加入天桥"群益社"科班学习，排行为"益"字，故改名梁益鸣。他原习武生后改老生，常演马派剧目，有"天桥马连良"之称。1952年与姨表弟张宝华组建"鸣华京剧团"，曾在1954年与张宝华合作串演《遇皇后·打龙袍》，梁益鸣反串李后，张宝华饰演包拯。1959年拜马连良为师，"文化大革命"时被迫退职。

梁益鸣

梁益鸣虽天赋不佳，但韧性强；他缺乏灵气，甚至有股傻气。这韧性和傻气又恰是一般天赋优越、资质卓异的孩子所不具备的。他年复一年、月复一月坚持练习，孜孜不倦，水滴石穿。几年后，他成了戏班的“台柱子”。梁益鸣一生在天乐戏院演出的时间最长。天乐戏院（今天桥乐茶园）始建于1933年，梁益鸣在天乐戏院演出时，场场满座，就连戏院东墙的窗户上也坐满了人。1938年，梁益鸣在新新戏院（西长安街首都电影院）看到马连良的演出后，产生了无比的钟慕之情，便暗下决心学习马派艺术。勤能补拙，熟能生巧，梁益鸣在自己钻研马派艺术的刻苦实践中，发明了一种唯他自己才能识别的记录符号。数年之后，他不仅学到了《借东风》《空城计》《春秋笔》《清风亭》《十道本》《将相和》《淮河营》《四进士》《苏武牧羊》《十老安刘》《龙凤呈祥》《打渔杀家》《六出祁山》《胭脂宝褶》等一系列马派剧目，就连马连良早年经常演出而后来久辍舞台的《南天门》《火牛阵》《骂王朗》《淮安府》《朱砂痣》《二堂教子》等，他也通过各种间接渠道记录了下来，并按照自己的理解去融合吸收，在天桥实践演出。这种“师其意而不泥其迹”的学习方法收效甚好，他也赢得了“天桥马连良”的美誉。1959年6月初，经北京市文化局副局长张梦庚介绍，在北京前门饭店，隆重地举行了梁益鸣拜师马连良的仪式。当日京城文艺界有百余人参加祝贺，梅兰芳、萧长华等艺术大师也都出席讲话，一时成为艺坛佳话。

侯宝林相声大师出天桥　侯宝林（1917—1993），中国第六代相声演员，著名相声表演艺术家，世纪相声大师。先学演京剧，后改说相声。

侯宝林

侯宝林出生在北京的一个贫寒之家。他卖过冰核儿、豌豆和报纸，还要过饭。他12岁那年到天桥随天桥老艺人“云里飞”学简易京剧，演过生、旦、净、丑等不同行当、“一人多角”的剧目。侯宝林15岁时，卖唱之余常到鼓楼及西单商场各艺人的场子里观摩学习，由于受常宝臣、高德明、朱阔泉等相声老艺人的影响，对说相声产生了浓厚的兴趣。他21岁那年，正式拜朱阔泉（俗称“大面包”）为师，改习相声。这一时期，他除在北京表演外，还到东北三省献艺。抗日战争初期，侯宝林在北京待不下去了，他与天桥相声艺人郭启儒到天津燕乐戏院（著名杂耍场）、小梨园（正统的曲艺场子）、大观园（一流的曲艺场子）、群英等地演出达5年之久，通过剧场和广播，名声大振，轰动了天津。当时他能和津门艺人常宝堃（艺名“小蘑菇”）平分秋色。回到北京后，他在凤凰厅等处继续卖艺演出，表演的相声《戏迷杂学》《闹公堂》《卖布头》等脍炙人口、家喻户晓。1949 年 10 月后，侯宝林和在天桥卖过艺的一些相声艺人一起加入了中央广播文工团说唱团。从此，他这个饱经旧社会沧桑的相声艺人翻身得解放，在艺术上也进入了一个新的发展时期。

他积极学习政治、文艺理论，整理传统与演编新相声。他整理演出的有《改行》《戏剧杂谈》《戏剧与方言》《空城计》《关公战秦琼》《一贯害人道》《杜鲁门画像》《夜行记》《离婚前奏曲》《种子迷》《醉酒》《百分迷》《婚姻与迷信》《阴阳五行》等。1950 年 1 月，他与罗荣寿等 11 人发起并建立了北京相声改进小组，为改革旧相声、发展新相声做出了贡献。1951 年 3 月，他参加了中国人民赴朝鲜慰问团，任总团文工团副团长，创作出以抗美援朝为题材的《俘虏营》《狗腿子李承晚》两段新相声。

1951 年，他参加电影《方珍珠》（饰相声演员白二利）的摄制工作。1955 年又主演喜剧《游园惊梦》（讽刺社会上某些不讲公共道德的人）。所演曲目部分收入《侯宝林郭启儒表演相声选》和《再生集》等书。此外《传统相声集》一书中收入了他整理的相声《戏剧杂谈》《戏剧与方言》《卖布头》《改行》《空城计》《三棒鼓》《关公战秦琼》《对春联》《捉放曹》计 9 篇。他还和刘宝瑞两人口述、孙玉奎执笔完成了《扒马褂》。

侯宝林曾任第七届全国人民代表大会代表、中国文联常务委员、中国曲艺工作者协会副主席，被北京大学聘为兼职教授。侯宝林在长期的曲艺理论研究中著有《谈相声的形式、结构、语言》《我和相声》等。他的《相声溯源》等文章散见于国内许多报纸杂志。

高凤山

高凤山天桥学艺快板成大家　高凤山（1921—1993），著名快板书表演艺术家和相声表演艺术家，河北省三河市沈庄子人。6 岁失去父母兄长，只身乞讨流落北京，7 岁被“天桥八大怪”之一的著名天桥艺人曹德奎收养，并拜他为师，学唱数来宝。开蒙学的一些段子，都是“偷来”的，像《诸葛亮押宝》《一窝黑》等节目，是师傅演唱时，他强记硬背学来的。学了 3 个月，曹德奎说：“你可以自己奔饭啦。”就这样，高凤山走上了卖艺的道路。7 年后，他又拜著名相声艺人高德亮为师，学说相声。14 岁开始独立卖艺，先后与马三立、朱相臣、罗荣寿、王长友、孙宝才等搭伙，在北京、天津、唐山“撂地”卖艺，逐渐享名。中华人民共和国成立后，他积极进取、锐意创新，表演了 200 多个快板书和数来宝段子，还与人合作出版了《快板书》。

1949 年参加相声改进小组，积极编演新曲目。后专攻快板书、数来宝，并与高德亮、王学义合作。晚年主要从事曲艺教学工作，并与罗荣寿合作，登台演出《卖布头》《黄鹤楼》等传统相声节目。他功力深厚，在继承传统技巧的基础上逐渐形成了自己的风格。他演唱快板书，吐字清晰，语言俏皮，节奏鲜明，气势流畅，唱段紧凑，一气呵成，板槽极稳而又富于变化。在说、逗结合方面，尤有独到之处。在相声艺术方面，他师从高德亮，先后与马三立、朱相臣、侯宝林、王长友、王世臣、罗荣寿等合作，捧哏、逗哏、泥缝儿，技艺全面。

高凤山大胆创新，是把艺人“单跪式”改为站着唱的“第一人”，同时又在传统“数来宝”的基础上创造了“快板”这一艺术形式，人称“高派”快板艺术。

高凤山代表作有《秦琼卖马》《卖布头》《数来宝》《黄鹤楼》《捉放曹》等。弟子有崔琦、石富宽等。曾任北京曲艺三团团长、北京曲艺团副团长、中国曲协理事。

关学曾扎根天桥唱琴书 关学曾（1922—2006），1922 年 8 月 1 日生于北京，满族，原名关士清，出师后取艺名“学曾”，是“单琴大鼓”第二代传人，北京琴书创始人。关学曾曾任北京曲艺家协会主席、中国曲艺家协会理事。1951 年和 1952 年，关学曾先后两次参加中国人民赴朝鲜慰问团，上前线演出。2006 年 9 月，关学曾在北京辞世，享年 84 岁。关学曾去世前一个月，荣获“中国曲艺牡丹奖终身成就奖”和北京“德艺双馨楷模”称号。

关学曾

关学曾出生时家已败落。为了谋生，他卖过“门神”，也卖过臭豆腐，但最终还是迷上了“五音大鼓”。他 13 岁学艺，14 岁上台演出，赶庙会、站地摊儿、上电台，无所不干。在艰苦的磨炼中，关学曾书艺渐进，形成了“说似唱、唱似说”自然质朴的风格，很快拥有了一批忠实听众。20 多岁时，听众给他送去一块匾，上书“琴书泰斗”。自从干上这一行，他就没离开过鼓和扬琴。他演唱过1000多个段子，其中的220多段都是他自己编写的。他精心钻研，把单调的“五音大鼓”“单琴大鼓”不断发展、丰富。

1988年，关学曾被选为北京市曲艺家协会主席。此后10年，他多方联络、积极奔走，组织文艺“三下乡”、曲艺“进校园”等活动，为繁荣发展曲艺事业尽心尽力。在北京大学、清华大学，他的演出引起了大学师生们极大的热情。一些外宾到了北京，也指名要听他唱的北京琴书。晚年关学曾加强对小段的研究，提出“5分钟艺术”的概念。他创作的不少小段为观众津津乐道，作品《长寿村》入选了中学课本。他在北京曲艺团40年，为曲艺艺术做出了贡献。

魏喜奎名扬天桥唱鼓曲 魏喜奎（1926—1996），祖籍河北唐山，出生于天津市蓟县，是著名曲艺表演艺术家，奉调大鼓和北京曲剧演员。她既是曲艺、曲剧的头面人物，又精通京剧、评剧、歌曲，还擅丹青。她融乐亭大鼓、奉天大鼓、辽宁大鼓的曲韵精华于一体，创成奉调大鼓，为曲坛增添了一个新曲种，可谓功深艺博。代表剧目有《杨乃武与小白菜》《啼笑因缘》《箭杆河边》《方珍珠》《泪血樱花》等。

魏喜奎

魏喜奎出生于一个曲艺艺人家庭。她的父亲魏永富及哥哥、嫂嫂都是以唱乐亭大鼓为业。她5岁就随父亲到营口、天津等地说唱，6岁时就能唱上几口大鼓书了。12岁为了挣钱治好父亲的病，瞒着父亲出去唱了三天大鼓。没想到，竟闹了个“挑帘红”，挣了一些钱，还清了债务。她13岁随父兄来到北京天桥，学唱唐山大鼓（乐亭大鼓的一个支派），不久就赶上曲艺同业为纪念祖师爷周庄王生日（农历四月二十八日），在北京庆乐戏院（在前门外大栅栏路北）举行联合艺演。经当时曲艺公会会长曹宝禄推荐，她得以在这次义演中首次登台，不仅博得观众好评，而且得到同行的嘉许。继而她又随曹宝禄在电台演唱，魏喜奎的名声在天桥与日俱增。

魏喜奎紧跟时代的步伐，勇于奉献自己的艺术，积极演唱歌颂新社会的新曲艺节目。她以演唱老舍创作的宣传《中华人民共和国婚姻法》的曲剧《柳树井》，正式踏上戏剧舞台，名震曲坛。她与同行对以单弦为主的北京曲艺进行加工提炼，融京韵大鼓、梅花大鼓于一体，发展成为现代独具风格的北京曲剧。20世纪50年代初，她表演的《妇女代表》屡获嘉奖。她还先后创作与改编了《老顾问》《丹桂飘香送英雄》《钱包》等 20 多个剧目。抗美援朝时期，魏喜奎参加了中国人民赴朝鲜慰问团。1954 年魏喜奎主演《妇女代表张桂蓉》后，新生的曲剧达到了一个新的高度。曲剧《杨乃武与小白菜》的成功演出，标志着曲剧及魏喜奎的表演艺术有了新的升华，显示了她演唱艺术的功力。《杨乃武与小白菜》于 1957 年初在前门小剧场上演。在周恩来总理的重视和各方的支持下，《杨乃武与小白菜》由北京电影制片厂拍成电影，向海内外发行。魏喜奎多才多艺，她还是一位优秀的电影、电视演员。她不仅把主演的曲剧《箭杆河边》《杨乃武与小白菜》等搬上了银幕，而且还把著名小说家张恨水的名著《啼笑因缘》由小说改编成戏剧，又把戏剧改编成电视连续剧。那年她 58 岁，主演《啼笑因缘》剧中唱大鼓书的青年女子沈凤喜，风采依然不减当年，给观众留下了深刻的印象。

魏喜奎将曲艺艺术带向世界。1957 年，魏喜奎到苏联参加了世界青年联欢节。在联欢节上，她获得了金质奖章。她还两次去美国、一次去日本进行访问、表演、讲学。

新凤霞

新凤霞评剧小旦红天桥 新凤霞（1927—1998），原名杨淑敏，小名杨小凤。祖籍江苏，生于苏州，人贩入津。杰出的评剧表演艺术家。曾饰演青衣、花旦，评剧“新派”创始人。第七届全国政协委员。中共党员。6 岁学京剧，13 岁习评剧，15 岁任主演。中华人民共和国成立后历任北京实验评剧团团长、解放军总政治部文工团评剧团副团长。

1949 年北平解放前夕，新凤霞在师兄杨星星的陪同下坐火车由天津来到天桥。听到新凤霞到来的消息，整个天桥轰动了。在天桥随处可见写着新凤霞名字的大红戏报，连天桥小贩吆喝的都是“天津来了个评剧小旦新凤霞……”。新凤霞演出时，天桥老艺人中头牌名角、马派演员梁益鸣坐在台下连看了三天戏。富连成的名丑叶盛章、名小生叶盛兰也赶来助威。新凤霞在天桥一炮打响，成了大角儿。

天桥小戏园还迎来了一批知名演员、专家观看新凤霞演出，台下观众热烈赞扬新凤霞，每场戏都喝彩不断。新凤霞在天桥“万盛轩”小班一举唱红，也离不开艺术同行师兄们的大力支持。

在抗美援朝时期，文艺界掀起了向朝鲜前线捐献飞机的运动。新凤霞参加了全国青年代表大会并被推选为干部。在捐献“妇女号”飞机时，新凤霞患了肺结核病，吐血不断，但她仍坚持带病演出，直到完成捐献任务。1953年初，新凤霞参加了赴朝慰问团。为中国人民志愿军演出时，她受到彭德怀特别关注。1951年底，军委政治部成立评剧团，经萧华批准，新凤霞加入解放军评剧团，穿上了军装。1953年，周恩来指示，为照顾地方的文化生活，新凤霞从解放军评剧团转业回地方。

新凤霞在“文化大革命”中惨遭迫害，留下残疾。她著有《新凤霞回忆录》《以苦为荣》《少年时》《新凤霞说戏》等，1983年参演春晚评剧《刘巧儿》。1998年4月12日，新凤霞在江苏省常州市病逝，享年71岁。

民间艺人

天桥自元末明初时市场开设形成，至清代日益繁华，其中民俗文化起到了推波助澜的作用。许多身怀绝技的民间艺人为了谋生在天桥施展艺术绝技。他们繁荣了天桥市场，天桥市场也养育了民间艺人。在这些艺人中不乏怪异之才，俗称“天桥八大怪”，这些人身怀绝技，异乎寻常，可又深藏若虚，埋没在风尘之中。“天桥八大怪”按年代顺序分为三拨：第一拨“八大怪”出现于清咸丰至光绪年间（1851—1908），是指穷不怕、醋溺膏、韩麻子、盆秃子、田瘸子、丑孙子、鼻嗡子、常傻子8位艺人；第二拨“八大怪”出现于20世纪初，辛亥革命前后，他们是让蛤蟆教书的老头儿、老云里飞、花狗熊、王小辫、傻王、耍金钟的、曹麻子、程傻子；第三拨“八大怪”是指中华民国以后在天桥出现的民间艺人，他们是云里飞、大金牙、大兵黄、焦德海、沈三、赛活驴、拐子顶砖、蹭油的。其实当时这三拨艺人中，每一拨都不止8位，只是在资料记载和群众口口相传中主要是这24位。“天桥八大怪”艺术风格与造诣精彩纷呈，各逞英雄。“天桥八大怪”中许多人都隐姓埋名，也无从考证，本志仅择有名有姓者加以简介。

“穷不怕”画像

穷不怕　“穷不怕”真名叫朱绍文，是一名没有中举的秀才。生于清道光九年（1829），同治、光绪年间（1862—1908）在天津卖艺说相声。他祖籍北京，汉军旗，原为京剧丑角儿，演架子花脸，相传武剧《十八拿》出于他之手。后在天桥“撂地”，晚年住在北京地安门外毡子房。朱绍文先是唱京剧花脸，因扮相念打有所创新而遭受嫉妒，于是改行说相声，起名叫“穷不怕”，意为因自己虽穷但有做人的骨气，不怕任何人和事。“穷不怕”是早期相声艺术的代表人物。

“穷不怕”所编的相声段子有不少流传至今。如巧妙讽刺当时官吏腐败贪婪的《字象》，劝人行善的《大实话》《宝玉自叹》《堆子兵做梦》等。在形式上有以说为主的单口相声《老倭国斗法》《乾隆爷打江南围》《假斯文》，对口相声《保镖》《黄鹤楼》，三人相声《四字联音》等。“穷不怕”有四个徒弟：贫有本、富有根、徐有禄、范有缘。现在说相声的大多是继承“穷不怕”这一派，而且不断兴旺发达。

醋溺膏　“醋溺膏”是绰号，又名“处妙高”，本人姓张，是清光绪年间（1875—1908）出现在天桥的民间艺人。他以说笑话、相声为主，同时演唱山西的俚曲村调、山歌、码头调等。他平时打扮得十分古怪，上场时手捻草珠，身穿纱袍，连鬓胡子老长，蓬头垢面，一副稀奇古怪的扮相。他的拿手看家本领叫“暗春”，也就是今天所说的“口技”，其中以学鸟叫为他的绝活。他学的鸟叫，包括各种鸟鸣声，婉转悠扬，惟妙惟肖，表演时如在鸟市上一般。

“醋溺膏”画像

韩麻子　过去老北京人口头上流传着一句歇后语：“‘韩麻子’叉腰——要钱。”这句歇后语就是久逛天桥的老北京人为早年“天桥八大怪”之一的“韩麻子”专门创作的。“韩麻子”姓韩，因脸上长着满脸的大麻子，被人们称为“韩麻子”。他是老天桥早期最著名的单口相声艺人，专以诙谐逗笑或学市面上各种生意小贩的叫卖声融于其表演的节目中，甚有趣味。他的嘴尖酸刻薄，一些言语不堪入耳。他的长相也甚为古怪，面紫多麻，眉目间含有若干荡意，且将发辫盘于前面额角间，手执破扇一柄。每见其两唇掀动，两目乱转时，不闻其作何言语，也不禁令人失笑。

“韩麻子”画像

丑孙子　“丑孙子”姓孙，因长得丑陋，所以得了个“丑孙子”的诨名。他是清光绪年间（1875—1908）著名的相声艺人，以扮怪相为主。平常日子他说相声，到了农历大年初一，他头戴麻冠，身穿重孝，左手执哭丧棒，右

“丑孙子”表演漫画

“老云里飞”表演漫画

手打着幡儿，哭一声爸爸，叫一声冤，一路来到天桥热闹的地方讨钱。

老云里飞 “老云里飞”原名庆有轩，又名白庆林，是清光绪末年至20世纪30年代在天桥演出滑稽二簧的著名民间艺人。

“老云里飞”，幼年时曾在嵩祝成科班［清同治三年（1864），由太监联名组成］坐科，初学武把子，后学“开口跳”（传统戏曲角色行当中武丑的俗称），10岁即登台唱戏，曾扮演过《三岔口》中的刘利华、《连环套》中的朱光祖等，是擅长武艺而性格机警、语言幽默的人物。他的跟头翻得又高又快，能在空中翻一圈才落地，这个动作在京剧舞台上被称为“云里翻”。因此，后来他在天桥“撂地”卖艺之后，自称“云里飞”。“老云里飞”在清光绪二十五年（1899）拜评书艺人亨永通学说《西游记》，他恪守祖师爷安太和的成规，每次说书时，都以渔鼓为号，兼卖“沉香佛手饼”。又由于他昔日坐科有良好基础，因此他的表演是说唱与功夫相结合。每次说书前，渔鼓敲打之后，先唱一段与评书内容有关的戏词，然后书归正传。

曹麻子 “曹麻子”本名叫曹德全，北京大兴县青云店人，农民出身。他于1912年进城在天桥靠“数来宝”谋生。“数来宝”是曲艺表演中的一种，很久以前便在北方各地流行。在表演中主要是一人或两人说唱，以竹板或系铜铃的牛胯骨拍打为节奏。“曹麻子”善于创新，根据历史重大事件创作了《北伐成功》《大实话》等脍炙人口的唱段，不仅有较高的艺术水平，而且还具有深刻的寓意。

程傻子 “程傻子”又叫程狗熊，真名叫程福先，来自杂技之乡河北吴桥。他到天桥“撂地”卖艺后，把家眷从老家接来，曾住在崇文区榄杆市温泉浴池对面的临街院子里。他在天桥表演时总是先耍狗熊后顶碗。“程傻子”驯养的是一只黑熊，体型肥大，性情凶悍，但对主人“程傻子”却俯首帖耳，十分听话，所表演的一招一式都很出色。这只狗熊能由易而难地逐一表演作揖、磕头、直立行走、前掌摇串铃模仿江湖算命先生或江湖郎中、钻竹圈、蹬木球、耍扁担、拿大顶、翻跟头、耍钢叉、与人摔跤等。每逢表演完一场，“程傻子”便喂点东西给狗熊吃，顺手拍拍它的脑袋，以示鼓励。

“程傻子”画像

“程傻子”年老力衰之后，因黑狗熊病死而改行，以变戏法养家糊口。他的后代程文林、程文祥兄弟俩，也是子承父业，以“武彩拉子”（行话，即指顶碗、舞盘儿、耍木球等技巧）撂摊卖艺，成为天桥著名的民间艺人。

“大金牙”拉洋片漫画

大金牙 本名焦金池，因他的口中镶有一颗金牙，被老天桥人称为“大金牙”，这也就成了他的艺名。他是拉洋片中资格最老、观众最多、唱功最好的民间艺人。“大金牙”在天桥卖艺大约有30年，生意一向兴隆，每日自午时演至黄昏时分，座无虚席，围观者更是不计其数。他滑稽风趣的表演和即兴应景自编的唱词，给观众留下了深刻的印象。特别是那些表现爱国主义思想的画片和唱段，在北京市民中起到了良好的宣传作用。

“大兵黄”画像

大兵黄 本名黄才贵（后改名黄德胜），字治安，山东人。“大兵黄”少年时期曾拜八卦掌创始人董海川的第一代传人（名字不详）学习八卦掌和八门器械。20岁后，先后在张曜、马玉昆、姜桂题、张勋等军阀所部当兵。清光绪二十二年（1896），他参加了清政府对日作战的“甲午战争”。1917 年 7 月张勋复辟失败后，“大兵黄”即从张勋的“辫子军”中退役，因生活所迫流落在天桥卖艺。开始，他只是靠练武卖艺挣钱换饭吃，后来转为对军阀权贵的罪行进行怒骂嬉笑，揭露他们的丑闻内幕兼卖药糖过活。他的谩骂招来不少观众，每骂完一阵，就卖一回药糖。

在日本侵华时期，“大兵黄”将耳闻目睹的侵华日军罪恶行径一一向观众讲述并破口大骂，对激发广大群众的抗日爱国情绪起到了积极作用。当时的观众，都最爱看他一边骂大街一边卖他的沙片糖。“大兵黄”也自称每天上地摊骂街都是背着棺材，脑袋早拴在裤腰带上了。

“沈三”表演漫画

沈三 本名沈友三，出生在北京广安门内牛街一个普通的回民家庭。自小就酷爱摔跤，以卖牛肉为业，后又当过兵。自加入杨双恩跤场后，在父辈的指导下，练就了一身纯熟的掼跤技艺。“沈三”是 20 世纪 30 年代北京跤坛上的第一人。“沈三”既擅长摔跤，又有硬气功的本领。他的摔跤技艺精湛，比赛时总能够出奇制胜。1933 年 10 月，在南京举行的第五届全国运动会上，他荣获摔跤比赛冠军。“沈三”的气功表演也很见功力。他侧卧在地，头枕一叠新砖，在太阳穴处再放一叠砖，另外一个人手持铁锤猛力一击，他头枕的砖头全部被击碎，而他却一跃而起，浑身上下毫无损伤。

“沈三”的别业是开“清德堂”成药店，规模不大，专售治疗诸虚百损的丸药。他卖艺后期，因染上抽白面（鸦片）的恶嗜好，气力渐渐衰退，不能再摔跤了，只能练打弹弓或开石头，最后因吸毒耗尽膏油。一代著名摔跤冠军死于吸毒，令喜爱他的广大群众痛心扼腕。

天桥地区革命烈士名录

天桥地区革命烈士一览表

表 6

姓名	性别	民族	出生时间	籍贯	政治面貌	牺牲时间	牺牲地点	牺牲前所在单位	职务
祝玉璋	男	汉	1915年	河北蠡县	中共党员	1940年	河北蠡县	河北蠡县	县长
彭金华	男	汉	清光绪二十六年（1900）	湖南湘潭	中共党员	1940年10月	湖南湘潭	中共湘潭县乌石乡支部	书记
刘　义	男	汉	1918年	河北冀县	中共党员	1942年	河北衡水	河北衡水县	县委书记
肖万珍	男	汉	1913年	河北容城	中共党员	1943年	河北高阳	河北安新县组织部	部长
何重生	男	汉	清宣统元年（1909）	浙江上虞	群众	1943年12月	河北阜平	华北军区政治部制服师	工务长
方志	男	汉	清光绪三十四年（1908）4月	河北滦县	中共党员	1944年6月	河北新城（高碑店）	晋察冀军区卫生部	英文翻译
滕凤桐	男	汉	1923年	河北迁安	群众	1944年12月	河北迁安	河北迁安县秘书处	秘书
孙少明	男	汉	清光绪三十四年（1908）	河北香河	群众	1946年	不详	香河县	干部
云浦	男	汉	清光绪三十四年（1908）	内蒙古土左旗	中共党员	1948年12月	内蒙古林西县	内蒙古锡林郭勒财政处	处长
蔡树藩	男	汉	清光绪三十一年（1905）12月	湖北汉阳	中共党员	1958年10月	苏联	国家体委	副主任

续表 6

姓名	性别	民族	出生时间	籍贯	政治面貌	牺牲时间	牺牲地点	牺牲前所在单位	职务
方靖	男	汉	1924年	广东番禺	中共党员	1969年2月	北京	外文出版局对外部	副主任
温鲁生	男	汉	1946年	江西吉安	中共党员	1976年7月	河北唐山	空军某部队	通信营书记
陈文彬	男	汉	1931年2月	河北乐亭	中共党员	1979年1月	上海	北京市体委体工委大队	总教练

永定门城楼夜景（2019 年）

艺文

天桥为明清皇帝去天坛、先农坛祭祀的必经之路。天桥地区这方“天子头”的土地聚合天地之灵气，养育出优秀之人才，也是艺文创作之沃土。张恨水在这里倾诉《啼笑因缘》的爱情故事；画家傅抱石、关山月合作创作《江山如此多娇》山水画，画上旭日东升、江山壮丽，表现出新中国的勃勃生机；艺人们在这里歌舞说唱，也用笔抒发自己的心路历程；历代文人墨客为这方土地留下了许多诗词、歌赋、书画、墨宝等。

小说剧作

《啼笑因缘》（章回小说节选）

张恨水[1]

樊家树平常出去游览，都是这里的主人翁表兄陶伯和相伴，到底有些拘束，今天自己能自由自在地去游玩一番，比较的痛快，也就不嫌寂寞，坐着车子直向天桥而去。

……

家树顺着一条路走去，那木屋向南敞开，对了先农坛一带红墙，一丛古柏，屋子里摆了几十副座头，正北有一座矮台，上面正有七八个花枝招展的大鼓娘，在那里坐着，依次唱大鼓书。家树本想坐下休息片刻，无奈所有的座位人都满了，于是折转身复走回来。所谓“水心亭”，不过如此。这种风景，似乎也不值得留恋。先是由东边进来的，这且由西边出去——一过去却见一排都是茶棚。穿过茶棚，人声喧嚷，远远一看，有唱大鼓书的，有卖解的，有摔跤的，有弄口技的，有说相声的。左一个布棚，外面围住一圈人；右一个木棚，围住一圈人。这倒是真正的下等社会俱乐部。北方一个土墩，围了一圈人，笑声最烈。家树走上前一看，只见一根竹竿子，挑了一块破蓝布，脏得像小孩子用的尿布一般。蓝布下一张小桌子，有三四个小孩子围着打锣鼓拉胡琴。蓝布一掀，出来一个四十多岁的黑汉子，穿一件半截灰布长衫，拦腰虚束了一根草绳，头上戴了一个烟卷纸盒子制的帽子，嘴上也挂了一挂黑胡须，其实不过四五十根马尾。他走到桌子边一瞪眼，看的人就叫好，他一伸手摘下胡子道：“我还没唱，怎么样就好得起来？胡琴赶来了，我来不及说话。”说着马上挂起胡子又唱起来。大家看见，自是一阵笑。

---

① 张恨水（1895—1967），原名张心远，安徽安庆潜山市人。中国章回小说家，章回小说代表作家，《啼笑因缘》是其代表作。

……

这时，有一个壮年汉子，坐在那千斤担的木杠上笑道："大叔，今天你很高兴，玩一玩大家伙吧。"老人道："你先玩着给我瞧瞧。"那汉子果然一转身双手拿了木杠，将千斤担拿起，慢慢提起，平齐了双肩，咬着牙，脸就红了。他赶紧弯腰，将担子放下，笑道："今天乏了，更是不成。"老人道："瞧我的吧。"走上前，先平了手，将担子提着平了腹，顿了一顿，反着手向上一举，平了下颏，又顿了一顿，两手伸直，高举过顶。这担子两头是两个大石盘，仿佛像两片石磨，木杠有茶杯来粗细，插在石盘的中心。一个石磨，至少也有二百斤重，加上安在木杠的两头，更是吃力。这一举起来，总有五六百斤气力，才可以对付。家树不由自主地拍着桌子叫了一声"好"！

那老人听到这边的叫好声，放下千斤担，看看家树，见他穿了一件蓝湖绉夹袍，在大襟上挂了一个自来水笔的笔插。白净的面孔，架了一副玳瑁边圆框眼镜，头上的头发虽然分齐，却又卷起有些蓬乱，这分明是个贵族式的大学生，何以会到此地来？不免又看家树两眼。家树以为人家是要招呼他，就站起来笑脸相迎。那老人家笑道："先生，你也爱这个吗？"家树笑道："爱是爱，可没有这种力气。这个千斤担，亏你举得起。贵庚过了五十吗？"那老人微笑道："五十几？——望来生了！"家树道："这样说过六十了。六十岁的人，有这样大力气，真是少见！贵姓是……"那人说是姓关。家树便斟了一杯茶，和他坐下来谈话，才知道他名关寿峰，是山东人，在京以作外科大夫为生。便问家树姓名，怎样会到这种茶馆里来？家树告诉了他姓名，又道："家住在杭州。因为要到北京来考大学，现在补习功课。住在东四三条胡同表兄家里。"寿峰道："樊先生，这很巧，我们还是街坊啦！我也住在那胡同里，你是多少号门牌？"家树道："我表兄姓陶。"寿峰道："是那红门陶宅吗？那是大宅门啦，听说他们老爷太太都在外洋。"家树道："是，那是我舅舅。他是一个总领事，带我舅母去了。我的表兄陶伯和，现在也在外交部有差事。不过家里还可过，也不算什么大宅门。你府上在哪里？"寿峰哈哈大笑道："我们这种人家，哪里去谈'府上'

张恨水《啼笑因缘》封面

啦？我住的地方，就是个大杂院。你是南方人，大概不明白什么叫大杂院。这就是说一家院子里，住上十几家人家，做什么的都有。你想，这样的地方，哪里安得上‘府上’两个字？”家树道：“那也不要紧，人品高低，并不在住的房子上。我也很喜欢谈武术的，既然同住在一个胡同，过一天一定过去奉看大叔。”

寿峰听他这样称呼，站了起来，伸着手将头发一顿乱搔，然后抱着拳连拱几下，说道：“我的先生，你是怎样称呼啊？我真不敢当。你要是不嫌弃，哪一天我就去拜访你去。”又道：“说到练把式，你要爱听，那有的是……”说时，一拍肚腰带道：“可千万别这样称呼。”家树道：“你老人家不过少几个钱，不能穿好的，吃好的，办不起大事，难道为了穷，把年岁都丢了不成？我今年只二十岁。你老人家有六十多岁，大我四十岁，跟着你老人家同行叫一声大叔，那不算客气。”寿峰将桌子一拍，回头对在座喝茶的人道：“这位先生爽快，我没有看见过这样的少爷们。”家树也觉着这老头子很爽直，又和他谈了一阵，因已日落西山，就给了茶钱回家。

《天桥演义》（长篇小说节选）

沈家和[1]

春华园坤书馆在天桥中心市场的南边，范老妈子的缝穷摊在先农市场曹麻子数来宝场子的旁边。这中间光戏园子就有万盛轩戏院、丹桂戏园、葵花舞台；说相声的、练把式的、唱大鼓书的杂耍场子一个挨一个。最多的是那些卖吃喝的小摊子，这些做小本生意的主儿，支上两块铺板，摆上几条凳子，弄上一副挑子就齐了。为了适应逛天桥的各路人的口味，他们全想法子翻出新花样，争着“卖新鲜”。你顺着中心市场、三角市场和先农市场中间的过道一遛，肚子不饿也叫你饿了。什么猫耳朵、拨鱼儿、干崩儿、贴饼子、羊霜肠、豆汁、爆肚……这么说吧，连那些老天桥也不准说全了天桥的小吃到底有多少种。还没等你数全了呢，他那儿又翻出新花样来了，就是凭新鲜劲儿招徕吃主。在各个小摊前，吃主还真不少，一片脑袋动，一片嘴巴响。

……

原来，天桥这儿打小鼓的也有贵贱之分，住小客店的那些打鼓的，全都本钱不大或没有本钱，找茶馆掌柜的或放高利贷的人借一点钱便上街，当天借当天还，借一块出一

① 沈家和，笔名蒋寒中，1943 年生于天津。著有长篇小说《天桥演义》《大栅栏演义》等。

毛钱的利钱。这些人全是打软鼓的。而孙平九的干儿子草鬼子干的是打硬鼓的，打硬鼓的人一般穿着干净的长衫，挟一个小青布包，也打着牛皮小鼓走街串巷，但他们吆喝的是“散银子买，首饰买，玉器珠宝也买……”这些人本钱多，本事也大，必须有一定的鉴别能力，主要收珠宝玉器、古书古画、细毛皮货和硬木家具，他们经常跑妓院、买卖家和有钱有势的大宅门。他们收回货来卖给金银首饰铺子、古玩铺子或大估衣铺子，甚至还有与外国人合伙干走私买卖的。这些人平时上街身上常带着二三百元，但有大宗买卖，几千、几万的他们也拿得出来，因为他们后头一般都有大商号、老字号或有钱人做后盾。不过，打鼓行中，打硬鼓的人只有极少数。孙平九和他干儿子合伙打硬鼓，他们的后台是有权有势的孙少帅，他们收下好东西，先请孙少帅过目，只要是孙少帅看中了的，他们也就不再出手给别人了。孙平九有时下两趟街，还为了看看世面，会会地面上的小偷、扒手头目，得些孝敬。当然，要论打硬鼓的本事，论对古玩玉器鉴别能力，孙平九还真行。孙平九好歹算是让唐二明白了什么叫打硬鼓的了，然后拍拍唐二的肩膀，很亲热地说：“伙计，你别犯嘀咕，我不会让你入股的，你怕我算计你那几十块盘缠钱不是？没那八宗事儿！我一不让你出本钱，二不让你担风险，你就给我当个‘二溜子’就行了，赚了钱有你一份儿，赔了钱我一个人兜着，这还不行吗？今儿个草鬼子没露面。干脆着点儿，你干不干吧？”

沈家和《天桥演义》封面

……

当唐二来到前门通永定门的大马路上时，他顺天坛北墙向东一看，只见东方天际已经发白，天快亮了！黎明前的黑暗就要过去了！

从永定门外很远的地方，传来沉闷的大炮声。唐二知道，这炮声是从丰台附近解放军的阵地上传来的。

唐二深深吸了一口气，望着东方，久久地站在那里。他只觉得自己的心在胸膛内剧烈地跳动着，他只觉得无比激动，无比兴奋。

那震撼天地的炮声，继续在古老的北平上空轰鸣着，轰鸣着……

《龙须沟》（话剧剧本节选）

老舍[1]

第一幕

时间：北京解放前，一个初夏的上午，昨夜下过雨。

地点：龙须沟。这是北京天桥东边的一条有名的臭沟，沟里全是红红绿绿的稠泥浆，夹杂着垃圾、破布、死老鼠、死猫、死狗和偶尔发现的死孩子。附近硝皮作坊、染坊所排出的臭水，和久不清除的粪便，都聚在这里一齐发霉。不但沟水的颜色变成红红绿绿，而且气味也教人从老远闻见就要作呕，所以这一带才俗称为“臭沟沿”。沟的两岸，密密层层的住满了卖力气的、耍手艺的，各色穷苦劳动人民。他们终日终年乃至终生，都挣扎在那肮脏腥臭的空气里。他们的房屋随时有倒塌的危险，院中大多数没有厕所，更谈不到厨房；没有自来水，只能喝又苦又咸又发土腥味的井水；到处是成群的跳蚤，打成团的蚊子，和数不过来的臭虫，黑压压成片的苍蝇，传染着疾病。

每逢下雨，不但街道整个的变成泥塘，而且臭沟的水就漾出槽来，带着粪便和大尾巴蛆，流进居民们比街道还低的院内、屋里，淹湿了一切的东西。遇到六月下连阴雨的时候，臭水甚至带着死猫、死狗、死孩子冲到土炕上面，大蛆在满屋里蠕动着，人就仿佛是其中的一个蛆虫，也凄惨地蠕动着。

布景：龙须沟的一个典型小杂院。院子不大，只有四间东倒西歪的破土房。门窗都是东拼西凑的，一块是老破花格窗，一块是“洋式”窗子改的，另一块也许是日本式的旧拉门儿，上边有的糊着破碎不堪发了霉的旧报纸，有的干脆钉上破木板或碎席子，即或有一半块小小的破玻璃，也已被尘土、煤烟子和风沙等等给弄得不很透亮了。

北房是王家，门口摆着水缸和破木箱，一张长方桌放在从云彩缝里射出来的阳光下，上边晒着大包袱。王大妈正在生着焊活和作饭两用的小煤球炉子。东房，右边一间是丁家，屋顶上因为漏雨，盖着半领破苇席，用破砖压着，绳子拴着，檐下挂着一条旧车胎；门上挂着补了补钉的破红布门帘，门前除了一个火炉和几件破碎三轮车零件外，几乎是一无所有。左边一间是程家，门上挂着下半截已经脱落了的破竹帘子；窗户上糊着许多香烟画片；门前有一棵发育不全的小枣树，借着枣树搭起一个小小的

---

① 老舍（1899—1966），原名舒庆春，北京满族正红旗人。中国现代小说家、作家、语言大师、人民艺术家。

喇叭花架子。架的下边，靠左上角有一座泥砌的柴灶。程娘子正在用捡来的柴棍儿烧火，蒸窝窝头，给疯子预备早饭。(这一带的劳动人民，大多数一天只吃两顿饭。)柴灶的后边是塌倒了的半截院墙墙角，从这里可以看见远处的房子，稀稀落落的电线杆子，和一片阴沉的天空。南边中间是这个小杂院的大门，又低又窄，出来进去总得低头。大门外是一条狭窄的小巷，对面有一所高大而破旧的房子，房角上高高的悬着一块金字招牌“当”。左边中间又是一段破墙，左下是赵老头儿所住的一间屋子，门关着，门前放着泥瓦匠所用的较大工具；一条长凳，一口倒放着的破缸，缸后堆着垃圾，碎砖头。娘子的香烟摊子，出卖的茶叶和零星物品，就暂借这些地方晒着。满院子横七竖八的绳子上，晒着各家的破衣破被。脚下全是湿泥，有的地方垫着炉灰，砖头或木板。房子的墙根墙角全发了霉，生了绿苔。天上的云并没有散开，乌云在移动着，太阳一阵露出来，一阵又藏进去。

……

第三幕

第二场

时间：一九五〇年夏末。龙须沟的新沟落成，修了马路。

地点：同第一幕小杂院。

布景：杂院已经十分清洁，破墙修补好了，垃圾清除净尽了，花架子上爬满了红的紫的牵牛花。赵老的门前，水缸上，摆着鲜花。丁四的窗下也添了一口新缸。满院子被阳光照耀着。

〔幕启：王大妈正坐在自己门前一个小板凳上，给二春缝着花布短褂，地上摆着一个针线笸箩。四嫂从屋里出来，端详自己的打扮，特别是自己的新鞋新袜子。

大妈：(看四嫂出来，向她发牢骚)四嫂哇！您看二春这个丫头，今儿个也不是又上哪儿疯去了！我这儿给她赶件小褂，连穿上试试的工夫都抓不着她！

四嫂：她忙啊！今天咱们门口的暗沟完工，也不是要开什么大会，就是办喜事的意思。她说啦，您、我、娘子都得去；要不怎么我换上新鞋新袜子呢！您看，这双鞋还真抱脚儿，肥瘦儿都合适！

大妈：我可不去开会！人家说什么，我老听不懂。

四嫂：也没什么难懂的。反正说的都离不开修沟，修沟反正是好事，好事反正就得拍巴掌，拍巴掌反正不会有错儿，是不是？老太太！

大妈：哼，你也跟二春差不多了，为修沟的事，一天到晚乐得并不上嘴儿！

四嫂：是值得乐嘛！您看，以前大伙儿劝丁四找点正事作，谁也劝不动他。一修沟，好，沟把他劝动了！

大妈：臭沟几儿个跟他说话来着？

四嫂：比方说呀，这是个比方。沟仿佛老在那儿说：我臭，你敢把我怎样了？我淹死你的孩子，你敢把我怎样了？政府一修沟啊，丁四可仿佛也说了话：你臭，你淹死我的孩子？我填平了你个兔崽子！就是这么一回事。

〔娘子提着篮子回来。

四嫂：娘子，怎这么早就收了？

娘子：不是要开大会吗？百年不遇的事，我歇半天工，好开会去。喝，四嫂子，您都打扮好了？我也得换上件干净大褂儿。这，好比说，就是给龙须沟作生日；新沟完了工，老沟玩了完！

大妈：什么事儿呀，都是眼见为真；老沟还敞着盖儿，没填上哪！

娘子：那还能不填上吗？留着它干什么呀？老太太，对街面儿上的事您太不积极啦！

大妈：什么鸡极鸭极的，反正我沉得住气，不乱捧场，不多招事。

四嫂：我知道您为什么老不高兴，就是为二姑娘的婚事。您心里有这点委屈别扭，就看什么也不顺眼，是吧？

大妈：按说，我不应当因为自己的别扭，就拦住你们的高兴！是啊，你们应该高兴。你就说，连疯哥都有了事作，谁想得到啊！

娘子：大妈，您别提疯子，他要把我气死！

大妈、四嫂：怎么？

娘子：自从他得着这点美差，看自来水，夜里他不定叫醒我多少遍。一会儿，娘子，鸡还没打鸣儿哪？

大妈：他可真鸡极呀！

娘子：待一会儿，娘子，还没天亮哪？这家伙，看看自来水，倒仿佛作了军机大臣，唯恐怕误了上朝！

四嫂：娘子，可也别说，他要不是一个心眼：说干就真干，为什么单派他看自来水呢？我看哪，他手不能提篮，肩不能担担，这个事儿交给他顶合适啦！

娘子：是呀，无论怎么说吧，他总算有了点事作；好歹的大伙儿不再说他是废物点心，我的心里总痛快点儿！要是夜里他不闹，不就更好了吗？

四嫂：哪能那么十全十美呢？这就不错！我的那口子不也是那样吗？在外边，人家不再喊他丁四，都称呼他丁师傅，或是丁头儿；你看，他乐得并不上嘴儿；回到家来，他的神气可足了去啦，吹胡子瞪眼睛的，瞧他那个劲儿！

娘子：可也别说呀，他这路工人可有活儿干啦！净说咱们这一带，到永定门去的大沟，东晓市的大沟，就还够作好几个月的。共产党啊，是真行！听说，三海、后海、什刹海，连九城的护城河，都给挖啊！还垒上石头坝。以后还要挨着班儿地修马路呢。四哥还愁没事儿作？二嘎子更有出息啦，进工厂当小工子，还外带着念书，赶明儿要是好好的干，说不定长大了还当厂长呢！

……

〔附近邻居，都像院里人一样，换了新衣服，去开会。正经过大门口。一位警察跑进门来，招呼大家。群众有的等在大门外，也有走进院里来的。

〔远处军乐声，腰鼓声。

警察：开会去喽！快到时候啦！

〔大妈返身要锁自己的房门，四嫂、娘子赶去拦大妈。正拉着她要往外走，疯子由屋中跑出，手里拿着竹板。

疯子：诸位别忙，先等等儿！我这儿编出来个新词儿，先给你们唱唱试试！

众人：赞成！唱，唱！

疯子：听着啊——给诸位，道大喜，人民政府了不起！了不起，修臭沟，上手儿先给咱们穷人修。请诸位，想周全，东单、西四、鼓楼前；还有那，先农坛、五坛八庙、颐和园；要讲修，都得修，为什么先管龙须沟？都只为，这儿脏，这儿臭，政府看着心里真难受！好政府，爱穷人，教咱们干干净净大翻身。修了沟，又修路，好教咱们挺着腰板儿迈大步；迈大步，笑嘻嘻，劳动人民努力又心齐。齐努力，多作工，国泰民安享太平！

众人：（跟着疯子齐声喊）享太平！

〔外边，远处近处都是一片欢呼声："毛主席万岁！"

〔大家随着欢呼声音涌出小院，外边会场上的军乐声起，幕在《青年进行曲》音乐中徐徐落下。

诗词

天桥词

〔元〕佚名

（元至元二十七年春午后）

莫道斜街风物好，
来到此处便销魂。
人间天上无多路，
只隔红门便是春。

卷施阁集·二月二十三日复与汪大上天桥饮醉歌

〔清〕洪亮吉[①]

著书不为千年计，直借陈编压奇气。
出门不逐万古愁，聊上高阁开吟眸。
天桥楼前一杯酒，昨日苦思今在手。
我能饮，君能留，三十莫抱二十忧。
识君二十年尚少，屈指十年君未老。
眉痕鬓影未减青，一色绿衫同似草。
盈楼饮客我独眠，未饮满掷青铜钱。
座中谁识两少年，江南江北无一田。

① 洪亮吉（1746—1809），原名洪莲，字君直，号北江，晚号更生居士，江苏阳湖（今江苏常州市）人，清代诗人、经学家、文学家，毗陵七子之一。

樽深酒热莫更催，头上一云红覆杯。
休嫌饮尽众宾散，伴客时有春禽来。
城门楼上春阳满，一鸟啭春声缓缓。
城西山色影接天，极视惟愁目光短。
今日白昼饮，复胜清宵吟，百壶虽尽意不尽。
两客所喜皆同心，醉颜时红亦时白。
一市围观不相识，颇说近来无此客。

天桥春望

〔清〕张问陶[①]

种柳开渠已十年，旧闻应补帝京篇。
天桥南望风埃小，春水溶溶到酒边。
明波夹道且停车，人为临渊总羡鱼。
尘外濛濛千树柳，随风绿到第三渠。
城南车马太匆匆，坛树拿云返照红。
几个闲人临水立，任他疑作信天翁。

桥东诗草·同人游天桥池上

〔清〕邵葆祺[②]

浅绿不成春，名花开已晚，
何处寻芳春又阑，天桥极目斜阳远。
桥头新水活粼粼，桥外高楼聚酒人，
酒人漫说登楼好，春衣且步沿溪草。
碧瓦朱棂护泾云，千重坛树波光绕，
飞埃东指何迷漫，举头不见城西山。

① 张问陶（1764—1814），字仲冶，一字柳门，号船山、蜀山老猿，四川遂宁人。清代诗人、诗论家、书画家。

② 邵葆祺（生卒不详），字寿民，号屿春，大兴人。清嘉庆元年（1796）进士，历官吏部员外郎。清代诗人。

但见如鳞万间屋，可怜屋底之人忙与闲，几能到此开心颜。

清漪夹道苍烟暮，指点游人垂钓处，

鱼意还嫌人面尘，避影堂堂摇尾去。

君不见风帘低拂青模糊，惆怅难寻旧酒垆，

路旁坟比昔时有，桥下水为当日无，

重思经始何年事，一笑书空作亥字。

四角亭深十丈碑，拜手如披效祀志，

谁占水势说兵机，欲掩春渠计恐非，

烟波果洗三军甲，我愿填桥化鹊飞。

天桥曲

〔清〕易顺鼎[①]

垂柳腰枝全似女，斜阳颜色好于花。

酒旗戏鼓天桥市，多少游人不忆家。

天桥桥外好斜阳，莫怪友人似蚁忙。

入市一钱看西子，满村叠鼓唱中郎。

不待沧桑感逝波，已看龙钟道旁多。

牛衣泣尽肠雷转，犹自贪听一曲歌。

几人未遇几途穷，两种英雄在此中。

满眼哀鸿自歌舞，听歌人亦是哀鸿。

燕乐歌舞两高台，更有茶园数处开。

何处秋多人转少？却寻乐子馆中来。

秋寒翠袖如空谷，日暮黄昏似古原。

那怪杜陵魂断尽，哀王孙又感公孙。

疏寮茶座独清虚，对菊人都号澹如。

三五女郎三五客，一回曲子一回书。

① 易顺鼎（1858—1920），清末官员、诗人，寒庐七子之一。字实甫，号眉伽，晚号哭庵，龙阳（今湖南汉寿）人。

李伯宝《天桥春望》诗画

何镜涵《天桥曲》诗画

筝人去后独无柳，燕市吹残尺八箫。
自见天桥冯凤喜，不辞日日走天桥。
哭庵老去黄金尽，凤喜秋来翠袖寒。
汝久岂寒吾速老。赖寒博得几回看？
苎萝溢浦两红妆，感事怜才益自伤！
两种人才三种泪，一齐分付与斜阳。

天桥景物诗

〔清末民国初〕王述祖

坛边新劚药苗肥，不是寻常谷有蓷。
红裙小妇年十五，尽日倾筐采采归。

道旁有客说书忙，独脚支棚矮几张。
白叟黄童齐坐听，乞儿争进手中香。

高会盂兰七月中，家家灯买莲花红。
灯光红处莲花现，妾貌如花郎不见。

天桥桥畔夕阳微，尽立摊边唱估衣。
妮妮人间小儿女，百钱自买青鞋归。

散文

我的青少年时代·我是怎样离开天桥的（节选）

侯宝林[①]

我在天桥的学艺生活是艰苦的，主要是饿。你想，中午十二点钟我们就得上地去唱，一直唱到吃晚饭，哪能不饿呀？下午四点钟以后就觉得饿了。三角市场虽然有白记豆腐脑、鸡蛋饼这些好吃的东西，但我是个学徒，吃不起。有的听戏的人喜欢小孩儿，给你两个铜板，可以买个烧饼吃。那我们也不敢，得老老实实地交给老师。老师说“去买个烧饼吃吧”才行。要是不说话，那我就只好饿着。这样就锻炼成了一天吃两顿饭老挨饿的习惯。老师家人口少，油水大，他们吃两顿饭不觉得饿。我不行，我以前要过饭，吃得多，他们就说我饭量大。后来师娘总闹病，也没工夫做饭，就叫我到外面买饭吃，每顿饭给十个大铜板。十个大铜板，真要让我自己支配，可以吃饱肚子了。二大枚一个饼子，吃四个，再来一大枚的粥，一大枚的咸菜，可以吃饱了。但她不让你吃，她嫌你吃那个寒碜。她让你吃炒饼。这样，她和人说起来就可以说“我的徒弟在饭馆吃饭”，觉得好听。十个铜板正好半斤炒饼。那时粮食贵，菜便宜，饭馆掌柜往炒饼里掺绿豆芽，一抓一大把，一炒一股水，吃不饱。回想起来，那时生活真难熬啊！我在老师

① 侯宝林（1917—1993），中国第六代相声演员，著名相声表演艺术家，世纪相声大师。

侯宝林《我的青少年时代》封面

家学了两年半的徒，因为老师和“云里飞”闹翻了，我就离开了天桥。我学艺的合同上写的学徒时间是三年零一节，那“零一节”指的是过五月节以后，所以实际上是三年半。我离开天桥时，还没有学满师。为什么两家闹翻了呢？那年出了一件事。有个外国人来中国拍电影，这部电影名叫《世界各地》或《世界见闻》之类的名称，他要拍摄“云里飞”那场子，“云里飞”要的钱多，外国人给钱少，“云里飞”就不让拍。后来，张宝忠应下来了。张宝忠的场子在三角市场东北墙外那地方，他耍大刀，拍电影时需要胡琴给大刀伴奏，我老师应下来了。大概也就给十元或二十元钱，不多。我老师拉的《夜深沉》，我打的板，就这样拍了电影。我没见过这部电影，只是听说过。这事挺有意思，要是有人能找到这部电影片子，那就可以看到我当初的“庐山真面目”了。就因这，“云里飞”跟我老师闹翻了，我们就离开了他那场子了。后来跟“云里飞”拉胡琴的是张世贵，后来又有张世贵的外甥叫朱培基。

当时在天桥唱段儿戏的有三份儿：“云里飞”是一份；楼外楼地方有一份，是姓刘的夫妻俩带几个小孩在那唱；三角市场东南有一份，是个姓林的老太太带着两个孙女在那唱，我跟林老太太也搭过伙。后来刘醒民、周玉奎等都出来了。最后出现的是王兆林，带着两个女儿、一个儿子，一家子唱，我也跟他们搭过伙。唱段儿戏，前面都得有个“前脸儿”，就是在唱段戏以前跟观众随便聊会天，抓个哏啦，逗个笑啦。再有，生、旦、净、末、丑都得会，缺什么角色就来一个。这种角色叫“前脸儿”。“前脸儿”是个多能的演员。莲花落、“十不闲”都有“前脸儿”，“云里飞”那场子也有“前脸儿”，我就充那“前脸儿”。我唱戏的基础就是那两年当“前脸儿”打下的。后来的刘醒民等也搞“前脸儿”，那就是学我的了，因为我跟他们都搭过伙。我老师带着我和师兄离开“云里飞”后，又找了几个人自个儿干，那就赚不到钱了。要讲赚钱，老师就是在跟“云里飞”这两年里，赚了几百元钱。一块大洋先是能换五十六吊铜钱，就是五百六十个子儿；后来能换四十六吊铜钱。我跟老师学徒这两年，每隔三四天我就端着钱板跟老师到红楼茶馆北边金麟班（原来给宫里演大木偶戏的戏班）对面一个兑换所，去换一次银圆，满一钱板是二千个子儿，整二百吊钱，铜子儿换银圆，每块大洋要贴给人家两大枚到三大枚铜板，二百吊钱能换回四元钱。托着两板去能换回八元，刨去开支，能剩个四五元钱。一月能赚三十元钱。这还不算串妓院挣来的钱，串妓院卖唱挣的是票子，他都攒起来了。我在老师家待两年，他足足赚了将近一千元。我们离开“云里飞”之后，就赚不到钱了。正好那时有人组织一台杂耍到山西太原去，要找个拉单弦的，“单弦拉戏”和现在的“大擂拉戏”差不多，单弦比大擂小。当时有个邵雅轩能拉单弦，需要找个胡琴伴奏，就找到我老师，我老师跟着他到太原去了。家里停下来了，停下来，不能白吃饭，我老师就告诉我：你走吧！回家吧！当时有个规矩，学徒没有满师，老师不能介绍到别的地方去工作，不光是我老师这样做，其他人也这样做。不介绍地方不要紧，我老师还到“云里飞”那去说：“我这徒弟没学满师，你别用他。”这句话可要命了，一下就断送了我的生活的道路，我今后到哪里去生活呢？

就在这当儿，我的母亲死了。这天，我父亲给我来送信，我们正好在老魏这地上上地。唱完了戏，老师领着我到茶馆给老魏叩了个头，说：“这孩子他妈死了，您行个好吧！”老魏给了我一块银圆。我老师还让我在茶馆唱，唱完后让我跪在地上，老师说：“我们这孩子他妈死了，诸位别走，大家掏点钱行个好，帮忙埋了吧！”这样又敛了五十多个铜板。这些钱他没给我，只给了我四大枚铜板，让我回家去。四大枚车钱，我回不了家啊！我家住在北皇城根福寿里。我从天桥一直走到前门，才坐上白牌儿有轨电车。从那坐车到西单，就要四大枚；从西单到福寿里，还得四大枚。我手里倒是攥着一元钱，但我不能花，我不敢。我只能走回家。这边走半截路，那边走半截路，回到家已经半夜了，我还饿着肚子，没吃饭。第二天，老师来到我家，给了一元钱。埋葬母亲买棺材等费用都是舅舅拿的。

老师到山西去了，我也被打发回了家，这已经是秋天。我到家，只有身上穿的一身裤褂、一件蓝布大褂、一双鞋、一双袜子。

江湖丛谈·丢包碰瓷

连阔如①

舍友李君，年二十余岁，在商界服务，为人诚实。一日在柜上请假，归家有事。行

① 连阔如（1903—1971），中国著名的评书艺术家。《江湖丛谈》是中国现今仅存的一部客观而又比较全面地介绍江湖行当、行话和内幕的书籍。

至三岔路口，见一身穿制服之军人，手执药瓶两个，行走甚急，竟与李君相撞，碰在一处，啪嚓声响，两个药瓶摔得粉碎。该军人抓住李君说：“你将药瓶碰碎，好好赔我，这是我们团长的。”当时李君说：“我没碰你，是你碰我，焉能赔你？”那军人说：“你不赔我不成，须跟我见张团长。”李君听说去见他们团长，似有所惧，有意赔偿，向他道：“你这东西是多少钱买的？”该军人出示药房发票一纸，上写：“×× 药水洋八元四毛。”并有 ×× 药房图章，贴有印花。李君无法，说：“你跟我回家取钱成否？”该军人点头应允。李君同他到家取钱，军人在门前候等。是日敝人恰巧正在他家，李君言说此事，向其父索洋欲赔偿该军人。我说：“这是碰瓷的。他不是真正军人，可以向他……说，分文不赔，便可无事。”李君点头而出。该军人问道：“你家有钱吗？”李君说：“我家无钱，你跟我往吾叔父处去取。”该军人又同李君而行，在途中问李君道：“你叔父在哪里做事呢？”李君说：“在探访局当队长，他那里有钱。”该军人行未数步就溜之乎也。后李君问我：“该军人为何自己溜了呢？”我说：“他是‘里腥的海冷’（假军人调侃儿叫里腥的海冷），干丢包、碰瓷的，干的是犯法的营生。我教你所说的话，是给他‘扣瓜’（威吓他调侃儿叫扣瓜），他溜之乎也，逃之夭夭，是顶了瓜了（害怕调侃儿叫顶瓜）。”骗匪扣瓜，也是“簧点不清”（见事则迷调侃儿叫簧点不清）。丢包的，碰瓷的，在如今还是常有。社会人士勿受其骗，如遇时，以吾上谈之法治之，定能无事的。

连阔如《江湖丛谈》封面

历史旮记（节选）

关学曾[1]

2006 年 6 月 9 日是第一个中国文化遗产日的前一天，我受宣南博物馆馆长王其崇的邀请，到宣南博物馆参观。

① 关学曾（1922—2006），满族，原名关士清，出师后取艺名“学曾”，“单琴大鼓”第二代传人，北京琴书创始人。

那天风和日丽，是少曾开着车送我去的。顺着车窗向外望去，这北京城变化真是大了去了，变得越来越美，变得连我这个老北京都不认识了，就拿我住的这个地方海户西里来说吧，原来都是庄稼地、乱坟岗子。可现在呢？两边都是高楼，宽敞的马路上是车水马龙。特别是到了晚上，到处都是霓虹灯，这一切都是眨眼的工夫变的……路过天坛、先农坛的时候，道路两边的大块绿地，栽着的花，让人看见心里舒坦。您再看，马路两边灯杆上挂着的迎奥运的标语："我参与、我奉献、我快乐"，我真想让时光倒流，年轻几十岁，跟小伙子一样到志愿者那堆儿里去，为奥运干点事。可惜呀……正在这时，少曾问我："爸！您想什么呢？"

关学曾《历史旮记》封面

我说："没想什么……就觉着可惜……"少曾问："可惜什么？"我说："时光不能倒流！"少曾："爸！您真逗，我都快奔60了！"我说："我要像你这岁数就好了，我没急！"少曾安慰我说："爸！别瞎想了，您得服老，本来我不想让您来了。"我打断他："不来哪儿成！"少曾说："可您的身体……"我说："甭瞎操心，我身体还行！"

说着话，车就到了宣南博物馆。少曾把我推到展览大厅。在展厅里，王其崇馆长、刘维微主任热情接待了我们。这里有很多个展厅，其中两个最吸引我，一个是城南乐园，一个是梨园胜景。我在城南乐园展厅待的时间最长，特别是对天桥文化的介绍，一下子把我带回到撂地卖唱的年代。

有三张照片最吸引我，第一张是冬天，一个年纪也就十四五岁的少年跟前放着架子和鼓，右手拿着鼓键子，准备击鼓，鼓的后面站着一个老头儿，手里拿把弦子正在弹，老头儿的身边站着一个小孩。因为是冬天他穿着棉裤、棉袄、棉鞋，不远处是好多人背对着他们，好像在看什么热闹。第二张是春天，我和师哥陈仕通、师弟段洪滨在沙土山我住家院子里一块儿溜活的情景。第三张照片是朱国良、朱国全兄弟表演的双风贯耳节目。

看着这些照片，觉得既亲切又有几分伤感。那位击鼓的少年多像当年被石金荣先生推上舞台的我啊，三位师兄弟一起练唱，那时的我多年轻啊。双风贯耳那是我看了无数次的节目，每当这个节目完了之后，他们就开始推销大力丸，因为每次朱国良、朱国全兄弟演出完之后就轮到我上地演出了……刚才我在车上还说过，如果时光倒流该多好啊，现在时光真的倒流了。我站在这些旧照片前久久平静不下来，我想了许多从天桥走出的老艺人、老艺术家：大金牙、小金牙、孙呈海、架冬瓜、老倭头、魏喜奎、侯宝林、云里飞、鸿巧兰、新凤霞、李桂云、梁益鸣、孙宝才、赵连升……他们先后做了古，而我还活着……活着真好啊……唉！想到这儿，我对少曾说："我们走吧！"在实物展台前，我看到了我捐赠的那台小时候用挑挑儿挣的五块钱买的那台扬琴，我过去用过的旧鼓，还有那会儿书迷送我的"琴书泰斗"的桌围子。我真想多待会儿，可我真怕勾起我对过去苦难的回忆。少曾就一直把我推到前厅，在前厅，宣武新闻中心的同志采访了我。他们问我现在还唱不唱了？我说岁数大了就不唱了，除非万不得已，我才唱两句，现在我主要的还是写写。后来同志们说："您上了年纪，还是得注意保护好身体！"我说："谢谢，谢谢大家伙儿的关心！"后来我还穿着带有文化遗产标志的文化衫和他们一起照了相，最后我在留言簿上写下了我的感想：

"宣南博物馆已经搞得不错了，在区政府领导下应当再琢磨再搞得更好。再多展一些珍贵实物，让宣南文化更加光辉！"当天晚上我又在家里给题了词：

中华文化几千年民族文化代代传

华夏儿女共携手走向世界永流传

我把这个对句送给了第一个中国文化遗产日，也算是我给宣南文化博物馆留的个纪念吧。

天桥寻梦·序一

段宝林[①]

天桥是北京最有特色的地方。凡是来北京的人，要了解北京文化和北京人的生活和情趣，就一定要去天桥看看。

所以，人们都说："如果没有到过天桥，你就没有到过北京！"

这话不假。

到北京的人，一般要去故宫。但故宫是皇家的宫殿。去故宫，只能看到皇家的生

---

① 段宝林，1934年生于江苏扬州。北京大学中文系教授。中国民间文艺家协会理事、中国民俗学会副理事长、中国俗文学学会副会长。代表作《中国民间文学概要》《中国民间文艺学》。

活，却看不到北京人民的生活。而广大的北京人民才是北京的主体呀。

要想真正了解北京，特别是想了解北京的民俗文化，想了解北京人的情趣，最好的办法就是去几趟天桥。

怎么去一趟不行，还要去几趟？对了！天桥的文化内涵非常丰富，去一趟是不够的。

文艺界的名人齐白石、老舍、张恨水、吴祖光为什么那么喜爱老天桥？老舍为什么和天桥许多老艺人结下了深厚的友情？张恨水的《啼笑因缘》就是写天桥艺人的。他们不知去了多少趟天桥。

著名诗人徐志摩还特意带诺贝尔文学奖获得者、印度大诗人泰戈尔来天桥观光哩。

我的老友俄罗斯科学院李福清院士，他 1965 年来北大写博士论文，是我指导的。他说他常常去天桥听评书，去的次数都数不清了。80 年代后，直到 2012 年他去世之前，他又多次来北京，每次都要到天桥转转，进了书场就不想走。

美国常春藤联盟学院之一达特茅斯大学的白素贞教授，是专门研究中国曲艺的，在北大进修时去天桥的次数当然更多。

天桥对于研究中华文化的汉学家们，是最有吸引力的地方。

他们常常去天桥。

对于他们而言，上天桥，甚至有一种朝圣的味道。

天桥的民俗文化太吸引人了。

不过，几十年来，因为中国社会翻天覆地的变化，天桥的情况已经与几十年前大不一样了。

但是，人们还是非常喜欢去天桥，当然更希望了解天桥的历史变迁，了解老天桥千奇百怪的民俗文化。

我的朋友姚振声教授，是在天桥土生土长的。他又是几十年来专门研究北京曲艺的大家，过去写过不少回忆老天桥的文章。

最近，他把这些文章汇集起来，又做了许多补充，编成了这本《天桥寻梦》，从各个方面具体回忆几十年前老天桥的来龙去脉。

我有幸对此书先睹为快，看了真正是大开眼界，学到了许多宝贵的北京民俗文化知识。

这本书很有历史价值，有具体的回忆，也有历史的综述。

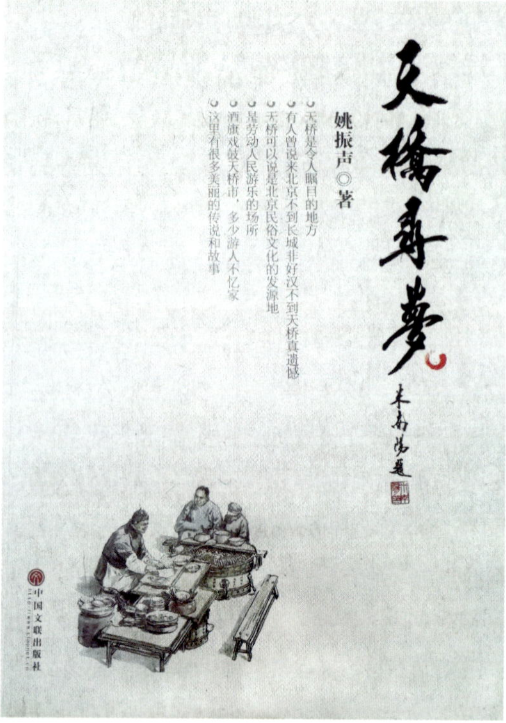

姚振声《天桥寻梦》封面

天桥原来是一座石桥。皇帝冬至去天坛祭天，都是从这座桥上经过的。后来因为扩修马路，把这座石桥拆掉了。现在连一点影子也看不见了。

老天桥在元代是什么样子？杂巴地“天桥市场”又是怎样发展起来的？天桥市场主要卖什么东西？有什么好看的？书中娓娓道来，发思古之幽情，倒也引人入胜。

天桥是北京人和外地人都喜爱去的地方。它最吸引人的是北京下层人民的种种生活情趣，包括民间曲艺、戏曲、武术、杂技等等所谓“杂耍”表演；还有旧货、木器、古玩、鸟市乃至各种各样的北京风味小吃都是非常吸引人的。

凡此种种，姚教授在书中，都有生动的回忆。

“天桥八大怪”是非常有名的天桥艺人。究竟是哪八大怪？历史有几种不同的说法。姚教授没有定于一尊，在回忆录中，按历史先后，把清代穷不怕朱绍文等等好几组“天桥八大怪”艺人的情况，全都具体介绍了一遍。我没有想到会有这么多著名的天桥艺人。书中的介绍真是令人大开眼界了。

于此可见，作为土生土长的“老天桥”，姚先生对天桥的历史不只是很熟悉的，而且是有深入研究的。

过去，我有些奇怪，天桥的武把式为什么这样多呢？从书中看到，原来在天桥附近有不少镖局。在过去兵匪横行的时代，各种物品的长途运输都需要镖局的镖师们保护，否则寸步难行。许多著名镖师都有家传绝技，有一套真本领。后来，有了火车、汽车，有些镖师就在天桥卖艺为生，成了天桥的名人，以家传绝技进行表演，成了他们的职业。书中具体介绍了李尧臣的水心亭“武术茶社”。这位身怀绝技的武术大师，被张恨水先生写进了著名的小说《啼笑因缘》。李尧臣先生不仅有侠义心肠，而且有爱国情怀，在抗日战争中，发挥了巨大的作用。

书中谈到，在七七事变后，驻扎在北京的 29 军副军长佟麟阁将军，曾聘请李尧臣先生去 29 军给官兵们传授大刀技艺。为此他专门编了一套砍杀日本鬼子的大刀武术套路。这一套大刀武术在全军推广，大刀成了我抗日军人最有力的当家武器，就产生了麦新同志谱曲的《大刀进行曲》所歌唱的："大刀向鬼子们的头上砍去！"砍得日本鬼子的人头滚滚，发挥了极大的战斗作用。

关于北京老天桥的鸟市，书中做了生动的介绍。"文百灵，武画眉。"百灵鸟叫得好听，还会唱许多不同的歌儿。"家雀噪林"，有的会"十三套"。如"公鸡打鸣""母鸡下蛋""画眉格儿""胡白劳交尾儿"等等；而画眉的技艺也不少，它还会学小孩哭呢。黄鸟的"七字炸"也很动听。"王八茶馆"每天都挂满了鸟笼儿，那鸟叫的声音简直热闹极了。

此外书中还介绍了天桥鸟市上的各种鸽子和鸽哨的种种有趣的情况。

天桥附近有各种各样的旅馆和客店。这里的东方饭店，是过去北京最早的新式高档饭店之一。蔡元培、鲁迅、胡适、刘半农、梅兰芳等等名人曾经在此下榻。为了保留历史旧貌，现恢复了当时的"名人间"，从中可以看到蔡元培当时用过的旧物。特别是画家关山月、傅抱石住在这里画人民大会堂的巨幅山水画《江山如此多娇》时，在这里生活了两个多月，终于画成这幅绝品的巨作。这里保存了他们二位为了感谢东方饭店的热情招待而专门给他们画的一幅大画和很长的题词。这些都很有纪念意义。

作者还详细描述了老天桥大大小小、形形色色的普通客店：如鸡毛店、起火小店、沙子小店等等。

鸡毛店为什么叫鸡毛店呢？起火小店怎么起火呢？而沙子小店则绝对是天下少有，其沙炕简直令人难以想象。

原来穷人住的这种沙子小店，炕上堆了半尺高的沙子，晚上烧热了，旅客钻进沙子中去，沙子就是被子了。开始倒还暖和，可是夜间一旦没火了，人就要冻成冰棍。

那鸡毛店如果客人多了，老板就会在上面加挂一层吊铺，在地下再加一层地铺。这就成了"三层楼"，相当不安全。

当然，天桥客店的"大连铺"是最通行的。大家挨个儿睡在一起，挤得很，有时翻身都很困难。

为了体验天桥的生活、了解人民的语言，老舍先生就曾经在这里住过，挤过这种热闹无比的大通铺。

作者对老舍在天桥的情况专门做过调查研究，写过专文，详细介绍了老舍结交的许多艺人朋友。老舍和新凤霞很熟，介绍她和剧作家吴祖光相识，后来他们俩就结了婚。

老舍先生新中国成立初期从美国回来后，还帮助艺人侯宝林、罗荣寿等人成立相声改进小组，大大提高了相声的品位。他为了创作新相声，虚心向艺人学习，认真练习，还表演过相声《大保镖》《绕口令》等等。为了纪念这位伟大的北京艺术家，姚教授发起纪念老舍先生百年诞辰的系列活动，得到老舍茶馆的尹盛喜等人和有关单位的大力支持。北京曲剧团重演了曲剧《茶馆》、许多人写纪念文章，召开了大规模的学术座谈会，他还编了一本包括 30 多篇文章的《百年老舍》，由中国文联出版社出版。老舍是离不开天桥的。林语堂、林海音等许多台湾作家，以及一些海外作家也都是离不开天桥的。

总之，这本《天桥寻梦》内容非常丰富，文笔精练流利，很吸引人，对于人们了解老北京、老天桥的生活，对于保留北京的民间文化遗产，都做出了杰出的贡献。

承蒙姚教授不弃，索序于余，却之不恭，谨记读后点滴心得如上，以就教于姚振声教授与方家。是为序。

碑刻碑文

先农坛具服殿东墙碑刻

此碑刻嵌于先农坛具服殿外东侧墙壁上。壁碑统高二尺一寸，宽五尺二寸，正书 28 行，每字盈寸，凡 309 字，碑文由清礼部尚书铁保撰写。

碑文讲述了清嘉庆十八年（1813）四月，铁保（字冶亭）由吏部左侍郎提升为礼部尚书，汉尚书是王春甫（字懿修），左右侍郎为英和（字煦斋）、胡长龄（字西庚）、秀宁（字楚翘）、汪廷珍（字瑟庵）四人。“保壬辰会试出春甫先生门下，而煦斋诸君又保己酉癸丑戊午春秋典试所得士也。”有意思的是礼部六个重要的职位，皆由衣钵相承的同门师生所共掌握。嘉庆皇帝对此事加以关注，称：“艺林胜事尤千载希逢之异数也！”

注：己酉为清乾隆五十四年（1789），癸丑为乾隆五十八年（1793），戊午为嘉庆三年（1798）。

原文：

嘉庆十有八年四月，保以吏部左侍郎擢礼部尚书。时，汉尚书为王春甫先生（先生名懿修，青阳人），左右侍郎则英煦斋和、胡西庚长龄、秀楚翘宁、汪瑟庵廷珍。保，壬辰会试出春甫先生门下，而煦斋诸君又保己酉、癸丑、戊午春秋典试所得士也。春甫先生谓保曰：“从来师弟司官或后先接武，而不必同时，或仅得一二人而不能一官之长皆属师弟，要未有一堂三叶，若斯之盛者盍为文以纪之。”保按古者宗伯之职治神人，和上下，厥责綦重，是以前代枚卜会推，非曾任礼宗者不与。今先生与煦斋辈共居斯职，保十余年间连典封圻远涉边徼奔驰万三千里，纡折归来，恰与师若弟共掌帮礼，同堂六座，衣钵相承不唯一时，僚寀侈为美谈。召对时，仰蒙圣主垂询，历数渊源，许为艺林胜事，尤千载希逢之异数也。爰承先生，命略述数言，勒诸堂壁，为容台佳话，并识本朝科目之盛云。

梅庵铁保记并书

先农坛具服殿东墙碑刻

先农坛墙外出土乾隆御制《帝都篇》和《皇都篇》拓本

天桥石碑《帝都篇》

帝都者，唐虞以前都有地而名不著，夏商以后始各有所称，如夏邑、周京之类是也。王畿乃四方之本，居重驭轻，当以形势为要。则伊古以来建都之地，无如今之燕京矣。然在德不在险，则又巩金瓯之要道也。故序大凡于篇。

天下宜帝都者四，其余偏隘无足称。
轩辕以前率荒略，至今涿鹿传遗城。
丰镐颇得据扼势，不均万贡洛乃营。
天中八达非四塞，建康一堑何堪凭。
惟此冀方曰天府，唐虞建极信可征。
右拥太行左沧海，南襟河济北居庸。
会通带内辽海外，云帆可转东吴粳。
幅员本朝大无外，丕基式廓连两京。
我有嘉宾岁来集，无烦控御联欢情。
金汤百二要在德，兢兢永勗其钦承。

乾隆十有八年岁次癸酉孟夏月　御笔

天桥石碑《帝都篇》(复制)

《帝都篇》拓本

天桥石碑《皇都篇》(复制)

《皇都篇》拓本

天桥石碑《皇都篇》

皇都者，据今都会而为言，约形势则若彼，详沿革则若此。盖不如研京十年，练都一纪，鸿篇巨作，纂组雕龙。若夫文皇传十首之吟，宾王构一篇之藻。节之中和，固所景仰；归于睽遇，亦用兴怀。俊逸清新，古人蔑以加矣；还淳返朴，斯篇三致意焉。

惟彼陶唐此冀方，上应帝车曰开阳。
轩辕台榭虽莫详，职方有幽无徐梁。
要之幅员长且广，山河襟带具大纲。
列国据此士马强，可以雄视诸南邦。
辽金以来始称京，阅今千年峨天阊。
[　此处遗缺　]，地灵信比长安长。
玉帛奔走来梯航，储胥红朽余太仓。
天衢十二九轨容，八旗居处安界疆。
朱楼甲第多侯王，槐市陆海无不藏。
富乎盛矣日中央，是予所惧心彷徨。

乾隆十有八年岁在癸酉孟夏月　御笔

东碑南面《正阳桥疏渠记》碑

碑文：

正阳桥疏渠记

正阳门外之石衢抵正阳桥，桥之左右，市鄽栉比，允帝王都会万方辐辏之綦也。桥之南为天桥，其南石衢直达永定门，则答阳黄道，荡荡平平，会极归极之宗也。衢之左为圜丘、祈年殿之西外围垣；右为太岁坛、先农坛之东外围垣。各有石衢二，横接围垣之南、北门，为诣坛辇路。盖地势东高而西低，故石衢之西恒积水，而东之沙土常因西北风吹壅西垣之半，每诣斋宫，怵弗惬观。今年上辛祭毕，爰命司工于天桥南石衢之左右自北而南各疏渠三。第一渠长各一百六十余丈，宽北各三十余丈，南各二十丈，第二渠长各一百三十丈，宽各二十丈，第三渠长各五十五丈，宽各二十丈，深各三尺。其四达坛之横衢，命各辟土道，宽二丈，以为往来车路，并各去其向禁人行之木栅。（东西诣坛之横衢四，旧设木栅，以禁行人往来，盖地近坛垣，理宜严肃而重，车皆由正石衢以行，易致石弊。今石衢左右既开广渠，且各留土路，是四横衢之南北皆有界限，木栅亦可以不设矣。）疏渠之土即篑为渠岸之山，周植以树，兼培行车之土路，于是渠有水而山有林，且以御风沙，弗致湮。坛垣一举而无不便，向来南城井多苦水，兹胥得饮渠之清水为利亦溥，而都人士之游涉者咸谓京城南恆观瞻、增佳景。然予之意原不在此也。洁坛垣而钦毖祀，培九轨而萃万方，协坎离以亨既济（都城南为离位，今开浚水渠六，坎为水卦，是为水火既济之象，亨之道也），奠经涂以巩皇图。其在斯乎，其在斯乎。故不得考工之请而为之记，亦合向之《知过论》所谓不可已者，仍斟酌为之之义，值此耄龄，复得蒇一大工作，孰莫非昊苍鸿贶，钦承开国家万年有道之长也哉。

乾隆五十有六年岁次辛亥仲夏月　御笔

乾隆帝御制《正阳桥疏渠记》拓本

东碑南面《正阳桥疏渠记》碑（复制）

书画

书法

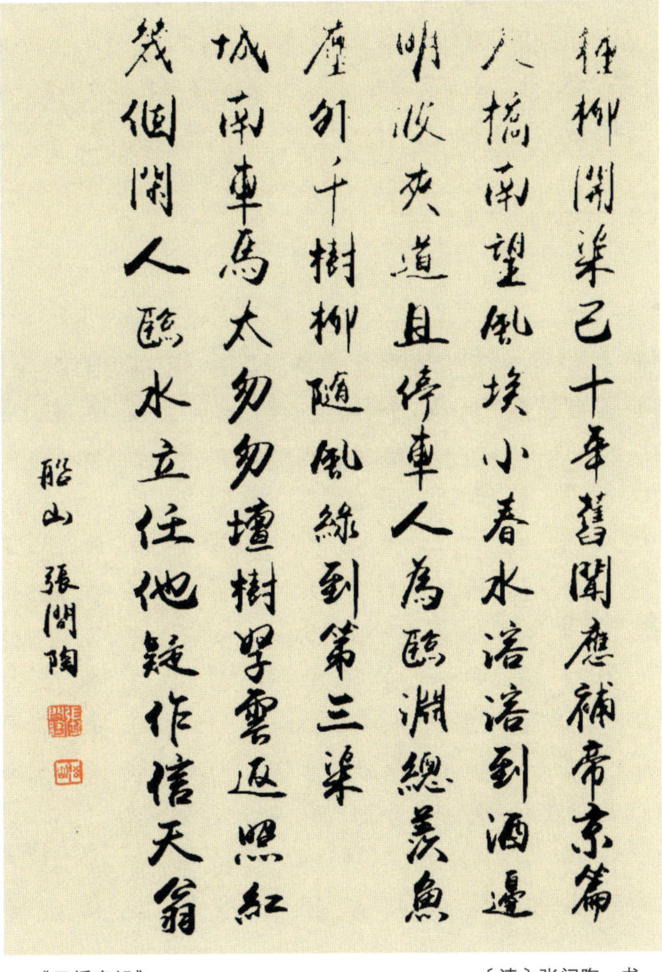

《天桥春望》　　〔清〕张问陶　书

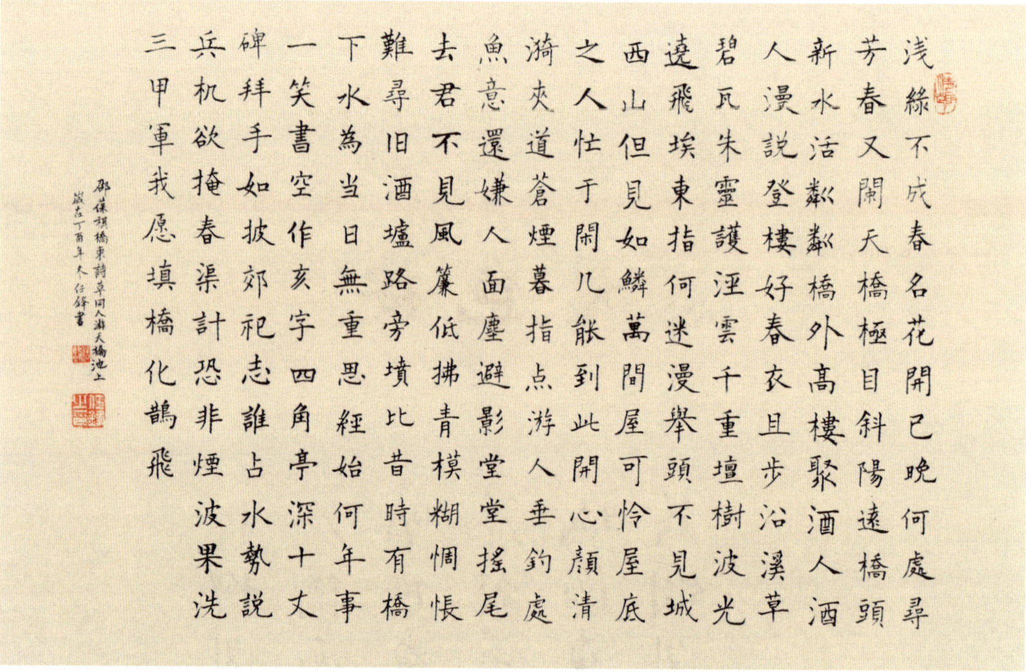

〔清〕邵葆祺作《桥东诗草同人游天桥池上》 任锋 书

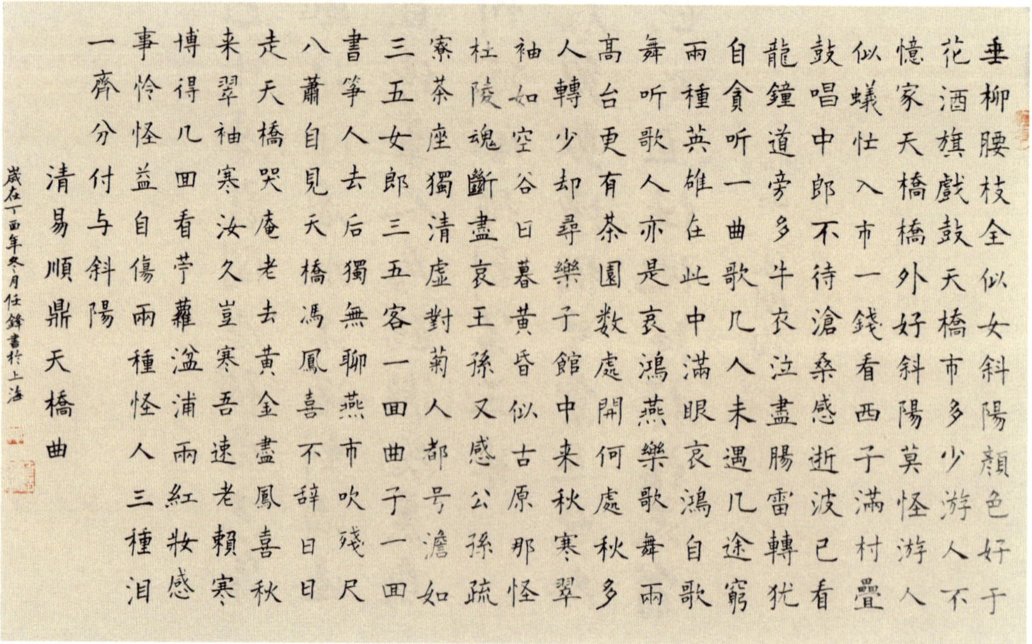

〔清〕易顺鼎作《天桥曲》 任锋 书

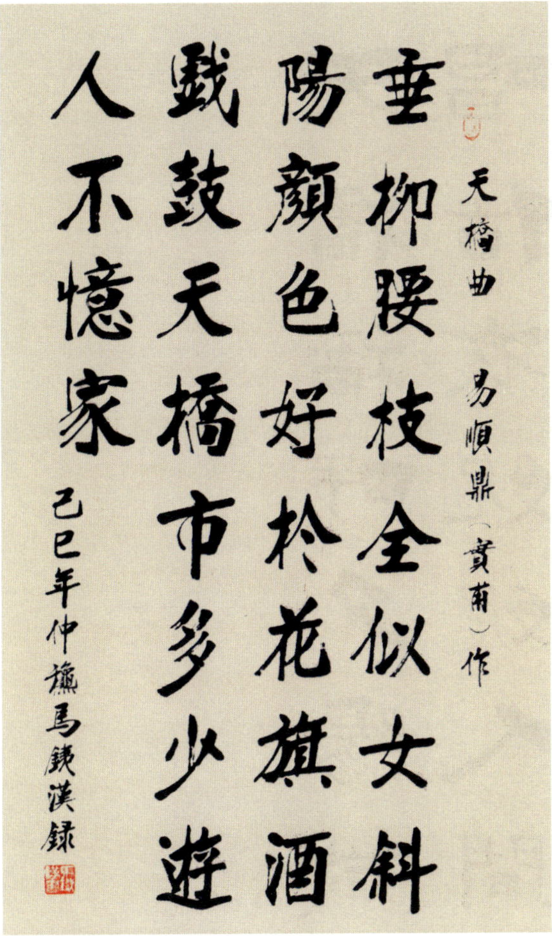

易顺鼎作《天桥曲》　　马铁汉　书

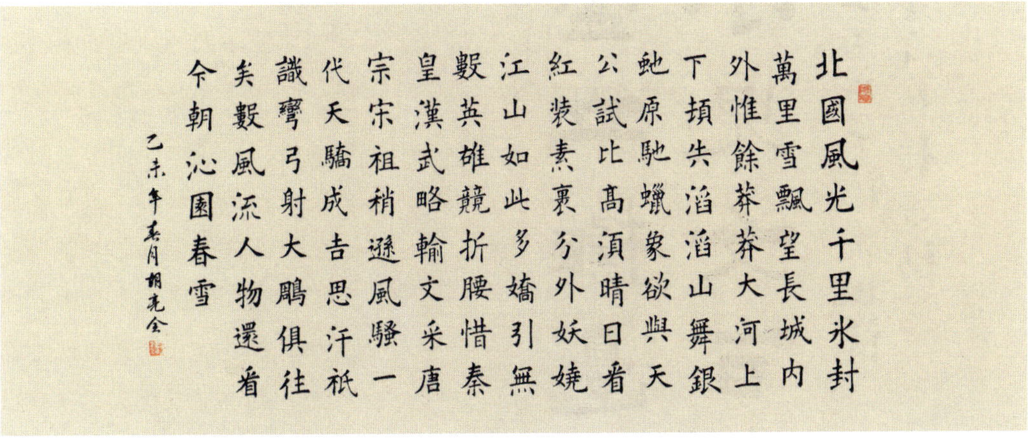

毛泽东作《沁园春·雪》　　胡亮全　书

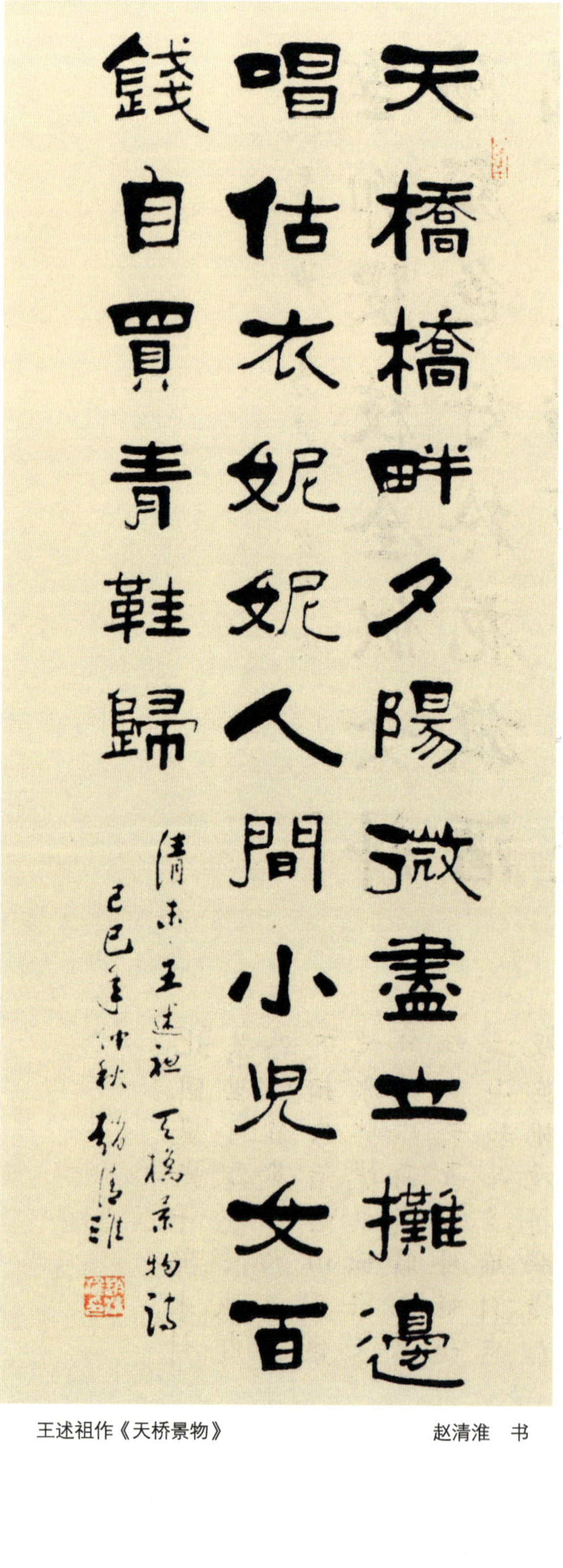

王述祖作《天桥景物》　　赵清淮　书

绘画

《江山如此多娇》是中国当代画家傅抱石和关山月于 1959 年在北京东方饭店合作创作的巨幅设色山水画，纵 550 厘米、横 900 厘米。收藏于北京人民大会堂。该画以毛泽东《沁园春·雪》词义为题材，描绘的是云开雪霁、旭日东升时，莽莽神州大地“红装素裹，分外妖娆”的美丽图景，画中高山大岭，白雪皑皑，万里长城，逶迤起伏，莽莽黄河，奔流不息，气象万千。画作中长城、黄河等极富象征意义，整个画面十分壮丽雄阔，表现出了新中国的勃勃生机，具有强烈感人的艺术魅力。画作左上有毛泽东亲笔挥毫的“江山如此多娇”的题词。

国画《江山如此多娇》 傅抱石、关山月 绘

天桥画作（一） 王大观、郭慕熙 绘

天桥画作（二） 陈大章 绘

天桥画作（三） 何海霞 绘

大事纪略

天桥历史悠久，因其特殊的地理位置，境内发生过许多大事件，一些事件甚至是全国性和国际性的，影响深远。从中选取部分代表性事件，以展示天桥历史的风采。

先农坛地祇坛（20 世纪初）

明代始建先农坛

北京先农坛始建于明永乐十八年（1420），初名山川坛，合祀先农、太岁、风云、雷雨、五岳、五镇、四海、四渎和钟山诸神，并在钟山之下加祀天寿山神。明嘉靖年间（1522—1566）重订庙坛礼制，形成多种祭祀的格局；分置太岁殿，专祀太岁（木星）；新建天神坛、地祇坛和先农神坛；将山川坛更名为神坛。万历年间（1573—1620）坛内陆续增建了纛旗庙、神仓、斋宫等，并正式命名为先农坛。

清乾隆十九年（1754）对先农坛作了较大调整，撤去纛旗庙，将其移建为神仓；改土木建筑的观耕台为砖石琉璃建筑；改斋宫为庆成宫，形成先农坛整体格局。先农坛平面呈北圆南方之形，总面积 860 万平方米，原由内、外两道坛墙围成，外坛墙长达 4378 米。以内坛墙为界，分为内、外坛。外坛即西部和北部内、外坛墙之间宽阔的树林、空地。祭祀先农神和行耕耤礼的建筑多建在内坛。先农坛的建筑风格一反中国古代传统建筑“中轴突出、两翼对称”的布局原则，根据帝王祭祀活动的实际需要，分为先农神坛与太岁殿、庆成宫、天神地祇坛 3 个独立群组。

明代建造天桥

明代，前门大街和永定门内大街建有一座汉白玉石单孔高拱桥，专供皇帝到天坛、山川坛（今先农坛）祭祀用，人称天桥。桥长约8米，宽约5米，石桥有三梁四栏，汉白玉雕成，东西两侧各设5根栏柱，柱顶雕成莲花花骨朵形，桥孔券洞上中心部位雕有螭头（古代传说中没有角的龙）以镇水。桥面由石板铺就，石板纵横相接处嵌有元宝形铁锭以连接石板，起加固作用。石桥两边各搭一木板平桥，中间的石桥平时用木栏封挡着，不许闲杂人等靠近。后毁，并拆除。现桥为2013年重建。

1928年北伐胜利的消息在北京东方饭店发布

油画《北伐告捷》 北京东方饭店 提供

1928年6月11日，国民革命军第四集团军前敌总指挥白崇禧将行辕设在北京东方饭店，向全世界宣布“北洋政府垮台、北伐革命胜利”。包括英国、美国记者在内的国内外记者蜂拥而至，对白崇禧进行专访。彼时，国民革命军共有4个集团军，第一集团军司令蒋介石，第二集团军司令冯玉祥，第三集团军司令阎锡山，可偏偏是颇有新闻意识的第四集团军白崇禧捷足先登，登上北京东方饭店的新闻发布会讲台，宣告历史嬗变。

1929年天桥发生人力车夫砸电车事件

華北日報

北平勞工大搗亂後
電車公司損失約十餘萬
黨政軍會議通緝爲首犯
人力車夫前昨兩日被拘者一千數百人
洋車工會停止活動清道等三工會解散

北平公安局長 張蔭梧

動亂之起因

搗毀之情形

事後之防護

市面之情況

黨政軍會議

市府之報告

政軍之佈告

電工會呈報

招待新聞界

李服膺談話

四團體表示

籌備會進行

總工會現狀

訪電車公司

總務長談話

民訓會態度

1929年10月24日,《华北日报》报道人力车夫砸电车事件

1929年10月22日夜，数百名被煽动起来的人力车夫手拿棍棒、铁镐等械具，将天桥电车站内所有机车的门窗、座椅以及照明设施毁坏，推倒车辆，撬毁电车轨道。电车工人为保护车辆、站内财物及设施等，与人力车夫展开搏斗，终因人少而退却。电车公司损失惨重，多日不能恢复运营。砸电车事件发生后，国民党北平市党部下令解散人力车夫工会和工程队工会，并开展全城大搜捕，先后逮捕600多名北京人力车夫。收押数日后，除几名要犯外，其余车夫均被释放。人力车夫工会首领马全璐等人被缉拿归案，判词为“肆行暴动，扰乱社会治安”，在天桥被处决。事件发生后，电车照常行驶，人力车夫的客座被电车争去了一大半，车夫的收入更少了。

1933年纪念“一·二八”抗战1周年大会在天桥召开

1932 年 1 月 28 日，日军向驻守上海闸北的国民党第 19 路军发起攻击。第 19 路军奋起抵抗，淞沪抗战爆发，又称“一·二八”抗战。1933 年 1 月，日军进犯长城一带，山海关失守。1 月 28 日，北平民众抗日救国总会组织北平大学、志成中学等学校爱国学生和市民在天桥电车总站召开大会，纪念“一·二八”抗战 1 周年，并追悼在山海关抗日阵亡的战士。国民政府北平当局以非法集会为由，派军警镇压，逮捕了 20 余名爱国学生。

1935年北平学生在天桥召开市民大会

1935 年 12 月 16 日，北平各学校学生在天桥召开市民大会，抗议成立“冀察政务委员会”，并于会后举行了示威游行。“冀察政务委员会”是国民党南京政府根据《何梅协定》设立的华北自治行政机构。1935 年 7 月 6 日，国民党北平军事长官何应钦与侵华日军司令官梅津美治郎达成的《何梅协定》规定：撤出河北省境内的国民党党部和驻军，罢免河北省主席和平津两市市长，取缔一切抗日团体及活动等，实行所谓“华北自治”。12 月 9 日，中共北平临时工委领导北平学生举行了抗日救亡游行（即“一二·九”学

北平学生在天桥召开市民大会（1935 年 12 月 16 日）

生运动）。各学校学生冲破军警的重重包围，会集在新华门（国民党北平最高当局的驻地）前请愿。提出停止内战，一致对外；反对华北成立防共自治政府；保障人民言论、出版、集会、结社的自由等 6 项要求。因无结果，请愿活动升级为示威游行。当游行队伍行进到王府井大街南口时，大批军警用水龙头向学生喷射，并挥舞皮鞭、木棍从两侧夹击，不少学生被捕、受伤，游行队伍被驱散。次日，国民党当局宣布“冀察政务委员会”于 12 月 16 日成立。北平学联组织了更大规模的第二次示威游行。游行队伍冲破军警封锁线，在天桥会师。因参加游行的还有许多工人、农民和市民，故改为召开市民大会。大会通过了不承认“冀察政务委员会”、反对华北任何傀儡组织、收复东北失地等多项决议。会后举行示威游行，在前门、菜市口、宣武门等处遭到军警的阻拦和镇压，几十名学生被捕，上百名学生被打伤。学生的爱国行动得到广大市民的同情与支持，从而迫使国民党北平当局延期举行“冀察政务委员会”成立大会。

1949年欢送南下工作团大会在先农坛体育场召开

北平和平解放后，为早日解放全中国，中共中央决定组成南下工作团。1949 年 7 月 18 日，欢送南下工作团大会在先农坛体育场召开。北平市党政机关、各民主党派，职工、教员和工作团家属代表等，以及北平南下工作团第一、三分团的干部、学员和天津分团的代表 2.1 万人参加。中共北平市委书记彭真，中共北平市委第一副书记、军管会主任、北平市市长叶剑英到会并讲话，鼓励南下工作团的同志完成好解放江南、解放全中国的任务。中国民主同盟代表吴晗、全国学联主席谢邦定、中国新民主主义青年团筹备委员会代表许立群以及青年代表、家属代表分别致辞。7 月 28 日，第一批工作团学员启程南下，参加解放和接管长江以南地区的工作。

1950年改造龙须沟

1950 年 2 月至 9 月，北京市改造龙须沟，消除危害人民健康的臭水沟。北京市将当年近 50% 的卫生预算经费用于此项工程。至此，连同 1919 年域内龙须沟改明为暗之后，天桥地区的龙须沟改造完毕。后续对东龙须沟进行了彻底治理。

改造龙须沟（1950 年）

解放后在天桥开展扫黑除恶行动

中国经历了几千年的封建社会，宗族观念、行帮意识影响较深。19 世纪末 20 世纪初，制度更替、军阀割据、连年战争，曾使中国的黑社会势力迅速发展，并在全国形成了“洪、青、汉、礼、白”五大黑社会势力。北平一直是青帮的势力范围。1926 年前后，“青帮”从天津渗透到北平，并以天桥地区为其主要势力范围。北平解放前夕，天桥地区的东西南北四个“霸天”都是“青帮”的头子。

解放后的北京，尽快铲除地方黑社会势力是改善社会治安、使民众建立起对新政权信心的重要手段。北京市公安局层层发动群众揭露地方恶势力的种种罪行，先后 3 次在天桥地区召开控诉恶霸大会。但有相当一部分群众怕“变天”，不敢控诉，公安干警就挨家挨户地宣传党的政策，群众的积极性终于被调动起来了，纷纷检举揭发恶霸。

1951 年 5 月 16 日，中共北京市委、市政府决定在天坛祈年殿前召开第 4 次控诉恶霸大会，到会群众达 3 万余人，有 19 名受害者登台控诉恶霸罪行。当市公安局外五分局负责人宣读“三霸一虎”（东霸天张德泉、西霸天福德成、南霸天孙永珍、林家五虎之一林文华）残害 14 条人命的罪状时，“枪毙三霸一虎”“为死难同胞报仇”口号响彻会场。

1951 年 5 月 18 日至 20 日，北京市政府召开各界人民代表、市政协委员联席会议，对市公安局提交的恶霸案卷进行审查，一致同意对天桥恶霸张德泉、福德成、孙永珍、林文华等处以死刑。

至此，天桥地区扫黑除恶行动取得了决定性胜利。

1984年北京天桥百货股份有限公司成立

1984 年 7 月 14 日，北京市财办、崇文区人民政府召开了一次具有历史意义的会议。会议决定：第一，即日起成立北京天桥百货股份有限公司；第二，决定发行股票总计 1000 万元，分三批发行，首批发行 300 万元。北京天桥百货股份有限公司成为全国第一家正式注册的股份制企业，其股票面值分为 100 元、1000 元、10000 元三种。首批招股向社会公开发行，五六天就被认购一空。1993 年 5 月 24 日，北京天桥股份股票在上海

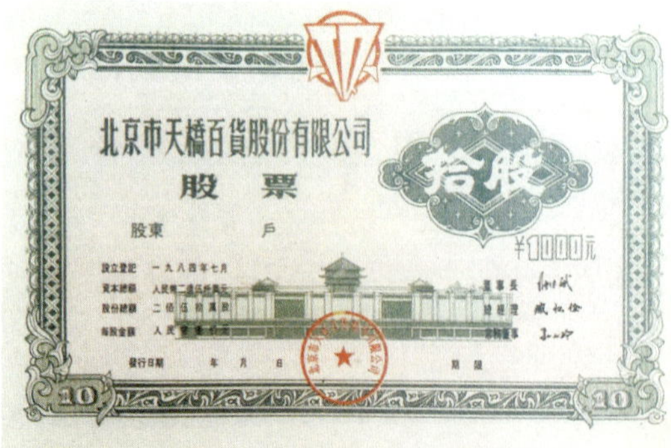

北京天桥百货股份有限公司发行的股票（1984 年）

交易所正式上市。

2008 年天桥街道获“全国文化先进社区”等殊荣

长期以来，天桥街道大力挖掘并发展民俗文化，各项活动开展得有声有色，卓有成效，因此多次获国家级、北京市级殊荣。2008 年，天桥街道被中宣部、中央文明办、文化部、中国文联授予“全国文化先进社区”称号。是年，被文化部授予“中国民间文化艺术之乡”称号。

2008年全国“首届民俗文化与和谐社区建设高层论坛”在天桥召开

2008 年 9 月 25 日，全国“首届民俗文化与和谐社区建设高层论坛”在天桥街道召开。论坛由中国社会工作协会社区工作委员会主办。民政部基层政权和社区建设司副司长王金华，全国近 20 个省市的 40 多个街道代表，120 多名社会工作者和专家学者参加论坛。

先农坛太岁殿（2019 年）

附录

本类目主要收集文献摘录，包括地方志史资料等。作为附录可载入的资料很多，限于篇幅，难以尽收，仅择部分予以载入。

天桥的地理位置

《京师坊巷志稿》载：永定门大街，北接正阳门大街。井三。……有桥曰天桥，桥西南井二，街东井五。东南则天坛在焉，西则先农坛在焉。……农坛之南观音寺，井一，明崇祯时王应魁所凿，以济道暍者。

清代的天桥

《北京琐志》载：早年先农坛之门外为河渠，向东联亘直达于三里河，均为河套。如三转桥和桥湾、南河漕和北河漕等地方，有通州运河的形式。

东华门外灯市，曾一度移于天桥迤西之灵佑宫，极热闹。而插足其间者，又多为士夫，这里有书摊，可供一般文人选购。

天桥之南，从先只有楼房十间、分别东西，系属官产，此地不许民间盖搭房舍。桥之北，所有店铺，又皆系小酒馆、饺子铺之类。天桥地带，在清朝时代，为同善水会所辖，自正阳门至永定门，共分为四铺，天桥列属三铺云。

民国的天桥

《北平天桥志》载：自正阳门大街，经东西珠市口而南，迄天坛坛门之西北，永定门之北，曰天桥。桥之东西，商贩林立。桥南，迤东为天坛，迤西为先农坛。天坛昔有道院，人多于此宴集。先农坛北，有灵佑宫者，康熙间，东华门外灯市，曾一度移其旁，任观览焉。

桥在前代，为皇帝祭天坛时所必经，其名当昉乎于此也。地居南城南，少尘嚣气。市贾复乘机起酒楼，是以骚人学士，恒喜近之。迨清末，间有一二艺人于此设场，使清幽之地，一变为尘埃之境矣。

民国元年，一月，香厂临时集会闭幕，香厂之商贩及诸贾卖艺者流，乃辗转据此为长久场地，而与先时之天桥，益有雅俗之别矣。其后修筑水心亭，小桥流水，渐臻逸趣。自电车公司采天桥为东西两路总站，交通既便，游人日繁。趋时者，复出资争购地皮，兴建房屋，空地之上，相继支搭棚帐，或划地为场，租与商贩艺人，设滩设场。于是天桥之界限，已扩至三四倍，西北抵新世界，东北接金鱼池，西南至礼拜寺，东南则

旧时天桥周围景象（20 世纪 20 年代）

达天坛坛门矣。

民国八年，高尔禄解职，孙辑五继之，益加整顿。同时内务部决改先农坛为城南公园，而城南游艺园亦同时改建房舍于坛中。更就芦坑之深处，修成小渠，种莲放舟，杂植花木，居然一小型之公园矣。外左五区署长金锐川，亦督工将金鱼池岸拓宽，招商列摊。天桥适处两者之中，且相连也。迨九、十两年，天桥三遭大火，而水心亭尤烈，不能复修。后将亭之北部地基，售与电车公司，建筑总站，尘嚣即甚，遂不复花明柳绿矣。

十五年，内务部去先农坛外围墙，其内空地，招商承买，于是有资者在坛之东北角添建先农市场，其旁更辟惠元商场、城南商场、天丰市场、天桥西市场、福长街，而商肆由此鳞集矣。

天桥演艺中心正门（2018 年）

主要参考文献

宣武区地名志编辑委员会编:《北京市宣武区地名志》，北京出版社，1993 年。

北京市对外文化交流协会、北京市宣武区《北京老天桥》画册编委会编:《北京老天桥》，文津出版社，1993 年。

黄宗汉主编:《天桥往事录》，北京出版社，1995 年。

北京宣武百科全书编纂委员会编著:《北京宣武百科全书》，中国城市出版社，2002 年。

罗哲文等著:《北京历史文化》，北京大学出版社，2004 年。

北京市宣武区地方志编纂委员会编:《北京市宣武区志》，北京出版社，2004 年。

刘仲孝著:《北京地方志·风物图志丛书·天桥》，北京出版社，2005 年。

张次溪著:《天桥丛谈》，中国人民大学出版社，2006 年。

北京市崇文区地方志办公室编:《崇文史地文化丛书·天桥旧话》，中华书局，2007 年。

老舍著:《茶馆　龙须沟》，人民文学出版社，2009 年。

岳永逸著:《老北京杂吧地——天桥的记忆与诠释》，生活·读书·新知三联书店，2011 年。

姚振声著:《天桥寻梦》，中国文联出版社，2016 年。

张恨水著:《啼笑因缘》，中国青年出版社，2019 年。

编后记

感谢北京市地方志办公室和西城区地方志办公室对天桥街道办事处的厚爱，将中国名镇志丛书编纂任务落实到天桥街道，在街道办事处领导的重视下，经过编纂人员的共同努力，《中国名镇志丛书·天桥街道志》终于付梓。

天桥街道十分重视修志工作，于 2016 年 10 月编纂了《天桥街道志》。2017 年 6 月 9 日，天桥街道召开关于编纂《中国名镇志丛书·天桥街道志》启动工作会议。北京市地方志办公室区县指导处处长王鹏、评审专家张长生、干部张卓，西城区地方志办公室副主任王风、志鉴科科长华大友，天桥街道工委书记陈新，主编胡亮全参加会议。王鹏对编纂主体、编纂体例、编纂时段、凡例、篇目设置五个方面的要求和编纂时间做了说明。

2017 年 7 月 7 日，北京市地方志办公室评审专家张长生及西城区地方志办公室副主任王风、志鉴科科长华大友到天桥街道办事处与街道修志人员研究《中国名镇志丛书·天桥街道志》篇目设置。由张长生负责指导形成篇目设置第一稿并上报。根据拟定篇目开始搜集资料。

2017 年 8 月 10 日，天桥街道召集辖区中央、市、区、街道所属单位有关人员参加《中国名镇志丛书·天桥街道志》资料搜集会议。邀请北京市地方志办公室区县指导处处长王鹏、西城区地方志办公室主任朱静伟参加会议，天桥街道工委书记陈新、办事处主任高翔到会并表示将全力以赴落实人力、物力和经费，确保高质量完成任务。王鹏作了关于编纂《中国名镇志丛书·天桥街道志》的意义和资料搜集辅导的报告。2018 年 3 月形成资料长篇，开始编纂试写稿。2018 年 8 月初，完成《中国名镇志丛书·天桥街道志（初稿）》，报送市志办、区志办。

2018 年 9 月 13 日，在天桥街道召开《中国名镇志丛书·天桥街道志（初稿）》研究征求意见会议。与会领导和相关专家对《中国名镇志丛书·天桥街道志（初稿）》提出不少意见建议。认为初稿基础比较好，文字资料和图片资料都比较丰富；在框架结构上（初稿）力图突出天桥街道的“名”与“特”；在记述方法上有些地方遵循了志书的横排门类、纵述史实、述而不论等原则。但是距离“中国名镇志丛书”标准和要求还有一定距离，需要进一步完善。

2018年9月26日，在北京市地方志办公室召开会议专门研究《中国名镇志丛书·天桥街道志》的编修工作。为了充实编修力量，加快编纂进度，提高志书质量，市地方志办公室提议推荐，天桥街道办事处聘请《中国名镇志丛书·枫泾镇志》主编戴桂云为《中国名镇志丛书·天桥街道志》总纂。

2018年10月26日，天桥街道办事处召开编纂工作会议。邀请北京市地方志办公室区县指导处处长王鹏、干部朱磊，西城区地方志办公室主任朱静伟、志鉴科科长华大友，主编胡亮全，以及天桥街道修志人员等出席会议。戴桂云专程从上海赶来参加会议。会上，领导向戴桂云颁发《中国名镇志丛书·天桥街道志》总纂聘书。有关领导就今后修志落实定篇目、定内容、定任务、定责任“四定”工作提出要求。戴桂云就编纂主体、编纂体例、编纂时段、篇目设置等方面作了说明。

2018年10月29日，全体编纂人员再次学习了中国地方志指导小组办公室关于编写中国名镇志丛书的文件精神，对篇目作了重新调整。《中国名镇志丛书·天桥街道志》的编纂，在结构上服从于中国名镇志文化工程统一的框架和篇幅要求，内容立足于天桥在全国和区域性的“名”与“特”的影响、价值和发展模式的示范意义。略去一般性的内容，在结构布局上除了中国名镇志文化工程规定的基本内容外，根据天桥自身的特点、特色、特质作了灵活的处理。志首以“北京中轴线上的天桥”代替一般性的概述，概括性地介绍天桥街道的历史发展路径，向读者介绍北京的天桥、世界的舞台。为突出天桥悠久的文化历史，将全国重点文物保护单位“先农坛”等升格为类目，重笔浓墨记述天桥街道的名和特。同时在选材中突出了“爱国、创新、包容、厚德”的北京精神，让人们感受首都天桥的精神风貌。

在编纂过程中，编纂人员认真解决志稿篇目平衡和行文统一等问题。2019年2月排版制成样书《中国名镇志丛书·天桥街道志》（征求意见稿），分别报送北京市地方志办公室、西城区地方志办公室、天桥街道党工委、天桥街道办事处和有关部门领导，广泛征求意见。根据收集的意见建议，经过全体编纂人员共同努力形成文字稿。在此基础上，收集了大量的图片，按照图随文走的要求，精心挑选，加以配图，遂成送审稿。在方志出版社的专家指导下又进行修改，由北京市地方志评审专家张长生审读并最后定稿。

《中国名镇志丛书·天桥街道志》编纂过程中得到中国地方志指导小组、北京市地方志办公室、西城区地方志办公室和天桥街道辖区内众多部门的大力支持，在此深表谢意。同时由于本志采用的有关文章和图片一时联系不到作者，请见书后与编者联系，以便酬谢！

《中国名镇志丛书·天桥街道志》集众人之智慧，历二度寒暑，终成正果。由于水平有限，时间仓促，疏漏之处在所难免，敬请批评指正。

编　者

2021 年 5 月

中国名镇志丛书

《周庄镇志》
《第一关镇志》
《钱清镇志》
《冶源镇志》
《角直镇志》
《同里镇志》
《三阳镇志》
《枫泾镇志》
《李庄镇志》
《天穆镇志》
《虎门镇志》
《小榄镇志》
《北庭镇志》
《青木川镇志》
《永宁镇志》
《沙家浜镇志》
《虞山镇志》
《泽国镇志》
《南翔镇志》
《千灯镇志》
《东山镇志》
《巴城镇志》
《阳澄湖镇志》
《松口镇志》
《震泽镇志》
《黎里镇志》
《浏河镇志》
《锦丰镇志》
《寨市苗族侗族乡志》
《汤池镇志》(安徽)
《湾头镇志》
《中心店镇志》
《乌镇志》
《保安镇志》
《德凤镇志》
《瑷珲镇志》
《王家坪镇志》
《穆云畲族乡志》
《北京街道志》
《王村镇志》
《八一镇志》
《双林镇志》
《棘洪滩街道志》
《凤凰镇志》
《烟店镇志》
《光福镇志》
《梅李镇志》
《高家堡镇志》
《杨岭镇志》
《金港镇志》

《云梯畲族乡志》
《马口镇志》
《杨舍镇志》
《杨店镇志》
《河图镇志》
《浔中镇志》
《孤山镇志》
《汤池镇志》(湖北)
《伍洛镇志》
《汤家汇镇志》
《陇城镇志》
《塘桥镇志》
《兴隆华侨旅游经济区志》
《胜坨镇志》
《来凤街道志》
《木渎镇志》
《锦溪镇志》
《黄龙溪镇志》
《店塔镇志》
《镇湖街道志》
《北七家镇志》
《瓜洲镇志》
《安仁镇志》
《浦口镇志》
《唐崖镇志》
《和顺镇志》
《老城镇志》
《里耶镇志》
《芙蓉镇志》
《博鳌镇志》
《唯亭街道志》
《重安镇志》
《烔炀镇志》
《张谷英镇志》
《鸦滩镇志》
《玉皇庙镇志》
《木洞镇志》
《采育镇志》
《下司镇志》
《德平镇志》
《龙池镇志》
《浦市镇志》
《黄楼街道志》
《冉庄镇志》
《金庭镇志》
《石牌镇志》
《元和街道志》
《古现街道志》
《光塔街道志》
《邵伯镇志》
《石杨镇志》
《杨柳青镇志》
《天桥街道志》
《柘皋镇志》
《西沱镇志》
《咸水沽镇志》
《茶阳镇志》
《崖城镇志》